Pilar Eyre
La reina de la casa

imago mundi

Pilar Eyre

La reina de la casa

Ediciones Destino Colección Imago Mundi Volumen 233

Diagonal, 662-664. 08034 Barcelona
www.edestino.es
www.planetadelibros.com

Primera edición: noviembre de 2012

ISBN: 978-84-233-3930-30
Depósito legal: B. 27.174-2012
Impreso por Rotativas de Estella, S. L.
Impreso en España-*Printed in Spain*

El papel utilizado para la impresión de este libro es cien por cien libre de cloro y está calificado como papel ecológico.

Para mi hijo Ferri, con una única condición:
que nunca lea este libro

ÍNDICE

1

NENUCA Y POPEYE

Es muy difícil mirarse al espejo bajo la luz de una bombilla de quince vatios, aunque a la Mujer Completa no le importa porque acaba de ver *Luz de gas* y le gustaría parecerse a Ingrid Bergman, que no es guapa pero tiene personalidad y la penumbra le pone pómulos interesantes. La Mujer Completa se chupa las mejillas y entrecierra los ojos a lo vampiresa, porque en realidad a ella quien le gusta es Charles Boyer, que, sí, bueno, vale, será un pedazo de asesino, pero tiene una forma de levantar la ceja —¡una forma de levantar la ceja!... ¡Es el campeón del levantamiento de cejas!— que dan ganas de morder un clavel y bailar el bayón de *Ana* contoneando las caderas, aunque eso sea de otra película.

La Mujer Completa va mucho al cine con su marido porque tiene el carnet de Sindicatos y le sale gratis. Le gustan las películas de amor en las que ellas llevan trajes largos y levantan el pie hacia atrás dejando ver un zapato topolino, y ellos se abrigan el cuello con bufandas de seda. Sabemos a ciencia cierta que se besan, pero aquí no se ve porque hay censura.

La censura pone calzoncillos al Discóbolo de Fidias en Canarias, rebana los pechos de Ana Mariscal en la portada de

Triunfo —pese a que llevaba un virtuoso jersey de cuello alto— y hasta al mismísimo campeón de Europa de boxeo, Luis Romero, lo obligan a embutirse en un casto maillot para evitar que las mujeres que asisten a los campeonatos asalten enardecidas el cuadrilátero para acariciar sus músculos de acero, porque ¿dónde quedarían entonces las virtudes de la raza?

Hechas unos zorros, las citadas virtudes.

La palabra «carnaval» está prohibida y se sustituye por «carnestolendas», Shakespeare está prohibido por todo aquel rollo de Gibraltar y la Pérfida Albión, y también la palabra «vedette» porque tiene connotaciones sicalípticas y, oh, lalala, ya se sabe, la pícara Francia (guiño, a poder ser acompañado de contundente codazo en las costillas).

Porque en los años cuarenta no estamos para frivolidades: todos comprendemos que hay que huir de los pensamientos indecentes, porque donde esté Isabel la Católica que se quiten otros ejemplos de mujer:

> Esta reina de dos mundos
> llamada doña Isabel
> es la mujer a quien todas
> se debieran parecer.

Aunque santa Casilda, santa Juana de Aza, santa Teresa de Jesús, santa Rosa de Lima, sor Juana Inés de la Cruz, la madre Ráfols y María Goretti, que prefirió morir antes que perder su pureza, también son dignas de admiración, según explica Pilar Primo de Rivera, la hermana del Ausente. Lo cuenta en las giras que realiza por todo el país —la «piel de toro», han empezado a llamarlo en los periódicos, lo mismo que a Franco

«Faraón ibérico»— exigiendo que las españolas sean mitad monjas mitad soldados, aunque con cuál mitad se tiene a los hijos eso no lo explica, quizá porque la jefa de la Sección Femenina es soltera. A punto ha estado de no serlo, ya que Giménez Caballero, el ideólogo de Falange, propuso en su momento que se casara con Hitler para dar origen a una nueva estirpe que debía dominar el mundo. Visto lo visto, y en qué paró todo aquello del Tercer Reich, fue una suerte que Hitler no supiera apreciar los encantos de Pilar y prefiriera las voluptuosas formas de Eva Braun, que estos alemanes ya se sabe en qué plan van todos.

La Mujer Completa se ajusta el vestido de percal que se ha hecho en su máquina de coser Alfa, siguiendo los patrones que le han enviado del curso CCC Fémina de Corte y Confección por correspondencia, y se pone de perfil para ver si han empezado a hacer efecto las píldoras circasianas, que prometían convertir sus senos, algo alicaídos por varias lactancias sucesivas, en «firmes, armónicamente desarrollados y juveniles». Y es que la Mujer Completa ha tenido que criar a sus hijos al pecho, aterrorizada por las atroces estadísticas que manejan los boletines de maternidad de la Sección Femenina —«de cada diez niños fallecidos antes de cumplir los seis meses, nueve estaban alimentados artificialmente»— y también por aquello de que «la mujer que no amamanta a su hijo es media mujer». Ahora echa la cabeza hacia atrás para que resalte el maravilloso tinte a la crema Super-tin, que le ha dejado cierto aroma a cloaca podrida y un color que no se parece en nada al que la Mujer Completa traía de fábrica: aquel negro zaíno que estaba bien cuando la mujer todavía no se había completado del todo.

El arsenal completo de la Mujer Completa.

Porque es un hecho comprobado que, en los años cuarenta, todas las niñas de España se han convertido de golpe y porrazo en mujeres completas. Hasta el sesudo biógrafo de Franco, Sancho González, da buena cuenta de ello en la figura emblemática de la hija del Caudillo: «Carmencita Franco, aquella Nenuca inolvidable de los días de Burgos que se acurrucaba junto a su padre para reír las incidencias de Popeye, es ya una mujer completa».

Acabáramos.

Tan completa que hace su servicio social, «como muchas señoritas españolas, ha cumplido el requisito indispensable para con la patria. ¡El Caudillo no ha querido que esta linda muchachita morena y espigada haya sido una excepción!». En su escaso tiempo libre, Carmencita cose incesantemente canastillas para niños pobres, teje jerséis para ancianos, da de comer a los indigentes, visita hospitales «donde convive con los heroicos heridos de guerra, a los que reparte tabaco y frases de aliento», e incluso se pone de largo.

Es la primera celebración que se permite la entonces austera primera familia del país, ¡ejemplar como la familia del Niño Dios!, tronan los periódicos. Y a nadie se le ocurre dudarlo. «La señorita Franco Polo se ha presentado en sociedad en compañía de su prima, de una hija del ministro Suanzes y de la hija de Ernesto Giménez Caballero. Actuaron, para deleite de los invitados, Mary Paz, Raquel Rodrigo, Gracia de Triana, Miguel Ligero y Roberto Rey», aunque no hay fotos del baile por aquello del agravio comparativo. Pero al día siguiente sí sale una imagen de Carmencita durante una comida extraordinaria ofrecida a trescientos cincuenta ancianos desamparados acogidos en el Asilo de las Hermanitas de los Pobres de la calle Almagro. «La hija del Caudillo, en un rasgo admirable, les dijo a sus padres que no solamente no quería ningún regalo por su presentación en sociedad, sino que iba a venderse su coche Topolino para que su producto fuera distribuido entre los pobres necesitados.»

La Mujer Completa no tiene envidia de Carmencita porque, encima de tener que regalar su coche y estar todo el día dando de comer a ancianos, en las revistas explican que en los desfiles «aunque la lluvia arrecie, la esposa del Caudillo y su hija deben aguantar sin inmutarse los fuertes aguaceros. ¡La mujer del Caudillo sabe mejor que nadie lo que cuesta una victoria! ¡También lo sabe la hija!». ¿Qué sería del Super-tint de la Mujer Completa, y, sobre todo, qué sería de sus rizos conseguidos trabajosamente con Perdobin, que sustituye a los líquidos permanentes habituales sin castigar el cabello, si le cayeran encima los fuertes aguaceros cuando la lluvia arrecia?

Claro que la Mujer Completa, la mayoría de las veces, para ahorrar, se arregla el pelo con soluciones caseras, eso al menos aconsejan en la revista *Fotos*: se hace una infusión de salvado durante cuatro horas en vinagre de vino blanco, se añaden cinco yemas de huevos recién puestos y dos granos (diez gramos) de ámbar gris, se destila, se tapa durante veintiún días y después debe emplearse todas las mañanas. Dónde diablos se consigue el ámbar gris, y, sobre todo, cinco huevos recién puestos cuando a las familias enteras sólo les toca media docena a la semana, no se le explica a la Mujer Completa, que ve desazonada lo difícil que es retomar «la femineidad y la gracia de antes de Nuestra Gloriosa Cruzada». Pero para eso también hay solución: «¡se llevan las boinas!».

En el hogar de la Mujer Completa no llueve, al menos torrencialmente... Hombre, alguna gotera hay, pero nada que no se arregle con un cacharro y toallas en el suelo. Sí, huele a repollo, a lejía, también a la cáscara de avellana con que se alimentan las calderas, pero sobre todo a la naftalina con la que se guardan los trajes, por ejemplo el de boda. Escote barco, corona de flores de tela: por muy poco no se ha sido una novia vestida de negro como hay tantas en estos años, porque la Mujer Completa ha arrastrado un largo luto por un padre muerto durante la guerra civil «por los disgustos» (los rojos robaron las joyas de la familia) y un hermano ofrecido a la patria en las estepas de Rusia, donde fue para luchar precisamente contra los mencionados bolcheviques que habían robado las mencionadas joyas. La Mujer Completa todavía recuerda el día en que llegó el telegrama —«muerto en acción de guerra en Stalingrado, viva Franco, arriba España»— y cómo en los recordatorios de la misa de funeral su hermano salía con la camisa azul de falangista y ya cara de muerto, aunque cuando se hizo la foto sólo tenía diecisiete años.

Pero fuera pensamientos tristes, que se oye la puerta y es el marido de la Mujer Completa, que viene de trabajar, lo cual no deja de ser una exageración porque es oficinista en la Confederación Nacional de Sindicatos, la CNS, también conocida simplemente como Sindicatos, un puesto que le han concedido por méritos de guerra. Pero los manuales de formación prematrimonial, que se llaman, obviamente, *Antes de casarte*, aconsejan que en ese momento se deje todo: hay que recibir al marido con una sonrisa, ¡que se vean esos dientes a los que el Chlorodent, la gran crema dental alemana, arranca brillos de porcelana! Desde luego, si el cepillo de dientes se estropea, la Mujer Completa no lo tira... ¡Lo lleva a reparar por el módico precio de tres pesetas!

El marido suele avanzar en silencio por el pasillo para meterse en el cuarto de baño, donde se aplica con total discreción la pomada Blenocol, que «protege al hombre» —con eso está dicho todo—, y después lo normal es que se repantingue en la salita decorada con vitrinas con abanicos, un sofá duro como una piedra y una araña en el techo.

¿En la salita, hemos dicho?

¡No, por Dios, la sala o salón es sólo para las visitas! El dueño de la casa, por la que paga ciento ochenta pesetas al mes de alquiler, se acomoda como puede en un pequeño cuartito que es comedor, cuarto de estar, sala de plancha y, por la noche, habitación de dormir de los niños, los varones. No besa a su mujer ni a sus hijos, porque eso sólo pasa en las películas, pero permite que, en complicado malabarismo, la Mujer Completa le tienda sus zapatillas y el batín, mientras frota al mismo tiempo las manchas de la americana con Nettosol, saca brillo a sus zapatos con enérgicos movimientos de cepillo y escucha su instructiva conversación. Eso sí, siguiendo las instrucciones de *La mujer y su hogar*, de la inspectora de enseñanza primaria Matilde Ruiz García: «Sin hacer gala de tus conocimientos si tu formación es mayor que la suya; el hombre siempre debe sentirse superior a su compañera».

Claro que hay otra terrible posibilidad: que el hombre tenga ganas de mimos, lo que sume a la Mujer Completa en la angustia y la zozobra, ya que «sólo las mujeres con lastre de virilismo disfrutan. ¡El noventa por ciento de las mujeres bendecirían tener hijos sin la áspera servidumbre que ello exige!», según otra terrible estadística publicada en el *Tratado de ginecología* del doctor Conill.

Pero a la Mujer Completa no se le ocurriría negarse a esta

áspera servidumbre después de saber que el eminente doctor Algora Gorbea ha advertido en su *El hombre, la mujer y el problema sexual* que en ningún caso, en ninguna circunstancia, por incómoda que sea para la mujer, se debe hurtar el débito conyugal al marido para que no caiga en el pecado del onanismo, la más horrenda de las aberraciones, que sólo provoca tisis galopante e hijos escrofulosos. La otra posibilidad es que el marido se eche una Querida. La Querida es una institución tan arraigada como la zambomba en Nochebuena o las visitas a los cementerios en el día de los muertos: se le pone piso, se puede asistir con ella a cabarets —Rigat, la Rosaleda, el Cortijo y Emporium en Barcelona, o Pasapoga, Casablanca y J'Hay en Madrid—, se le pasa un tanto al mes para que pueda vivir sin estrecheces y, cuando se hace mayor, patada al canto y a otra cosa mariposa.

En el capítulo siguiente hablaremos de Queridas, crímenes morbosos y otras depravaciones. ¡Oiga, oiga, sin arrasar, no se atropellen los unos a los otros, muchas gracias, podrían terminarse éste, escribirlo también me ha costado lo suyo!

Qué vacío se ha quedado esto.

La Querida queda fuera del alcance del sueldo de un oficinista de Sindicatos. Pero la Mujer Completa no puede bajar la guardia, porque en la España del Faraón Ibérico hay mujeres que se venden por unas medias, una entrada de cine o para dar de comer a los hijos.

En cualquier caso, parece que esta noche no hay cuidado y el marido de la Mujer Completa se reintegra dócilmente al hogar. Entra silbando *Los últimos de Filipinas*, cuelga su sombrero en el perchero de un solo tiro y se oye el chillido de la criada, un sonido muy parecido al que producen las tizas en las pizarras:

—¡Ha llegado el señorito!

Sí, la Mujer Completa tiene criada. No todas las Mujeres Completas tienen, en realidad, pero ésta sí porque se las envían del pueblo —en los periódicos las llaman con una punta de reproche «desertoras del arado»— y casi no cuestan nada. ¡Su sueldo es la última de las prioridades en el presupuesto doméstico! Y si en el mes de julio, que está la paga extraordinaria por ser el aniversario del Glorioso Alzamiento Nacional, se le pueden dar los cinco duros que teóricamente se le prometieron, en agosto se le puede pedir que los devuelva para abonar al del hielo, que en este verano con tanto calor ha traído dos barras diarias.

La Mujer Completa lo razona:

—Chica, tú no lo necesitas, si aquí lo tienes todo pagado, si estás de cine.

«Estar de cine» es tener una habitación sin ventanas, una palangana para lavarse y contentarse con las sobras de la mesa, pero la criada se aguanta porque en el pueblo se comen las piedras de hambre y porque además está un poco enamorada del señorito.

Y que no se diga que no tienen distracciones. Todas las mañanas el basurero, que lleva una camiseta imperio que deja al descubierto bíceps de impresión, tirantes, pañuelo al cuello y una gorra picaronamente ladeada sobre el ojo derecho, hace sonar su trompeta y en alegre algarabía bajan todas las criadas con el cubo de cinc forrado de papel de periódico y cargado de desperdicios a la cadera. Mientras los cubos se vacían coquetean con el basurero, que es muy gracioso y las persigue esgrimiendo una cola de conejo, y cuando las criadas gritan, fingiendo horrorizarse —¡ellas, que estrellaban los conejos contra la pared en el pueblo entre risotadas!—, el basurero aflauta la voz y se burla:

—Uy, qué persianas más finas vende la casa Salinas.

Otras veces se pone en vena romántica y les canta a lo Jorge Negrete, que está de gira por España y no se quita el sombrero charro de dos metros de diámetro ni para dormir:

Allá en el rancho grande,
allá donde vivía,
había una rancherita
que alegre me decía...

De la trompeta arranca arpegios y florituras que ponen brillos en los ojos de las desertoras del arado, y el basurero aprovecha para hurtar las colillas del cubo de basura y echarle un pellizco a la que tiene más cerca mientras le desliza en el oído con suavidad de miel la tentación:

—Cordera, el domingo te llevo al cine y nos sentamos en la última fila.

La llamada «fila de los mancos», y no por nada.

Las criadas aprovechan para murmurar de la señorita que es una quiero y no puedo y una gandula, y del señorito, que es tan buena persona y se parece un poco a Jorge Sepúlveda sólo que en más fino.

¡Pero esto no es todo en cuanto a diversión del servicio doméstico! Las criadas también pueden salir las tardes de los domingos y de los jueves, que pasan a denominarse el «día de las chachas», y suelen pasear con un «quinto» en su día de permiso... No, si aquí el que se queja es porque quiere.

En la cena no hay garbanzos: después de siglos de arraigo, la sagrada leguminosa está ausente de las mesas de la posguerra, no por las carencias alimentarias (al menos eso dicen), sino para ir con el signo de los tiempos, que recomiendan cenar ligero. En la mesa humea una sopa hecha con el pan sobrante del día anterior —el racionamiento sólo permite ciento cincuenta gramos por persona—, además de ajos y tomate, que ha estado hirviendo una hora en la cocina de carbón, que es la cruz de la Mujer Completa. ¿Cómo va a estar limpia una casa si el carbonero tiene que venir todas las semanas saco al hombro, dejando un reguero de polvo negro que se mete entre las baldosas del suelo? ¿Cómo va oler bien la casa si el pestazo del carbón mata los aromas delicados? ¿Cómo van a estar sanos los hijos si el humo del carbón los hace toser como condenados? ¿Cómo se va a tener una cocina como la de las películas americanas, con visillos blancos en las ventanas, en la que todos toman zumo de naranja y el padre entra cartera en mano y dice sonriente «¡Buenos días, familia!»? ¿Cómo?

El techo y las paredes de la cocina de la Mujer Completa están ahumados como una mina asturiana y de la barra de los fogones penden trapos viejos y un abanico de paja raída para avivar el fuego. Por los fogones se escapa, a veces, una larga llama azulada que chamusca el pelo de la criada. Aunque es igual: ¡tiene tanto!

La Mujer Completa ha oído decir que las casas de los ricos —bueno, del Rico, porque el rico por antonomasia en aquellos años era Juan March, aunque nadie sabía muy bien por qué— tienen gas, pero su marido no quiere ni oír hablar del tema porque el gas es peligroso (además de caro). También es peligroso colgar la ropa en la galería. Los lunes toca colada grande, sábanas y toallas, que se llevan arriba, a la azotea. Pero todos los días hay que lavar la ropa menuda, camisas, pañuelos, calcetines, calzoncillos y ropa interior —la palabra «bragas» la han prohibido los beneméritos censores que velan día y noche por el recato en el idioma—, que se tiende en los hilos que penden en la galería entre piso y piso. Medio cuerpo por encima de la barandilla, con las pinzas de madera en la boca, la criada intenta colgar todas las prendas cual trapecista sin red del Circo Price, sin que ninguna caiga al patio. Si se cae ella, alabado sea Dios, angelitos al cielo, hay otras muchas en el pueblo haciendo cola.

Por debajo, cinco pisos sin contar la portería. Sí, ese cuchitril en el que malvive una familia completa, abuelos incluidos, el padre generalmente un Mutilado por Dios y por la Patria al que el marido de la Mujer Completa regala cigarrillos. No, los niños no pueden jugar con los hijos de la Mujer Completa, y no hay que explicar por qué.

A pesar de que la Mujer Completa comprende que en estos momentos en que España acaba de salir de una guerra toca sacrificarse (ya que nadie nos ayuda porque nos tienen envidia), ¡cómo le gustaría tener gas y otras cosas modernas! Para empezar, ella ya se ha comprado un par de medias de perlón que todavía no se ha atrevido a ponerse, fuma en casa cigarrillos «rubios» e incluso se plantea aprender a conducir... Aunque, quita, quita, mejor no atreverse. No vayan a creer que la Mujer Completa se ha hecho feminista, con consecuencias demoledoras para la familia, según explica el padre Morcillo, confesor de Su Excelencia.

Ya lo dice Pilar (no hace falta dar su apellido): «La única misión que tienen asignadas las mujeres en las tareas de la Patria es el hogar».

En mitad de la comida se apaga la luz. «Hay restricciones», se arguye enigmáticamente, y la Mujer Completa enciende la lámpara de carburo, que da una luz tan blanca que parece de día. También causa algunos fallecimientos, pero menos que el gas. Aun así, el marido de la Mujer Completa no se inquieta: él sólo se preocupa de catástrofes importantes, en las que haya muchos muertos: está maleado por la guerra civil... Perdón, por la Cruzada de Liberación Nacional o Glorioso Alzamiento.

De segundo la criada sirve calamares rebozados, aunque, claro, los calamares no son calamares, sino aros de cebolla, pero casi casi saben lo mismo. Después se saca el café, que tampoco es café, sino achicoria escurrida en un calcetín, y unas rosquillas grasientas que a la criada le han enviado sus padres en una caja de cartón atada con un cordel; la Mujer Completa se las toma mojándolas en Anís del Mono, que es digestivo y además da mucha risa. El *yogourth*, ese mejunje viscoso que va en un bote de cristal grueso tapado con papel de plata atado con una goma, no está presente en el honesto y saludable hogar de la Mujer Completa porque sólo es para los ancianos muy enfermos o los hombres tocados del pecho, aunque mejor no averiguar si lo han cogido en las trincheras o practicando el horrendo pecado del onanismo.

Una advertencia: mejor no mentar la palabra «goma». En aquellos años una goma sólo es una cosa: un artilugio en forma de capucha de caucho vulcanizado de color amarillento sulfuroso que siempre se rompe. Sí, estamos hablando del Atapuerca de los condones, que se vendía en las tiendas del Barrio Chino especializadas en Gomas y Lavajes. Claro que de estas cosas la Mujer Completa no sabía nada porque había llegado virgen al matrimonio. ¿Temor a la noche de bodas? En absoluto, porque había leído *Nuestra vida sexual*, del doctor Fritz Kahn, donde se le informaba que «la desfloración sólo causa dolores insignificantes», aunque si, a pesar de todo, la mujer es débil o quejicosa, el doctor aconseja «acordarse de santa Águeda, que sonreía mientras los bárbaros soldados le quemaban sus senos con hierros candentes».

Uf, gracias, doctor Kahn, por este estupendo consejo. A la Mujer Completa sola no se le hubiera ocurrido.

Hay niños en la casa, por supuesto; un ministro de Franco sugirió que debería considerarse delito tener menos de tres hijos sin causa justificada y un sacerdote paulino, el padre Mazzel, advirtió a las mujeres que evitar su venida al mundo es pecado grave y que los hombres que despilfarran el líquido seminal en una letrina, privándolo de ser «la carroza de un alma preciosísima, inmortal y eterna», son unos criminales. Como, de todas formas, el cielo no parece suficiente recompensa a los españoles, y tampoco les impresiona la amenaza del infierno, el Caudillo ha instituido premios para las madres más prolíficas. Algunas se ponen entonces a procrear de golpe y porrazo, como María Alverola Cerdá, de Aspe, Bilbao, que recibió cinco mil pesetas y dos cajas de leche condensada como premio por haber dado a luz tres niños a la vez, aunque lo normal es tenerlos de uno en uno.

Ya lo dijo el mismo Franco en una de sus vibrantes alocuciones, con su broncínea voz con diamantinos armónicos:

—¡Día llegará en que nuestra Patria alcance la cifra de cuarenta millones de habitantes!

Por la Mujer Completa que no quede. Como el confesor de Su Excelencia, el padre Morcillo, dice que todas las madres tienen la obligación de ser felices, la Mujer Completa se ha propuesto tener varios, que digo varios, muchos niños, para repoblar esta España que se ha quedado con medio millón de seres menos, los que han muerto en combate, bombardeos, ejecuciones y asesinatos... Pero ¿otra vez hablando de cosas tristes?

La Mujer Completa da a luz a los hijos en casa, con la ayuda de la comadrona —¡los médicos están en otras cosas más importantes, descubriendo la penicilina y curando hemorroides!— y en la misma cama, de la que se ha retirado la colcha adamascada de color granate con su severo cabezal de madera oscura labrado con racimos de uva y angelotes, donde habían sido concebidos, «habiendo sido preparada la cópula con ocho días de antelación para que el licor prolífico del hombre haya alcanzado su más alto grado de concentración biológica y en la mujer para que su sistema genital esté perfectamente dispuesto», como explica el doctor Iglesias en su libro *Problemas conyugales.*

¡Alto! ¿Que quién es el doctor Iglesias?

Han acertado ustedes: el entrañable Papuchi, el padre de Julio Iglesias. Sí, el genial intérprete de grandes éxitos como *Un canto a Galicia* y *El bacalao*, cuya letra quizá le fue sugerida por el propio Papuchi en recuerdo de aquella España sin muchos refinamientos culinarios donde el bacalao era un alimento básico:

> Mira cómo me gusta,
> cómo me gusta el bacalao,
> mira, ¡tu bacalao con papas!

Recordemos que papas es como se llama a las patatas en las islas Canarias, ese pedazo de España en las costas africanas, como la denominaban los rudimentarios folletos turísticos de la época, y un lugar admirable en el que cultivaban con éxito «el caviar español, el plátano, un alimento excelente y nutritivo para todas las clases sociales». A la Mujer Completa le hubiera gustado ir de viaje de novios —eso de «luna de miel» es un barbarismo afeminado ajeno al recio idioma castellano— a las Canarias o a Mallorca, donde Bonet de San Pedro cantaba *Paisajes lindos tiene Mallorca*, pero tuvo que contentarse con El Escorial.

También es muy bonito, pero en otro estilo.

Claro que el marido de la Mujer Completa no pregunta por los niños cuando llega a su hogar después de su jornada de trabajo porque no es cosa de hombres y los hijos ya están acostados, abrigados por sus entrañables mantas de borra, y duermen por parejas, la cabeza del uno en los pies del otro, después de rezar dos padrenuestros, tres avemarías y el *Jesusito de mi vida eres niño como yo*.

Si hace mucho frío, les ponen una botella de cristal llena de agua hirviendo. Claro que la mayoría de las veces el corcho se sale, pero de eso no se dan cuenta hasta el día siguiente.

No, hoy no tocaba bañarse. Sólo el sábado.

A veces también cortan el agua. Hoy el marido de la Mujer Completa ha tenido que afeitarse con sifón.

La última vez que los hijos fueron tema de conversación entre el matrimonio fue cuando tuvieron piojos. Como las rosquillas, los trajo del pueblo la criada. Primero los fumigaron con DDT, después los untaron con el reputado Aceite Inglés («parásito que toca muerto es»), a continuación les pusieron alquitrán y por último les envolvieron la cabeza con papel de periódico; pero como asombrosamente los niños sobrevivieron y los piojos también, por fin tuvieron que cortarles el pelo al cero y muerto el perro se acabó la rabia. No, el piojo verde no lo han cogido —¡todavía hay clases!— porque este innoble animal sólo anida en las cabecitas de los huérfanos de Auxilio

Social, esa gran institución que lo mismo ampara a los hijos de los rojos que a los hijos de los mártires de nuestra Cruzada.

La Mujer Completa no va al Auxilio Social, pues allí hay unos ángeles de bondad puestos por la Sección Femenina que se ocupan de los menesterosos, pero sí acude los domingos al Cottolengo para visitar a los niños tontos, aunque no a los tuberculosos porque contagian. Por Navidad da una peseta en la campaña «Pro cama del tuberculoso pobre», que se anuncia en la radio con una alegre melodía, tirutiruriruriruuuu, y sale Paulinet, que todos creían que era un niño y resultó que era un enano.

Como los españoles somos unos cachondos, cantábamos aquello de:

> Somos los tuberculosos
> los que más, los que más nos divertimos
> cuando salimos al campo
> echamos sangre, echamos sangre y escupimos.

¿Que no les hace maldita la gracia? ¿Que no les parece divertido? Como decía Gila, que ya empezaba en aquellos años, «¿apedrean al hijo del farmacéutico por marica y se enfadan? ¡Pues si no les gusta que se vayan del pueblo!».

De todas formas, no está de más recordar que, según nos informa el padre benedictino Germán Prado, «el Congreso Antituberculoso de Nueva York afirma que una de las principales causas de la tisis o tuberculosis es el baile moderno».

La raspa, por ejemplo:

> Que salgan a bailar
> las gentes de este lugar,

la raspa con su son
será vuestra diversión.

La Mujer Completa la bailaba en los fines de fiesta, con las manos en la cintura y levantando las piernas, bien ajena a las graves consecuencias que tal comportamiento podía acarrearle, ya que desconocía las conclusiones del Congreso Antituberculoso de Nueva York.

Los hijos de la Mujer Completa se llaman como se han llamado toda la vida los buenos españoles. Había que ponerle a uno de ellos el nombre de un mártir por la Patria, y como en el podio de honor de los mártires por la patria están Ramiro Ledesma Ramos, Onésimo Redondo y José Antonio Primo de Rivera, no es difícil adivinar qué nombre ha escogido la Mujer Completa... Ella es patriota como la que más —¡a patriota no la gana nadie!—, pero el hijo mayor se llama José Antonio, y con el Ramiro o con el Onésimo que apechuguen otras madres.

Los sábados por la tarde el padre hace formar a los niños delante de él y les pregunta:

—¿Qué queréis ser de mayores?

Uno dice sacerdote, otro soldado, otro chófer de taxi, José Antonio acepta resignadamente que será mártir por la Patria y el pequeño opina que quiere llevar bigote como papá (la madre sonríe enternecida mientras esgrime un huevo de madera para remendar unos calcetines y piensa «como Alfredo Mayo»).

Siempre hay un hijo, el más enclenque, que les comunica a sus padres que él de mayor quiere ser Roberto Alcázar y Pedrín, con preferencia Pedrín, porque va detrás de las chicas y suelta retruécanos como «¡Arrea, constipao!», «¡Carraspeta!», «¡Recastaña!», «¡Sopla!» y «¡Tío pelao!». Pero el padre de una guantada le quita estos sueños desatinados, y menos mal que no se levanta para coger la correa que cuelga detrás de la puerta. ¿El maltrato doméstico? ¿Y eso qué es?

Afortunadamente, entonces no se conocían estos remilgos pedagógicos y en los virtuosos hogares españoles se considera que un bofetón a tiempo —«jarabe de palo» lo llamaban— ahorra muchos sinsabores y que los hijos sean carne de presidio.

El padre continúa interrogando:

—¿Seréis capaces de morir por Dios y por la Patria?

Los niños contestan al unísono:

—¡Sí! ¡Por Dios y por la Patria!

Y terminan con un grito entusiástico que la Mujer Completa corea distraídamente, porque está calculando si este mes podrá comprarse la crema facial Visnú, el famoso producto superior a todo lo similar extranjero que presta al cutis la tersura de los quince años.

—¡Viva Franco! ¡Arriba España!

Y sigue el padre:

—Ramiro Ledesma Ramos, Onésimo Redondo, José Antonio Primo de Rivera… ¡Presentes!

El saludo de la Falange consiste en extender el brazo y la mano derecha hacia delante y hacia arriba. La desertora del arado emerge de la cocina arrastrando las zapatillas y levantando también la mano, la Mujer Completa hace lo mismo con la misma extremidad y los niños elevan sus sucias manitas y como un solo hombre rugen:

—¡Presentes!

Nota pedagógica: ¿ustedes creen que este saludo brazo en alto es una copia del saludo nazi o fascista? ¡Ya lo sabía yo! Pues están ustedes muy equivocados, y se dejó muy clarito a todo el mundo una vez derrotadas las potencias del Eje (antes no, antes estaban en otras cosas). Los ideólogos de Franco se apresuraron a explicarnos entonces que «se trata de un saludo de rancio abolengo ibérico, espontáneamente adoptado en pueblos y lugares, saludo que ya en los albores de nuestra historia patria constituyó símbolo de paz y amistad entre sus hombres». Lo que no es óbice para que se decrete que «ha sido interpretado torcidamente», por lo que, a pesar de su rancio abolengo, se aconseja con tristeza que es mejor «abandonar aquellas formas de saludo».

En fin, ya no veremos más a los futbolistas o toreros brazo en alto antes de empezar su trabajo. Ni a los boxeadores, ni siquiera a los militares; ya lo dice Giménez Caballero: así se mueren los imperios.

En ocasiones, la costurera —sí, la Mujer Completa también tiene costurera, viene los lunes y le llevan la comida en una bandeja porque no es criada para comer con la criada ni es señorita para comer con los señores— les hace a los niños gorros de papel de periódico y espadines de madera y el padre los obliga a desfilar:

—Ar, uno, dos, ar, uno, dos.

Claro que el gorro de periódico pronto va a parar al cuarto de baño porque el papel higiénico todavía no está inventado y los espadines de madera alimentan las calderas de la calefacción mucho mejor que la cáscara de avellana, con lo que el ejército doméstico queda tan diezmado como el ejército rojo, que, según cuentan en *¡Arriba!*, huyó cobardemente sin apenas luchar; sus combatientes, en palabras de esta publicación, están todos en México pegándose la gran vida gracias al oro de Moscú, pero no nos importa porque quién los necesita.

Eso sí, a Federico García Lorca, que era un gran poeta, lo mataron por error. Los gitanos. Le tenían manía por aquello del alma de charol y Antoñito el Camborio.

A García Lorca los niños no lo estudian en el colegio porque los libros nunca llegan al siglo XX, ni al XIX, ni... En realidad sólo se da lo del *Cantar del Mío Cid*, el *Lazarillo de Tormes*, Monforte de Lemos —importante nudo ferroviario—, y lo de que la bandera española es roja por la sangre de nuestros muertos y amarilla por el oro de nuestras arcas. Aunque... ¿no habíamos quedado en que el oro se lo habían llevado a Moscú y estaba financiando los vicios de aquellos masonazos?

En fin, siempre nos quedará la plata. El papel de plata que envuelve el chocolate Valor que los niños toman para merendar y el de las cajetillas de los cigarrillos. Se estruja muy bien. ¡Un momento! ¡Me estoy acordando de un chiste de la época!

—¿Cómo se llama tranvía en alemán?

—¿Cómo?

—Suben, estrujen, bajen.

Ay, qué salero tiene mi pueblo. Bien, estábamos en que se aprieta el papel de plata hasta formar una bola compacta y se entrega a los maestros para los negritos del África. Lo que hagan los negritos con este papel de plata es algo que nunca se nos ha aclarado a los españoles. ¡Aún ahora, al cabo de setenta años, exijo una explicación! Porque, desde luego, todos los que hemos viajado a ese gran continente hemos podido constatar que las toneladas de papel que enviamos en aquellos años brillan por su ausencia, y si preguntan ustedes a los honrados nativos, nadie tendrá puñetera idea de qué estamos hablando... ¡Sin duda alguien se ha enriquecido a nuestra costa! ¡Eso merece un juez Garzón que lo investigue!

Aparte del tema plata, en lo tocante a los africanos también se instituyó en esos años el día del Domund. Investigando para este libro me he enterado de que Domund es un acrónimo de Domingo Mundial de Naciones y que fue un invento del padre Ángel Sagarmínaga para poner en práctica la encíclica *Rerum Ecclesiae* del papa Pío XI, en la que se explica que el fin de la Iglesia es llevar a todos los hombres el reino de Cristo. Lo de las misiones, vamos. Por aquel entonces, este Pío XI ya había fallecido y le había sucedido Pío XII. (No, no era su hijo, en los papas no se funciona como en las monarquías ¡qué falta de cultura, por Dios!) Pío XII nos gustaba mucho porque era muy espiritual y además era tan amigo del Caudillo que lo dejaba ir bajo palio, pero después se descubrió que tan amigo no era porque a escondidas se dedicaba a criticarlo y a salvar judíos de la bota nazi, aunque eso estaba en documentos muy secretos y ya es otra historia.

De los judíos se hablaba bastante en aquella época. Se decía:

—Los tres peores monstruos de la historia son judíos: Marx, Freud y Einstein.

Einstein también era monstruo porque había inventado la bomba atómica, o bomba H, que tenía forma de seta y había matado muchos japoneses. ¡Para que luego digan que los americanos son tan humanitarios! ¡No practicaban esa costumbre tan española de matar de uno en uno! ¡Ellos al bulto!

Y de los campos de concentración el marido de la Mujer Completa comentaba lo que había oído en el bar:

—¡Son unos exagerados! ¡Siempre con el cuento de la lágrima!

Pero a lo del Domund.

En todos los colegios, en la entrada, debajo del retrato de Franco, de José Antonio y de un cuadrito de la Virgen María y del Sagrado Corazón de Jesús, nos miraba sonriente y suplicante sobre una peana el busto de un negro de yeso ataviado con alegres colores y un aro en la nariz. Tenía una ranura en la cabeza donde los niños introducían palillos usados, papelitos con mensajes obscenos, caramelos pringosos y también alguna moneda de diez céntimos, aunque éstas eran rápidamente extraídas por algún espabilado que conseguía poner al negro del revés y maniobrar con un alambre.

Es de suponer que no valía la pena fletar un barco para enviar semejante botín a África, pero lo cierto es que esas cabecitas de yeso hicieron mucho por la autoestima de los españoles: era bello pensar que existían pueblos todavía más pobres que nosotros.

A la Mujer Completa que no le hablen de plata ni de oro desde que los rojos le robaron las joyas de la familia. Por su santo, su marido le ha regalado una pulsera de oro alemán, que tiene menos quilates que el oro de toda la vida, quizá tan sólo uno o dos, pero ella a escondidas en su cuarto se ha puesto a llorar porque ella se merece oro-oro... ¡Qué menos para una mujer-mujer! Eso es lo que dice el padre Loring: «la femineidad, la dulzura y la delicadeza caracterizan a la mujer-mujer», y a ella a femineidad, dulzura y delicadeza no la gana nadie (a patriota hemos quedado que tampoco). Claro que el padre Loring concluye: «al hombre recto y bien formado le gusta que la suya sea mujer-mujer, de la misma forma que le gusta tomar café-café», o sea que mejor que dejemos el tema y las comparaciones.

El oro alemán mancha la piel y no puedo dar más datos porque no existen referencias, tan sólo, como para tantas cosas en este libro, la memoria familiar. De mis tías, claro, ¡yo entonces aún no había nacido, que conste en acta!

¿Las niñas? ¿Qué niñas! ¡Ah, las niñas! ¡Claro, la Mujer Completa también tiene hijas! Pero las niñas dan un poco igual. No importan. Las niñas no hace falta que sepan lo del *Mío Cid*, ni lo del *Lazarillo de Tormes*, ni lo de Monforte de Lemos, ¡ni siquiera lo del oro de nuestras arcas! ¿Que si es necesario que alguna lleve el nombre de un mártir por la Patria? Hombre, si alguna se quiere llamar Pilar, pues agradecida; además es la Patrona de España y, para que resalte por encima de las otras vírgenes, se la nombra capitana general, se le da el sueldo y el fajín correspondiente (aunque, mejor no recordarlo, en realidad el nombramiento fue obra de uno de esos inmorales Borbones) y se instituye que el día 12 de octubre, Virgen del Pilar, sea el día de la Raza.

Nadie sabe muy bien qué se conmemora en el día de la Raza, pero hacen desfiles con la guardia mora y la cabra de la legión, tocan clarines y Franco y doña Carmen entran en la catedral de Zaragoza bajo palio. La ciudad reluce «con fantásticas iluminaciones y ofrece un suntuoso y sorprendente aspecto». Luego, en la plaza del Pilar, bailan jotas, a la señora le dan un ramo de flores y a Carmencita le hacen entrega de un traje regional, simpática iniciativa de las señoritas aragonesas.

¿Si se ha de educar a las niñas? Claro, claro, se han de convertir en «Mujeres Hispánicas, que son las flores que dan realce y hermosura al Jardín Hispánico, en modelo acabado de madres, en el Arca del Testamento Hispánico que guarda incontaminadas todas las Virtudes Hispánicas». En resumen, nada, una birria, aunque lo diga el maestro nacional Rafael Gil Serrano en un libro que se llama, cómo no, *Nueva Visión de la Hispanidad*. También aconseja que las niñas vayan entrenándose para tan alto cometido con muñecas.

Con la Mariquita Pérez, por ejemplo, que costaba la exorbitante cifra de noventa y cinco pesetas. Si la usuaria es pobre, la alternativa es una pepona. Las niñas que mañana serán Arcas del Testamento Hispánico se ponen los tacones de mamá y sus estolas de piel alrededor del cuello, se cuelgan los bolsos de charol de la Mujer Completa del brazo, e invitan a sus amiguitas a tomar el té en tacitas de juguete, con las muñecas sentadas con las piernas tiesas delante de ellas, y todo es un venga a decir con voz meliflua:

—Póngase usted un poco más de té, querida señora, y coja este mantecado de Astorga, que es muy rico. ¿Sabe que mi marido cobra ciento veinte duros al mes?

La amiguita coge un botón de esos gordos, de gabardina, con el dedo meñique levantado y contesta:

—Este mantecado está muy rico, señora, y mi marido cobra mil pesetas pero tiene un millón en el banco.

Y la otra responde indignada:

—¡Pues su marido debe de ser un estraperlista!

Y allí van las amiguitas a zurrarse con los bolsos de charol y cogen a las Mariquitas Pérez por una pierna para arrearse tortazos con más contundencia:

—¿Estraperlista? ¡Rojo!

—Ateo

—Cursi.

Eso de cursi era lo peor. Ser cursi era llevar boleros de angorina, lucir el día de Ramos palmas historiadas con rosarios de azúcar y lazos, el color rosa en general y Evita Perón.

Evita Perón había venido enviada por su marido desde Argentina. ¡Venía en dos aviones! Uno para ella y un alegre grupo de azafatas, «secretarias y madrecitas a la vez», como las llamaban los periodistas, y otro para su ropa. Nos trajo alimentos, y los mismos periodistas de antes, algo relamidos como se ve, decían que «gracias a ella se desvanece el pavoroso espectro del hambre». Traía concretamente 400.000 toneladas de trigo, 120.000 de maíz, 8.000 litros de aceite, 16.000 tortas oleaginosas, 10.000 toneladas de lentejas, 20.000 de carne congelada, 5.000 de carne salada y 50.000 cajones de huevos. Claro que tampoco era un regalo-regalo, nosotros a cambio les teníamos que dar 15.000 toneladas de palanquilla, 5.000 de chapa negra, 5.000 de corcho y 600 toneladas de papel para cigarrillos, y no le pregunten a la Mujer Completa que cuántos cigarrillos se pueden hacer con seiscientas toneladas de papel, que no está ella ahora para ponerse a hacer cuentas. Al fin y al cabo se acaba de pintar las uñas con barniz de color rojo Cutex, el color de las mujeres españolas.

Claro que lo que más se agradecía era que, cuando tantos

nos volvían la espalda (por envidia), Evita Perón viniera a España. La «defensora de los humildes» no defraudó: el clima caluroso no privó a la primera dama argentina de lucir una rica colección de pieles, despampanantes sombreros y joyas a tutiplén, como se decía entonces. Hubo incluso una pugna en el campo de la elegancia entre Evita y la señora de El Pardo, que la paseó por toda la geografía española. La Plaza de Oriente en Madrid, El Escorial, el castillo de la Mota, Sevilla, Santiago de Compostela y Barcelona escucharon su vibrante «Amamos a España» y también cómo decía «No he venido a formar ejes, sino a tender arco iris».

La pobre Evita Perón, que moriría cinco años después, más ya no podía hacer para caernos bien, pero la Mujer Completa la desdeñaba:

—¡No tiene clase!

Y añadía:

—Se nota que ha sido artista.

A la señora de El Pardo tampoco le gustaba: sospechaba que quería quitarle el marido, y además luego se enteró de que en privado lo llamaba «el gallego de mierda». ¡Al Caudillo por Dios y por España! ¡Gallego de mierda!

Pero esto no salía en los periódicos, que sólo contaban que doña Eva se había sentido admirada por la pujanza de esta España pobre en alimentos pero rica en valores espirituales, y que lo que más le había gustado eran la Sección Femenina y la muñeira.

No se descarta que hubiera niñas angelicales que trinaran con sus puras voces cristalinas:

> Tengo una muñeca vestida de azul
> con su camisita y su canesú,

la saqué a paseo se me constipó,
la tengo en la cama con mucho dolor.

Es el mismo tipo de niña que para dar las gracias dice «no me lo merezco», y también «para mí es una satisfacción emplearme en su servicio», y además «puede usted mandar todo cuanto guste», según aconsejan los tratados de urbanidad. Es la Niña Hacendosa que a los siete años «se levanta temprano para ayudar a mamá, acudiendo presurosamente a poner la mesa, y se aplica en la costura, el mejor trabajo manual para una futura ama de casa, y antes de dormir y acabada su tarea, lee, cose y mima a su vieja mamá».

¿Vieja? ¡Sería un milagro de la naturaleza ser anciana y tener una hija de siete años! ¡Pero en la España del Caudillo todos los milagros parecían posibles! ¿No se ha encontrado un gato con alas? Mejor dicho, una gata de angora, *Pitusa*. Claro que pronto aparecen los aguafiestas de siempre, quienes hablan de unas «excrecencias tumorales». Narices, protestan sus amos, unos honrados porteros de la calle Fernández de los Ríos: ¡son unas alas como la copa de un pino!

A los porteros les ofrecen a cambio de *Pitusa* una finca en Guadalajara, pero ellos rechazan la oferta porque dicen que les gusta vivir en Madrid. También les dan quince mil pesetas por el animalito, pero vuelven a rechazar la oferta porque el comprador es extranjero y no quieren que *Pitusa* salga de España.

Cuando la historia no da más de sí, aparecen los platillos volantes, unos aparatos cargados de marcianos que vienen a vernos pero que nunca se manifiestan a las claras. Aunque la historia que más hace soñar a la Mujer Completa es la de la cordobesa y el americano. La señorita Elena López Egea conoció en Madrid al apuesto oficial Richard Daugherty, natural de Oklahoma. Ella no hablaba inglés, él no tenía ni idea de castellano. Por señas entablaron amistad y por señas el oficial le dijo a Elena: «Volveré para casarme contigo». Catorce meses después, el oficial Daugherty apareció por casa de Elena con un intérprete, que tradujo la petición de mano. Claro está que la señorita cordobesa exigió primero que su pretendiente se convirtiera al catolicismo, hasta ahí podíamos llegar, pero al final se casaron y se fueron a vivir a Londres. Elena, como buena española, se negó a aprender inglés —¡donde esté el español, y encima con gracejo andaluz, que se quiten todos esos idiomas sosos y raros!—, y hete aquí que el oficial Daugherty tiene que llamar al delegado de Iberia en Londres, que le sirve de intérprete, para que le diga, por ejemplo, a su mujercita: «Hoy me gustaría comer carne asada con jugo de naranja». La Mujer Completa se burla bondadosamente de esa porquería de menú, pero a la señorita cordobesa sí que la envidia, y no a Carmencita Franco. Y así, envidiando y soñando, va pasando esta década horrorosa.

Si es lo que decía el escritor falangista Eugenio Montes a un amigo:

—La prensa española es la mejor del mundo. Fíjate tú que estamos sin industria, sin agricultura, muertos de hambre, sin prestigio exterior, con guerrilleros en los montes, la ración de pan más exigua de Europa, las cárceles llenas, odiándonos los unos a los otros y sin haber cumplido ni uno solo de los objetivos de la revolución, y todavía hay muchos españoles que, por lo que leen en el periódico, creen que somos un país privilegiado, próspero, pletórico de dignidad y honor y envidiado en el mundo entero. Comprenderás que nuestra prensa, que les ha hecho tragar tanto absurdo, tiene que ser genial y maravillosa.

Milagro también es el que hubiera chicos angelicales, como san Luis Gonzaga, patrono de la juventud «por su fervor y pureza de lirio», y san Estanislao de Kostka, que se desmayaba cuando oía una palabra poco casta. Pero lo normal era que el tema santidad perteneciera al género femenino. Generalmente, estas niñas seráficas morían jóvenes intentando defender su pureza de algún desalmado que pretendía arrebatársela (la palabra «violación» estaba tan prohibida como la palabra «bragas»).

Los domingos hay que ir a misa, vestidos de punta en blanco. ¿Pantalones las mujeres? ¿Usted está loco o qué? ¿No ha leído en el semanario *Mundo* que las mujeres con pantalones largos pierden la femineidad? También abomina el citado semanario «contra la costumbre de salir los domingos con "turbantes" de fabricación casera aprovechando echarpes inservibles y carentes de toda elegancia». ¡Donde esté una buena mantilla que se quiten todos los turbantes, sobre todo si son de fabricación casera y carentes de toda elegancia! ¡Y no digamos si están hechos a partir de echarpes inservibles! Porque la mantilla es obligatoria, no hay que decirlo, y como es natural hay que asistir a misa con medias y con los brazos tapados, capaces son los sacerdotes de increpar desde el púlpito a alguna pecadora que enseña parte del procaz antebrazo y hacerla marchar avergonzada intentando ocultar el objeto de pecado a toda costa; de hecho, si tuviera una navaja toledana —«el mejor acero para la mejor nación»—, no dudaría en amputárselos ipso facto.

Los curas pueden dar lecciones, porque ellos van tonsurados y llevan sotana, manteo y teja, no como ese actor americano, Bing Crosby, que en la película *Las campanas de Santa María* hace de cura descocado y sale con chaqueta y alzacuellos... ¡Cómo va una a confesarse con un sacerdote que parece un hombre! Por no hablar de Ingrid Bergman —sí, la que en *Luz de gas* iba a ser asesinada por su marido, Charles Boyer—, que aquí hace de monja que canta y hasta toca la guitarra... Anda ya, que les den a estos americanos, si quieren condenarse, allá ellos.

A la Mujer Completa que no le vengan con fruslerías, ella le ha hecho fabricar a la costurera unos manguitos, una especie de «mangas supletorias» realizadas según los patrones de *El Hogar y la Moda*. ¿Moda? ¿Alguien ha dicho moda? Porque, según dice *La Vanguardia*: «¡Cuidado, señoras, con la manía de la moda y del cinematismo! Porque van y vienen los domingos por ahí, de paseo, muchas muchachas y posmuchachas que ya no son ellas, sino evocaciones, parodias, simulaciones de artistas norteamericanas de la pantalla!».

Todos salían reconfortados por esa hora en el templo del Señor, donde, mientras el cura soltaba unos sermones de aquí te espero con partes en latín e incluso en alemán, el padre soñaba con las piernas de Zarra, y no porque el padre fuera «de la acera de enfrente», como se decía en delicada perífrasis, sino porque Zarra era «el ariete de la furia», la «mejor cabeza de Europa después de la de Winston Churchill», y metía unos goles con la testa que daba gloria verlos. Mientras, la Mujer Completa, muy guapa porque se había puesto una nube de polvos Tokalon, los que usaba la princesa Troubetzkoy —«embellecen porque están preparados en muchos matices, a cual más seductor», manifestaba la publicidad con contundencia—, espiaba de reojo el chaquetón de pieles de su vecina de banco, que, sí, parece que es de zorro y no de conejo, mientras los niños se arreaban patadones sin dejar de aguantar sus misales a la altura del esternón. Menos el enclenque, el que quería parecerse a Roberto Alcázar y Pedrín, que era el único que leía la

Hoja Diocesana, que venía encabezada, para que no cupiesen dudas, con una nota aclaratoria: «Queremos manifestar nuestra inquebrantable adhesión a la Santa Sede y al Glorioso Movimiento, salvador de España, en la persona de nuestro invicto Caudillo, Generalísimo Franco».

Ah, ¿no lo habíamos contado? Franco se había dado a sí mismo el título de Generalísimo, así como el de centinela de Occidente y Líder Invicto y más cosas, pero todas así en este plan.

El grupo familiar se acercaba al kiosco para comprar el periódico, *El guerrero del antifaz* para los niños y el *Florita* para las niñas. Después se paraban a tomar el aperitivo en una tasca, abominando de ese invento moderno llamado cafetería «de importación yanqui, que nunca será aceptada por los españoles, porque allí son para las prisas y las prisas no se han hecho para nosotros», según se dice en el periódico *Domingo*. Delante de las narices temblorosas de los niños pasan boquerones y sardinas en aceite, platos combinados, que son unos menús modernos que llevan todo junto, una salchicha dentro de un pan —sofisticado conjunto llamado «perrito caliente»— y otras exquisiteces como patatas fritas o aceitunas rellenas de anchoas. Pero tenían órdenes de contestar al camarero que preguntaba lo que querían que nada, gracias.

La Mujer Completa, púdicamente sentada en una sillita baja, se toma un TriNaranjus, un refresco de naranja desarrollado por el doctor en química Vicente Trigo y el empresario Salvador Soler Violant. Según Maruja Barrios, de la revista *Medina,* «no hay nada peor que ver a una madre encaramada en el taburete de un bar, cruzando desenfadadamente las piernas bebiendo su combinación de gin y absenta». Pero, atención, doña Maruja se ablanda y concede: «Si acaso, que paladee sencillamente, sin efectismos ni absurdas posturas esnob, una minúscula copita de licor».

La Mujer Completa suspira. Ella estaba satisfecha con la botella en forma de tres naranjas de su TriNaranjus, pero, si lo dice doña Maruja, venga licores... Aunque ya puestos, que la copita tampoco sea tan pequeña.

El marido de la Mujer Completa se toma una cerveza y le tiende el pie al limpiabotas, que, colilla al labio, se pone a cepillar con la potencia de un tanque alemán mientras comenta el último partido de fútbol. El marido no presta mucha atención, porque en el periódico Eugenio Suárez narra a la agencia Cifra sus impresiones sobre el estado de Hungría después de la guerra mundial: «Estoy bastante preocupado, no queda ni un solo edificio en pie»; por su parte, la única firma femenina de la prensa española, Josefina Carabias, se queja de que «los conquistadores persiguen sin freno a las mujeres de toda Europa sin respetar ni a las hijas, ni a las hermanas, ni a las esposas», y también se nos explica en un brillante editorial que nos es igual que los europeos le den la espalda a nuestro país y que no nos admitan en la ONU, «porque si ellos tienen ONU nosotros tenemos dos». ¿Captan? Ah, también se dice que la recolección de la patata temprana en el Maresme es extraordinaria, lo que provoca la envidia de Europa y más allá.

Las hijas, entretanto, leen el *Florita*, el «tebeo para niñas», que costaba dos pesetas. Florita tiene el pelo muy negro y la cara muy blanca, se parece un poco a Elizabeth Taylor, va a clases de equitación, tiene una criada que lleva delantal de volantes y cofia, y sus amigos lucen pantalones bombacho. A veces, las historias de Florita dan pena en lugar de dar risa: tiene un novio que se llama Freddy que estrena un haiga y que

HAZAÑAS DE
FLORITA
PARA NIÑAS
LOS REGALOS
-YA HA LLEGADO PAPÁ DE SU VIAJE. ¿CREES QUE NOS TRAERÁ ALGÚN REGALO?
-EL VIAJE HA SIDO LARGO. VOY A DARME UN BAÑO. MIRAD SI OS GUSTAN ESTOS REGALITOS.
-¿QUÉ NOS HABRÁ TRAÍDO PAPÁ?
-TEN UN POCO DE PACIENCIA, FLORITA.
-¡QUÉ MUÑECA MÁS BIRRIA!
-¡UNA FAJA Y UNOS ZAPATOS! ¡HA TENIDO UN GUSTO PÉSIMO!
-ESTA MUÑECA QUEDARÁ PRECIOSA EN CUANTO YO LE PONGA UNOS TRAPITOS...
-¡ESTUPENDA FAJA! ¡Y LOS ZAPATOS SON PRECIOSOS!
VICENTE ROSO.

le comunica: «Florita, para venir conmigo te has de poner un vestido sin igual». De punta en blanco, Florita espera a su novio, pero el cochazo pisa un charco y la deja perdida de barro. Freddy, americana marrón, corbata verde, camisa blanca, un rizo sobre la frente a lo Jorge Mistral, saca la cabeza por la ventanilla y le dice: «No puedo permitir que con el vestido tan sucio subas a mi automóvil. Adiós, Florita».

Sí, vale, vaya novio, pero los amigos de Florita también se las traen. Florita se duerme y sus amiguitos apagan todas las luces, y cuando se despierta, le hacen creer que se ha quedado ciega. En otro momento le quitan el dinero del bolso y no puede pagar el cine. A veces, la Mujer Completa se pone a leer los tebeos y se enternece aunque sean «para niñas», porque ella también es un poco niña. Ya lo dice el padre Basabe: «Las mujeres no llegan a desarrollarse nunca plenamente; el hombre es viril, maduro, responsable, la mujer es encantadoramente ingenua e infantil, a sus ojos asoma la niña que sigue siendo».

Pero ¿la Niña Hacendosa no decía que su mamá era una vieja? ¿En qué quedamos?

No vaya a creerse por lo que antecede que las hijas de la Mujer Completa no van al colegio... ¡Sí, por Dios! Sus profesoras son monjas o unas señoras mayores solteras y perpetuamente acatarradas que han puesto una escuela para niñas en un piso particular. ¿Que si estas señoras tienen preparación para poner un colegio? Este, a ver, ¿preparación es tener títulos académicos? Pues entonces no, porque todas las maestras eran republicanas y están en México, el oro, blablabla. Éstas eran unas señoras muy decentes cuyo único patrimonio era un piso y, mira, se les había ocurrido que con unas mesas compradas en los Encantes, pizarras y taburetes se podía hacer una escuelita. Para enseñar caligrafía, aritmética, los ríos y solfeo tampoco hacen falta muchos títulos, ¿no les parece? Que las niñas hagan gimnasia en la azotea con pololos —no demasiado cortos, por supuesto, para no despertar la concupiscencia de las palomas que habitan en los torreones de los edificios—, que aprendan a hacer la canastilla de sus futuros hijos —lo de «bebé» es un barbarismo tan afeminado como «luna de miel»— y festones para bordar las servilletas del ajuar de novia, ¡y van que chutan!

¡Qué perra tienen en los años cuarenta con la costura! Ya lo dice el doctor Aguilar Caballo, «lo primero que hay que enseñar a la mujer cuando es niña es la costura y ser mujer de su casa», y luego el mismo doctor Aguilar levanta su índice admonitorio hasta que la Mujer Completa se pliega sobre sí misma y quiere hacerse pequeña, diminuta, insignificante, «¡con toda la repugnancia que pueden sentir algunas mujeres por la expresión "ama de casa", a mí me parece sencillamente admirable!». El padre Mazzel, el sacerdote paulino del que hemos hablado antes, también advierte con severidad: «Recuérdalo, madre; recuérdalo, jovencita: gran parte de tu futura felicidad en el matrimonio depende de tu capacidad de ama de casa».

Y la Mujer Completa hace ademanes desesperados de que por ella muy bien, que nada más lejos de su intención que criar mujeres «sabias». O sea que a coser se ha dicho. Y a practicar la religión de forma intensiva en los ejercicios espirituales que se realizan en Cuaresma. Las hijas de la Mujer Completa van todos los días a las siete de la mañana a la iglesia, en ayunas, y están varias horas rezando rosarios y preguntándose si es pecado o no haber pensado en besos.

La Mujer Completa hace los Ejercicios Espirituales a lo

grande: tres días encerrada con el jesuita padre Laburu, la gran vedette en esto de dirigir ejercicios —uy, perdón, la palabra vedette estaba prohibida, digamos que el padre Laburu era la sensación del momento—, un cura moderno no porque guitarrease y llevara alzacuello como Bing Crosby, sino porque alternaba con toreros, filmaba curaciones milagrosas y decía palabras como «egocentrismo» y «complejo de inferioridad». Claro que a la hora de meter miedo se quedaba solo. Empezaba suave, con vaselina:

—El hogar es como un nido, unas alas que cubren y un padre que vela.

Es de esperar que no hablase de las alas de la gata *Pitusa*, sino de las de la madre. Pero cuando todas ya estaban confiadas, sonriendo y quizá abanicándose con la *Hoja Diocesana*, se ponía a lanzar sus terribles anatemas, que la Mujer Completa oía estremecida:

—Mujeres, no acudáis a las playas, la exhibición impúdica hace que las pasiones se desborden en lujuriante actividad y violen por tanto procazmente los altos fines de la Divina Providencia... ¡Recluiros! ¡Simplemente estando provocáis!

Nadie sabía muy bien lo que quería decir el buen jesuita, pero se comprendía que ser mujer en aquellos años era un coñazo.

Después de los ejercicios, una Mujer Completa muy espiritualizada se propone ir a misa todos los días, rezar el rosario todas las tardes y las oraciones a la hora del ángelus, pero poco a poco se va relajando y las únicas que siguen las devociones diarias son las niñas, que hacen ramos para la Virgen y le piden casarse con un chico que tenga un haiga y que se llame Freddy, todo esto desmayándose mucho por aquello de que deben estar en ayunas para comulgar.

¿Que alguna quiere ir a la universidad? ¿Para estudiar otra carrera que no sea farmacia quiere usted decir? Bueno, vale, pero primero atiendan a lo que augura de nuevo doña Maruja Barrios: «¡Llegará un día en que zurcir calcetines tendrá tanta importancia intrínseca como despachar un expediente o defender un pleito!». Escuchen también a Carmen Werner en un libro editado por la Sección Femenina: «La niña impetuosa y activa que quiere vivirlo todo, que quiere ser intelectual, puede ser atractiva e inteligente», pero «¡no será nunca feliz ni hará feliz a los que conviven con ella!».

¿Persisten a pesar de todo en su propósito? En fin, allá ustedes, divina inconsciencia tienes nombre de mujer. El 12 por ciento del total de la población universitaria de los años cuarenta eran mujeres, casi todas matriculadas en Farmacia y Filosofía y Letras, más un pequeño porcentaje en Derecho y Medicina, pero ni siquiera la mitad llegaron a licenciarse. Mi familia podría haber roto, sin embargo, esta estadística. De las cuatro hermanas de mi padre, tres tenían título universitario (la cuarta se casó muy joven y tuvo nada menos que doce hijos). La mayor dirigió un colegio, el Luisa Cura, la segunda fue secretaria política de Pilar Primo de Rivera y la menor fue delegada provincial de la Sección Femenina en Barcelona. Espero que ellas, unas aquí y otras Allí, juzguen con indulgencia este libro que tienen ustedes entre las manos. La sobrina rebelde también se ha hecho mayor, han quedado en la cuneta barridos por el viento de la historia luchas y quebrantos y ahora sólo nos cabe mirar aquellos años con el cristal amable de la ironía y la ternura mientras rezamos para que no vuelvan nunca más.

Y es que de todo, hasta mujeres licenciadas, tiene que haber en la viña del Señor... Pilar Primo de Rivera es abogada sin ir más lejos. Perdón, quiero decir abogado, porque las mujeres son abogados, arquitectos o médicos, pero tienen que ser poetisas y no poetas. Claro que el padre mercedario Delgado Capeans concede que «existen, sí, celebridades femeninas en literatura, en la poesía y aun en la filosofía, pero la profundidad de sus obras es superficial, no pueden equipararse a las del hombre». La poetisa preferida de la Mujer Completa es A. Calcagno, pero la verdad es que no sabe si es hombre o mujer porque siempre se firma con esta A. misteriosa. A su pluma se deben estos sentidos versos que sus hijos le dedican siempre en el día de su santo:

Hoy es tu santo, ¿no es eso?
¿Y qué darte podría yo?
¿Mi corazón? ¡Cómo no!
Te lo entrego en este beso.
Que te vea viejecita
muchos años, muchos años,
sin penas ni desengaños,
son mis deseos, mamita.

¡Maldita sea! ¡Otra vez salió la vieja!

Pero lo cierto es que la Mujer Completa muchas veces se siente viejecita, sobre todo cuando llega la noche y se acuesta. Muy tarde, en aquella España en bancarrota todos se acuestan tarde porque tenemos el cuerpo de juerga y una gracia que no se puede aguantar. Temprano sólo van a la cama los ancianos y los extranjeros, que viven amargados porque lo que quieren es ser españoles. Vean si no lo que pasó en Palma de Mallorca, donde tuvo que aterrizar un avión de Air France por avería «y los extranjeros dieron una vuelta por los alrededores del aeródromo, conversaron con unos campesinos y se llevaron una impresión inmejorable de nuestro país, manifestando que no sabían que estuviera tan adelantado, y que en cuanto la situación se normalizase, pensaban volver».

La cosa se fue animando. A Zaragoza llegó una expedición de veinte ingleses y dos autocares procedentes de París. Pronto hubo tráfico incesante en la frontera de Irún, y para ir a la Semana Grande de San Sebastián cruzaron en un solo día cuatrocientos automóviles ligeros. Claro que no todos ven con buenos ojos esta invasión: el obispo de Barcelona advierte con preocupación que «aparecen en lugares públicos algunos extranjeros con deficiente y procaz indumentaria» y exhorta a las mujeres a «no imitar ni de cerca ni de lejos esas formas de vestir».

Pero los turistas no se enteran de estas críticas y al final de la década ya son medio millón los que vienen a conocer a la hasta ahora enigmática España. Ya no es aquella España que emergió de la guerra civil pobre y derrotada, que se alineó con las potencias del Eje, que vivió aislada y repudiada por los países occidentales y que inspiraba horror y repulsa. Precisamente, las potencias occidentales se han dado cuenta de que es muy útil que exista en Europa un país tan rabiosamente antisoviético y que no es tan mal negocio darle algunas migajas para tenerlo contento. Se lo piensan y lo comentan entre ellas, pero todavía no hacen nada. A esto Franco le llama «pasar por el aro» y en las capas cultas de la sociedad se habla mucho de aquello de Unamuno de españolizar Europa.

¿O era de Xavier Zubiri, el filósofo oficial del régimen? Zubiri dice que el hombre se distingue del animal porque si bien ambos sienten, el hombre sabe que siente.

No, de la mujer no ha dicho nada.

La Mujer Completa no sabe lo que ha pasado, bastante tiene ella con ser el ángel del hogar y extender sus alas sobre el nido, bastante tiene con todo aquello del piojo, la perra con la femineidad y la costura, las mezclas caseras para tratarse el pelo, los Ejercicios Espirituales y dar a luz a un batallón de españoles, pero sí se da cuenta de que en las tiendas han empezado a vender medias de nailon, atrevidos trajes de baño de tejido elástico marca Jantzen y el jabón Lux, «el preferido de nueve de cada diez estrellas», que se usa por la noche.

Precisamente acaba de utilizarlo. Ahora ya estamos en el dormitorio, pero, cuidado, que aquí el doctor Iglesias vuelve a tomar la palabra: «Está perdido el esposo si olvida que existe un pudor independiente de los velos del amor conyugal; nunca debe ponerse y quitarse la venda más que en el momento oportuno. ¡El marido que entra en el gabinete-tocador de su mujer demuestra ser un imbécil!». Dejando aparte el estilo legionario del reputado doctor, del que ya hemos reseñado anteriormente que es el padre del cantante internacional Julio Iglesias —¡no vamos a estar diciéndolo a cada momento!—, me pregunto: ¿Qué es esto de gabinete-tocador? ¿Es que acaso el doctor Iglesias vivía en Versalles?

Así, la Mujer Completa ya ha ocultado sus senos, que si no son todavía lo suficientemente firmes, si no son los suficientemente armónicos y juveniles es porque sólo se ha tomado una píldora circasiana de momento, y los ha tapado con el honrado algodón de su camisón largo hasta los pies. Un algodón que proviene de las fábricas de Tarrasa y Sabadell. ¡Estos catalanes! Son trabajadores pero muy aburridos...

¡Un momento, otro chiste! Se encuentran dos fabricantes

catalanes en la calle y se tiran el uno encima del otro: «¡Tú te has acostado con mi mujer!». «¡No, que has sido tú!» Se cogen de las solapas, están a punto de pegarse, pero de pronto tocan el tejido, lo soban con los dedos y con ese acento tan cómico dicen: «¿Tarrasa? ¿Sabadell? ¡Hermano! ¡Ven a mis brazos!».

Es bueno, ¿eh? Sí, un poco verde.

También son muy graciosos los chistes de vascos. Ése que se encuentran dos también y uno le dice al otro: «¿Usted qué?». Y el otro va y contesta: «¿Yo? Otorrinolaringólogo». Y va el amigo y se admira: «Ah, vasco».

¿Es para partirse o no es para partirse?

El marido de la Mujer Completa se queda todavía un rato fumando un cigarrillo y leyendo el periódico. No ha tenido tiempo de leerlo en la oficina: hoy es jueves y ha tenido que bajar al bar a hacer la quiniela. No quiere decir que los otros días no vaya al bar, pero hoy al menos tiene una justificación de peso, y es que a punto de dejar la década, en 1950, don Aníbal Falcón ha ganado el primer medio millón de pesetas, y si él puede, por qué yo no.

Como tanto la Mujer Completa como su marido han leído las recomendaciones del toco-ginecólogo doctor Ureta —«no deben degradar el tálamo persiguiendo únicamente el placer sensual»—, se preparan para dormirse sin otras complicaciones. Claro que él, antes de que la mujer cerrara el ojo, la ha sometido a un pequeño test... Ah, no, esta palabra no existía entonces, digamos entonces... ¡interrogatorio!

—¿Estás dispuesta a degradar el tálamo persiguiendo únicamente el placer sensual?

La Mujer Completa ha contestado que no, mintiendo, por supuesto, ya que el maestro nacional Herrero Antolí ya ha dejado meridianamente claro que «mentir es una cobardía, por eso mienten más las mujeres, seres débiles, que los hombres». Finalmente, cuando con un monumental bostezo el marido le da cuerda al despertador, a las nueve —¡antes de las nueve no han puesto las calles, ole, mi niño!—, la Mujer Completa hace horas que duerme, porque además de las píldoras circasianas se ha atizado una pastilla de Veramon, que calma rápidamente los dolores propios del organismo femenino, y un par de lingotazos de Agua del Carmen, que es un licor que elaboran desde el siglo XVII los monjes carmelitas descalzos, por lo que no es pecado. Está soñando que Charles Boyer intenta asesinarla pero, cosa rara, eso le da gusto en lugar de darle miedo y hasta sonríe.

El marido está a punto de besarla, pero entonces hay un corte, la pantalla se funde a negro, pone la palabra fin y todo el mundo patea y silba.

2

LO PROHIBIDO O EL REVÉS DE LA TRAMA

La niña quería un marido,
la mamá quería un marqués,
el marqués quería dinero:
ya están contentos los tres.

La pobre Carmencita, o Nenuca, que por ambos nombres la conocíamos en la Piel de Toro, la que se acurrucaba en brazos de su padre para reír las gracias de Popeye y que no había podido disfrutar de una puesta de largo *comme il faut* por tener que dar de comer a los pobres ancianos y vender su coche topolino para los tuberculosos asimismo pobres, sí que podía regalarse y regalarles a los españoles una boda por todo lo alto.

Porque el 10 de abril de 1950, cuando decidió contraer matrimonio con el marqués de Villaverde, el país ya estaba casi inmerso en la modernidad más desenfrenada y la Mujer Completa del capítulo anterior había quedado arrumbada en el desván de los trastos inservibles, con la Mariquita Pérez, la luz de carburo y la carne congelada que nos había enviado Eva Perón. Algunos maledicentes explicaban que, más que alimentar, la citada carne, que tenía una consistencia gomosa tipo hule, se cargaba al personal con efectos retardados ya que producía una infección llamada triquinosis; menos mal que Eva Perón no llegaría a enterarse nunca de las calumnias de estos desagradecidos porque ella sí que había abandonado este valle de lágrimas para irse a un mundo mejor. Estamos hablando del cielo, por supuesto, y no del extranjero, que cada vez quedaba más cerca porque todos los años nuestras costas se llenaban de turistas en busca de nuestro sol, de la belleza de las mujeres y de la valentía de nuestros hombres.

¿Mujeres? ¿Hemos dicho mujeres? A ver, a ver, ¡mira, aquí sale una! ¡El premio Nadal! El premio Nadal lo ganaba con *Viento del Norte* una mujer, Elena Quiroga, hija de los condes de San Martín de Quiroga, como se apresuraban a contarnos las crónicas comparándola con la Pardo Bazán, también condesa, y en el mismo número de la revista *Garbo* se anunciaban las primeras cocinas de gas para uso doméstico, presentadas por una dama que podía ser perfectamente la propia condesa de San Martín de Quiroga en carne y hueso porque iba ataviada como para un baile de la corte, con traje largo, guantes hasta el codo y la leyenda «Far, la cocina más femenina».

Porque ésta es una de las anomalías de aquella España que se iba soltando poco a poco del dulce lazo anudado por Isabel la Católica y la condesa Pilar Primo de Rivera. ¿Cómo? ¿Pilar, noble también? Sí, sí, porque el Caudillo la había nombrado condesa del Castillo de la Mota en agradecimiento a sus desvelos. Tenemos que decir que Pilar no utilizó nunca este título, prefiriendo que se refirieran a ella con un escueto «camarada».

La anomalía eran las escritoras. Porque escritoras, no se crean ustedes, había bastantes. Si quieren empezamos por Corín Tellado, que aunque luego Vargas Llosa y Cabrera Infante

LA COCINA
MAS
FEMENINA...
OESTE
FAR
La serie INOX de la marca internacional FAR, son las únicas cocinas de gran lujo que el ama de casa de toda Europa antepone a cualquier adelanto en su hogar.
Garantizadas y protegidas por el Servicio Permanente de Asistencia de FAR.
Vea usted de cerca una INOX y...¡póngala en su lista!
La cocina más femenina
Servicio Técnico y Delegación en Madrid: Juan de Urbieta, 35 • Teléfono 252 32 77

hayan intentado colarnos gato por liebre llamándola «dulce pornógrafa» y «Balzac asturiana», la verdad es que sus novelas estaban destinadas a un público ágrafo. En fin, ¿lo digo? ¡Lo digo y que el mundo caiga encima de mi cabeza, es igual, hoy no he ido a la pelu!: eran novelitas «para chachas». Sí, sí, así de clasistas éramos. En los cuartos minúsculos donde dormían las desertoras del arado siempre brillaba con luz propia un librito de la colección Amapola, Pimpinela Madreperla o Princesita, de Editorial Bruguera. Se llamaban *Atrevida apuesta, Deja paso al cariño, Fuego en el corazón, El destino manda* o *¡Tú no eres nadie!* En las novelas de Corín a las criadas se las denominaba «doncellas» o «fámulas» y cuidaban a un señor solariego que había vuelto paralítico de la guerra (¿que de qué guerra? ¡A mí no me pregunte usted, hombre, que en la wikipedia no salen estas cosas!). La doncella lo atendía amorosamente mientras su auténtica prometida, lady Helen, se dedicaba a bailar con frenesí delante de su novio confinado en una silla de ruedas y algo acomplejado por esta circunstancia. La doncella y el señor se casaban y él encima un día se ponía a caminar y ya está.

Si no han entendido el argumento, se siente. Lo he citado de memoria.

La acción pasaba en Oregón y ella se llamaba Daisy o Doris y él Freddy, Jimmy o Johnny:

—No me dejaban poner nombres españoles —me contaba años después una ruda Corín Tellado en su casa de Roces, mientras machacaba más que fumaba un cigarrillo y se atizaba un cubalibre a las diez de la mañana—, si eran extranjeros podía poner más verdulerías.

Esta prohibición llega incluso al absurdo en la portada de

Éste es mi quinto. ¿Hay algo más español que la sirvienta y el quinto de los que hablábamos en el capítulo anterior? Pues esa portada iba ilustrada por un mocetón, el «quinto» de marras, muy parecido al actor Víctor Mature, pero en lugar de lucir marcialmente la guerrera caqui de nuestra soldadesca, iba ataviado con el ingenuo uniforme azul y blanco de los marines de la flota americana. Dado que los niños hacían la Primera Comunión ataviados de esa guisa, la portada tenía un aire equívoco y rufianesco, pero quizá sea sólo la interpretación retorcida de una mente enferma como la mía (si lo reconozco yo, no hace falta que me lo echen en cara).

Había precedentes, claro está, para esto de la mujer literata porque también había sido escritora santa Teresa de Jesús, aunque era mística, eso sí, y Gabriela Mistral allá en Sudamérica o Hispanoamérica, por no hablar de la ya mencionada condesa de Pardo Bazán, que había escrito una novela que se llamaba *Los pazos de Ulloa* y que no había leído ni Dios. Calle, calle, que eso me recuerda que la condesa había sido la propietaria de ese pazo tan señorial que los coruñeses ofrecieron al Caudillo mediante una colecta organizada por Pedro Barrié de la Maza, al que Franco también ennoblecería con el título de conde de Fenosa. Un Franco que tomó posesión de las llaves diciendo con cierta displicencia:

—Lo acepto porque se trata de un obsequio de mis paisanos.

Aunque obsequio obsequio en realidad tampoco había sido, pues al parecer se les había descontado a los funcionarios una parte de sus nóminas, pero esto es para otro tipo de libros que quizá algún día también escribiremos.

En Meirás, el Caudillo se dejaba ver vestido de señor normal pero con gorra de almirante y con este expresivo pie de foto pelota: «El Generalísimo distrayéndose de la dura tarea de gobernar». Al fondo, doña Carmen exhibía abundante muestrario de dientes.

El mismo año en que se casó su hija, la Asamblea General de la ONU decidió levantar de una puñetera vez el bloqueo a que estaba sometida España desde el final de la guerra europea, aunque no ingresará de pleno derecho hasta cinco años después. Así, el director de *La Vanguardia Española*, un ditirámbico Galinsoga, escribe entusiasmado que «el jefe de Occidente hoy está en el palacio de El Pardo y allí se halla, por tanto, su salvación y su reserva. ¡El centinela se ha transformado en árbitro!».

¿El jefe de Occidente nuestro Caudillo?

Se lo dirá en esos días doña Carmen a su modisto, Manuel Pertegaz, que me lo contará a mí años después: «Ellos (los europeos) cambian, pero nosotros (los españoles) seguimos siendo los mismos», sin saber que era la máxima del príncipe de Salina en *El gatopardo*... Sí, ese personaje que interpretó en el cine Burt Lancaster años más tarde. En esa época, Burt Lancaster sólo hacía de trapecista en películas que pasaban en el circo, y salía enseñando muslos. Y *El gatopardo* propiamente dicho todavía no se había publicado. Lo hará al final de la década, en el año 59, unos meses después de que muriera su autor, Giuseppe Tomasi di Lampedusa.

Tampoco lo hubiera leído doña Carmen, porque opinaba como el padre Ramiro Camacho en su *Profilaxis espiritual*: «En cuanto se apasiona por la lectura, goza de cultura y de renombre viriles, la mujer suele perder la gracia y la modestia y adquiere aires de dómine o de *sportmen*».

Claro que la única *sportmen* (sic) en esos años era María

Torremadé, una atleta de categoría internacional cuyos registros en velocidad eran impresionantes: hacía los 100 metros en 12 segundos, casi la misma velocidad que alcanzaban los hombres. La Torremadé era morena, enjuta, con el pelo ensortijado y, según el chiste, «campeona de natación: nada por delante nada por atrás», cortés forma de aludir a la ausencia de pecho y culo. Pero al cabo de unos meses surgió la inesperada noticia: ¡la Torremadé se había convertido en hombre! Es decir, siempre había sido un hombre pero nadie se había enterado, ni ella misma.

O sea que dejó de ser reina de la casa quizá por ser deportista; tan descaminado no iba el padre Camacho.

Pero a lo que íbamos. Escritoras. Años antes que Elena Quiroga, Carmen Laforet ya había ganado el primer premio Nadal con una obra de tintes existencialistas, *Nada*, a la que la crítica calificó como «derrotista pero muy fuerte», y también «impresionista y nihilista», aunque luego la autora estaría bastante años sin escribir, «dedicada modélicamente a la crianza de sus cinco hijos»; las semblanzas añadían que «es admirable que haya renunciado a su carrera de escritora comprendiendo que no hay nada más importante que sacar adelante a cinco criaturas celestiales».

También la comparaban con Fiódor Dostoyevski. Por lo atormentada y nihilista, digo, no por lo de las criaturas celestiales.

Otra mujer, Elena Soriano, por su parte había publicado una única obra, *Caza menor*, pero más que nada era conocida porque era una señora «bien», posaba con su coche y su chófer en las puertas de su chalet madrileño en los Altos del Hipódromo y salía con sus hijos y su perro *Puk* en la Costa Brava, en reportajes titulados «Las vacaciones de una escritora». Tal

La primera fotografía de la novelista ganadora, que se publicó en las revistas y periódicos de entonces.

Una desconocida —Carmen Laforet— gana el primer Premio Nadal

En 1944 se había instituido en Barcelona el premio literario Eugenio Nadal, para novelas inéditas, y como homenaje al redactor-jefe del semanario «Destino», fallecido cuando aún no había cumplido los treinta años.

● Ahora, exactamente el 6 de enero de 1945, tiene lugar el fallo del mismo. Y se adjudica por primera vez a una escritora totalmente desconocida, a Carmen Laforet, de veintidós años de edad, que había presentado una novela titulada «Nada».

● El premio consistía, en aquel entonces, en la edición de la novela y 5.000 pesetas en metálico.

● Había nacido así uno de los premios literarios que alcanzaría el máximo prestigio no solamente en España, sino fuera de nuestras fronteras también.

LA GANADORA.—El nuevo valor de la literatura española, Carmen Laforet —que tantas otras novelas, también de calidad e interés, ha publicado después— era una joven tímida y, según una revista de la época, «ni provocadoramente guapa, más bien preciosilla. Dulces y vivos los ojos, rubio el cabello, y un poco ajada de color... Nerviosa como el azogue y modesta como ella sola, sin que la afectación mundana de sus piernas cruzadas nos convenza de lo contrario. En cualquier caso, una mujercita atractiva, y en ningún caso la Andrea de su novela».

SUS OPINIONES.—En las entrevistas, Carmen Laforet se sincera. Y va contando cómo pensó y escribió «Nada»:

● «Antes de escribir esta novela sólo había publicado un artículo con motivo del Día de la Madre, que se publicó en una revista femenina. También había escrito varios cuentos, pero no los llegué a publicar. Además, yo no he vivido ningún ambiente literario.

● «Un día me regalaron mis amigos una pluma estilográfica. Jamás había tenido una estilográfica. Me sentía tan alegre como un "peque" con zapatos nuevos. ¿Qué haré con ella? —me decía—. Y entonces se me ocurrió que su mejor destino sería escribir una novela... Desde hacía tiempo acariciaba el propósito de escribirla. La había meditado detenidamente, pero no me aventuraba a poner manos a la obra. Por fin, cuando me hicieron este regalo, sentí un deseo irresistible de llevarla a las cuartillas. La empecé a los veintidós años y la terminé a los veintitrés, en seis meses, aprovechando una primavera y un otoño que tuve libres. Una vez acabada no pensaba presentarla al premio, pero mis amigos insistieron e insistieron, hasta que me decidí.

● «Estudio cuarto y algunas asignaturas de tercero de Derecho. Pero no pienso ligarme a la carrera ni a lo que escribo.

● «Para mí, la novela es el género más fácil. A mi entender, basta con un poco de sentimiento, otro tanto de imaginación y, claro está, no desaprovechar la oportunidad de observar a la gente y a los tipos más variados. O sea, coger un trozo de vida, sentirlo y plasmarlo».

Otra foto de Carmen Laforet de los años 40. Va vestida —como puede apreciarse— muy a la moda de entonces. Y sonríe.

Encuesta entre escritores sobre «Nada». Todos, de acuerdo: calidad, brío, intuición, viveza... Una bella novela, en resumen.

finura y elegancia, sin embargo, no sería óbice para que sus tres siguientes libros, dedicados a la «problemática hombre-mujer», fueran prohibidos por la censura y no pudieran publicarse hasta treinta años después.

Su hija, Elena Arnedo, que aparecía en las fotos acariciando cariñosamente a su perro, más tarde habría de ser la primera mujer de Miguel Boyer (sí, la dejó por Isabel Preysler, pero no pregunten porque ahora no vamos a hablar del tema, quizá más tarde).

Y luego iban, amontonadas, las «bohemias». Que vivían al margen de las enseñanzas de la Sección Femenina y hasta, déjenme persignarme, de la Santa Madre Iglesia... ¡Claro que como eran literatas no importaba! No hacían bulto, como si dijésemos, y no salían en las estadísticas.

El colmo de la modernidad como escritora, tanto que parecía francesa, era Ana María Matute, que entonces daba sus primeros aleteos tratando de elevarse dificultosamente sobre una generación a la que los eruditos empeñados en clasificarlo todo llamaban «de la berza». Claro que como Ana María escribía tan bien, se comentaba que quien pergeñaba los libros en realidad era su marido, Ramón Eugenio de Goicoechea, sin tener en cuenta que cuando la autora había escrito *Los Abel* y *Fiesta al noroeste* todavía no se conocían y que después, ya separados, ella seguiría escribiendo incesantemente hasta el momento de redactar estas líneas, mientras que Ramón Eugenio, según mis últimas noticias, se hizo chófer.

Goicoechea era un «niño pera» de Bilbao, exquisito y vividor, que iba en taxi hasta la casa de empeños a dejar el cochecito de paseo de su único hijo para luego invitar a coñac a sus compañeros del Café Gijón. Ana María asistía a sus desmanes en completo silencio. Así me lo contó ella misma muchos años después:

—A Ramón Eugenio no le gustaba que hablara... Muchos de mis amigos de aquella época creían que yo tenía algún problema en las cuerdas vocales.

Aunque el Café Gijón era una tertulia literaria en la Castellana, de lo que más se hablaba era de dinero, de lo que cobraba cada uno por artículo o de cómo se podía pegar un sablazo a un fabricante catalán de paso por Madrid o al andaluz José Manuel Lara, el dueño de la flamante editorial Planeta, que les decía:

—Yo lez puedo dejar a uztedez dinero gracias a lo que vende mi autor... esteeee... Zu... Zumerzé...

Y cuando ya el vasco Zunzunegui protestaba con coquetería que él nunca había publicado en Planeta pero que, por supuesto, no le importaría hacerlo, Lara concluía:

—Zumerzé Mogam.

Aunque la pareja literaria por excelencia, el compendio de aquellos años, qué digo años, décadas de esplendor y miseria, era la formada por Camilo José Cela y su mujer, Charo Conde. Ellos solos recorrieron a pulso, en su trayectoria vital, todas las fases desde aquella España de sacristía y hambruna hasta el desmadre del amor libre e ir sin sostén. Desde la primera página de este libro que tienen ustedes en sus manos, hasta la última, justo antes de la palabra fin, pero no anticipemos los hechos que luego se pierde interés.

Escenario: un guateque en el piso de arriba de la farmacia de las hermanas de Charo, en la Gran Vía. Él, un chico grandón y bastante feo, de buena familia pero venido a menos, con los pulmones destrozados por la tuberculosis como buen hijo de la posguerra. Sí, en el primer capítulo ya hemos hablado del tema, o sea que avancemos. Ella era una morena de piernas largas con peinado Arriba España. Las primeras frases que cruzaron fueron:

—¿Tú en qué arma serviste?

A lo que contestó el gallego:

—¡Yo, en la Gloriosa Infantería!

Y, después, un noviazgo de cuatro años: cuatro años de paseos interminables por el Retiro, de sentarse en un banco con un cucurucho de castañas entre las manos para calentarse en invierno, de contar las monedas que quedaban para comprarse un helado en verano. Un noviazgo largo y monótono del que dan cumplida cuenta las fotografías de los álbumes familiares encuadernados en piel y con una hoja fina entre página y página que todos conservamos: esas fotografías, con los bordes dentados, las realizaban fotógrafos ambulantes que al día siguiente te las llevaban a casa y costaban dos pesetas.

Pero no vaya uno a pensarse que entre los intelectuales las cosas eran distintas en lo tocante a la virginidad. Lo explicaba Cela sin ambages:

—Me aburrí de estar soltero... ¿Enamorarme? Yo lo que quería era joder...

Menos mal que Camilo no frecuentaba al padre Cabodevilla, que advertía a los novios que ellos tenían fácil conservarse castos, porque las jovencitas eran «pasivas de forma metafísica» y así debían mantenerse, aún casadas.

Charo seguramente también era pasiva de forma metafísica, porque manifestaba plácidamente:

—Eso de enamorarse es cosa de poetas... Hombre, un poco de cariño sí que se le coge a la persona con la que vives, más que nada por el roce...

De recién casados sólo contaban con siete pesetas, hasta que Camilo se puso a recorrer la Alcarria y en dos semanas escribió un diario de viaje que fue el principio de su carrera literaria. Entonces, Charo se vio en la obligación de contratar los servicios de un secretario; como casi no recibían cartas, aparte de las facturas de los acreedores, lo que hacía el secretario era echar en una papelera la escasa correspondencia sin abrir, que era lo que se entendía como «archivar el correo».

Charo, años después, recordará con añoranza:

—Yo no me parecía en nada a las chicas de entonces, era una loca, un desastre como ama de casa; no teníamos un duro ¡pero vivíamos como señores!

Era ese vicio tan español de «aparentar» que tan bien ha descrito Pérez Galdós (sí, era novio de la Pardo Bazán, pero de eso entonces no sabíamos nada) en su novela *La de Bringas* y que en los años cincuenta alcanzó la categoría de obra de arte.

En casa de los Cela, en la calle Ríos Rosas, dos doncellas exquisitamente uniformadas y enguantadas servían viandas que habían conseguido a crédito en la tienda. El banquete, al que concurrían César González-Ruano y su mujer Mery, Ana María y Ramón Eugenio y el matrimonio anfitrión, tenía lugar en medio de un frío tan terrible —pues no había dinero para comprar combustible para la calefacción— que las invitadas se veían obligadas a sentarse con unos abrigos de pieles que conocían perfectamente el camino de la casa de empeños. El timbre de la casa sonaba constantemente y eran los acreedores, que pretendían cobrar sus deudas.

Luego pasaban a la salita, que ahora ya se llamaba *living*. En la pared había cuadros de antepasados traídos de los anticuarios y un cocodrilo disecado.

Cela, para el que Charo buscaba trabajos sin fin —actor, censor, conferenciante—, despertaba cierta envidia entre sus compañeros pues les confesaba gravemente que:

—Aunque he ganado siete mil duros interpretando dos películas, más que por todos mis libros, me considero más escritor que actor. El mundo del cine me parece pobre, pintoresco y aburrido.

¿Aburrido? ¿El cine aburrido? ¡Pero si era lo único que nos hacía soñar! ¡Actores! ¡Actrices! Artistas de cine, como se decía entonces... ¡Pero si hasta venían a España estrellas de Hollywood como Claudette Colbert!

Sí, hombre, Claudette, la que salía en las películas de Clark Gable con un camisón de satén largo, ¿Cómo se llamaba la película? ¡*Sucedió una noche*, la daban antes de la guerra! ¿Del 14? ¡No sea usted exagerado! Vale, sí, Claudette Colbert no era ningún pimpollo, y quizá los periodistas hubieran preferido la visita de la sugerente Marilyn Monroe, pero ¿hubiera podido Marilyn soltar perlas tan enjundiosas como las de Claudette Colbert? ¿Podría decir cosas de tanto fuste como que «Lo que más me ha gustado de España es Velázquez, Goya y la paella» y también «Prefiero el jamón a don Quijote»? Doña Claudette no se manifestó acerca de las ostras, lo cual era una lástima ya que el vecino de Madrid Emilio Gaite encontró una perla auténtica en una ostra suministrada en la barra de un bar de la calle Lagasca numero 61 y manifestó jocosamente:

—¡Ya me falta poco para hacerle un collar a mi señora!

No lejos de allí se estrenaba la película *Alba de América*, sobre la hazaña de Cristóbal Colón, donde Isabel entregaba sus perlas al Almirante para financiar el viaje de las tres carabelas. Un apenado duque de Veragua se manifestó públicamente muy dolido, ya que siendo el único descendiente del descubridor no había sido invitado a la *premiere* y se había tenido que comprar una entrada como todo el mundo.

El estreno de *Alba de América* fue en plan Hollywood y sí, estaban sus protagonistas, Amparo Rivelles, que interpretaba a una Isabel la Católica que cosechó algunas críticas, «¡Recuerda a un casi hombre!», manifestó despectivamente el padre Loring, quizá temiendo que se diera de nuevo un caso como el de María Torremadé, que ahora se llamaba Jorge, se había casado con Catalina Pons Bofill, se había trasladado a vivir a París para trabajar en una empresa y concedía entrevistas en las que declaraba:

—Recuerdo con cariño los diecinueve años en que fui mujer.

Sí, a mí tampoco me cuadra, pero lo he leído en la hemeroteca de *La Vanguardia*, o sea que punto en boca.

Pero estábamos hablando de *Alba de América*, no enreden. Otro sacerdote, el padre Onieva, en su libro *Escudo imperial,* era más tiquismiquis todavía que el padre Loring, que ya es decir, porque nos explicaba que la película olvidaba que, sobre todo, «la reina Isabel se dedicaba a los trabajos domésticos, hilaba la rueca, remendaba la ropa y cosía sus propias prendas interiores y exteriores». Todo mucho más importante que echar a los moros de España o descubrir América, dónde vas a parar. Claro que sabiendo también lo que se comentaba acerca de las camisas de la inmortal reina, quizá era mejor que la película no tratara sobre estos temas cotidianos. El portugués Antonio Vilar, que interpretaba a Cristóbal Colón, sí obtuvo muchos elogios; sus muslos, en la línea de los de Burt Lancaster, recibieron reconocimiento general, aunque los cronistas se guardaban de decir la palabra «muslo», y más bien aludían al «espléndido trabajo de guardarropía». Su peinado con flequillo fue muy comentado, preguntándose el personal si se había dejado crecer el pelo o se trataba de una peluca.

Entre estos miembros de la farándula había homosexuales, claro está, pero no podía decirse, y cuando se les preguntaba por qué no se habían casado, siempre contestaban:

—Porque no he encontrado a la mujer ideal.

También:

—Tengo que cuidar de mi madre... ¿Cómo le voy a meter a otra mujer en casa?

Pero ya me lo dijo muy clarito Corín Tellado:

—¿Los de la acera de enfrente? Yo soy una moderna. Si es por vicio, me parece fatal. Pero si es por naturaleza, los pobres, pues lo acepto.

El médico y jesuita Federico Arvesu reconocía con tristeza en *La virilidad y sus fundamentos sexuales* que «es un dogma que tenemos que admitir en psicopatología: todo invertido sexual es, o ha sido, un onanista».

Incluso el grupo bohemio y los artistas, que carecen de moral, como todo el mundo sabe, de madrugada asistían a espectáculos «de maricas», sólo para una selecta concurrencia. Una noche, Cela y Charo fueron a cenar una paella a Riscal y después a la sala de fiestas Casablanca, que a última hora ofrecía un espectáculo tan fuerte que salía un travestido disfrazado de legionario con pestañas postizas y pechos de pega cantando aquello de «soy valiente y leal legionario, soy soldado de la brava Legión»; o sea, era un hombre haciendo de mujer que hacía de hombre.

Luego se asombran porque en cada libro envejezco veinte años.

Camilo, que no en vano había servido en la Gloriosa Infantería, no pudo reprimirse y le llamó a gritos:

—¡Maricón!

Batalla campal, sillas por el suelo, botellas rotas. Charo se niega a sumarse a la pelea, ya que lleva unas medias de cristal nuevas, y se limita a mirarlo todo mientras se fuma un cigarrillo.

No descarto que las medias fueran Eugenia de Montijo, que se anunciaban con la imagen de una azafata bajando por la escalerilla de un avión mientras el comandante le miraba libidinosamente las piernas, y unas letras en tenebrosa negrita anunciaban: «Siempre hay ojos que miran...».

Sí, vale, lo consideraremos un antecedente de *Gran Hermano*.

El local acaba destrozado. Llevan a Camilo a la comisaría denunciado por los propietarios del *night club* y su mujer lo va a buscar por la mañana con un abogado y un certificado en el que pone: «Se hace saber que Camilo José Cela volvió de la Gloriosa Cruzada con una pistola del calibre 38 y un certificado médico en el que consta que lleva metralla en la cabeza y no es responsable de sus actos». Los denunciantes, como es natural, retiraron al instante todos los cargos y Charo y Camilo pudieron volver tranquilamente a su casa.

Cela no olvidará nunca esta pelea: recibió un navajazo en la nalga, la herida se infectó y se convirtió en una úlcera crónica que le obligó a escribir casi todas sus obras sentado sobre un flotador. Se los compraba Charo en las jugueterías.

Claro que en el estreno de *Alba de América* no hay maricas, ni bohemios, ni el matrimonio Cela, ni María Torremadé ahora convertida en Jorge. En el palco de honor presidían Carmencita y su flamante marido Cristóbal Martínez-Bordiú, al que su madre le había cedido el título de marqués de Villaverde para hacerlo más atractivo a los ojos del Caudillo. «Ningún noble de verdad quería emparentar en un principio con él, aunque después muchos se rendirían al indiscreto encanto de la corte de El Pardo... Fue entonces cuando apareció Villaverde con atuendo de cazador asesinando a un número ingente de pájaros variopintos... No era gran cosa, pero permitiría que a la niña la llamaran marquesa. La boda fue sonada. Villaverde se vistió de domador, se puso unas plumas en la cabeza, pagó sus deudas en los bares e inició su chaplinesco viaje estelar por la Vía Láctea del franquismo», dijo José Luis de Vilallonga. Eso sí, cuando Franco ya había muerto... ¡Qué valiente!

José Luis también era noble pero en esa época vivía en el extranjero, fumaba en boquilla, salía en películas besando la mano a las señoras y hablaba francés poniendo morritos para pronunciar la «u».

El mismo Cristóbal había adornado su biografía, algo escasa de heroísmos en una época en la que todos exhibían muñones y laureadas, contando que durante la Gloriosa Cruzada había acudido a la oficina de reclutamiento como un solo hombre pero que le dijeron entre burlas:

—Los niños como tú lo que deben hacer es irse a casa a hacer pipí.

Pero como el marqués nunca exhibió ningún testigo de esta anécdota, no pone una la mano en el fuego por la autenticidad de la historia. Villaverde proseguía:

—Intenté consolarme haciendo instrucción por la calle de Juan Bravo, frente al hotelito donde vivíamos, con un fusil de madera y un gorro hecho de papel de periódico.

¿Se acuerdan? ¡Como los niños del primer capítulo! Ya lo dijo Karl Marx, la historia siempre se repite dos veces, la primera como tragedia y la segunda como farsa. Sí, sé que quizá es la frase más citada de la historia, pero ahora venía bien y ya está; no protesten por todo que la narración pierde ritmo.

Tamaña audacia de Martínez-Bordiú obligó a toda la familia a exiliarse rápida y heroicamente a San Sebastián, donde pasaron la guerra. Después el pollo regresó, se dedicó a estudiar Medicina y a tomar copas en la *boîte* Larré, hasta que pescó a la pobre Nenuca, que sólo había tratado en su vida, Popeye aparte, a un hijo del ministro Suanzes, que no era título ni nada y además sólo quería ser marino. En una puesta de largo, Nenuca vio a Cristóbal con su pelo engominado, el bronceado adquirido en las capeas de la finca de su íntimo amigo Luis Miguel Dominguín —otro que tal, más tarde contaré cosas de él porque lo conocí bastante—, su sonrisa Denticlor y su uniforme de alférez de las milicias universitarias, y ya no pudo apartar la mirada de él. Le dijeron:

—Es novio de una nieta del conde de Romanones.

¿Romanones a mí? Debió de decirse Nenuca, animada por el mismo espíritu guerrero que ayudó a su padre a tomar Monte Arruit al frente de la bandera de la Legión, allí en Marruecos.

Cristóbal le besó la punta de los dedos sin dejar de clavar sus pupilas en las suyas y ardió Troya.

Claro que el de Cristóbal y Nenuca, como el de Camilo y Charo, también fue un noviazgo muy casto: «La joven, si es pura, es como un cándido lirio, ¡mas si ha perdido algo de su pureza, es miserable flor ajada!» (*Pureza y hermosura*, de Toth Tihamer). Contra los cuatro años de Camilo y Charo, ellos opusieron sólo dos, y para que Carmencita no deviniera de cándido lirio en miserable flor ajada iban siempre acompañados por una carabina, una monja teresiana que le había hecho las veces de niñera. Cristóbal llegaba a El Pardo con su moto, una Guzzi, a cuerpo limpio, hasta que el médico de Franco, el doctor Vicente Gil, se apiadó de él, como recuerda en sus *Memorias,* publicadas años después por el editor Rafael Borrás:

—Y le pedí a Carmen, la doncella de la señora, que le diera una cazadora de aquellas fuertes, que se llevaban entonces, para que se abrigara y que estaba en un armario... Nunca me dio las gracias...

Ni Charo y Camilo, ni Cristóbal y Nenuca llegaron a besarse durante su noviazgo. Y es que ya lo advirtió años después, con amarga satisfacción, el mercedario Ramón Sarabia en su libro *Experiencias misionales*: «A las jóvenes que me preguntan si es pecado besar a su novio, les contesto sin vacilar que las jóvenes que comienzan besándose en sus relaciones se pierden todas... ¡todas!, ¡todas! ¡Todas y todas! ¡Las que empiezan besando, se pierden!». El periodista Luis Otero, que atesora la mayor biblioteca dedicada a este periodo histórico que existe en España y que ha escrito de forma brillante numerosos libros sobre esta temática, apostilla sobriamente: «Pues las que comienzan follando, peor».

Charo y Camilo paseaban por el Retiro porque no tenían lugar mejor para guarecerse; Carmencita y Cristóbal se veían en una salita de El Pardo, en aquel tiempo modesta pues aún no se le había disparado a doña Carmen la afición por las antigüedades y todavía imperaba el gusto cuartelero. Se decía incluso que en vez de lámparas había bombillas colgadas del techo porque a Franco le molestaban las pantallas, y que los manteles lucían algún remiendo. Claro que para la boda tiraron la casa por la ventana y concurrieron ochocientas personas. No se dijo cuánto había costado, pero sí se comentó que la fiesta había sido superior a la de la reina de Inglaterra, celebrada dos años y medio antes, con actuación estelar de la guardia mora, bandas de música militar y cuatro habitaciones repletas de regalos que, a excepción de unas bandejas de oro del rey de Arabia Saudí, no llegaron a fotografiarse. Pero sí se detalló que se habían repartido mantas y calzado a los pobres censados en el ayuntamiento de Madrid.

No, los bohemios del Café Gijón no fueron, y tampoco recibieron mantas y calzado porque no estaban censados como pobres oficiales por el ayuntamiento. Pero como pobres pobres sí lo eran. El mismo día de la boda de la hija del Caudillo, el escritor César González-Ruano escribió en su diario: «Me trae mi mujer el giro de la editorial Noguer por la *Guía de Toledo* cuando no quedaba ni una peseta. Mañana tampoco quedará ni un céntimo, hay que acostumbrarse a ver breves minutos los billetes... Y que Dios no nos mande tiempos peores».

Nenuca llevaba un traje de Balenciaga de faya de seda natural con escote cerrado y cola de cuatro metros y, como «únicas» joyas una corona de diamantes y perlas, regalo de sus padres, unos pendientes de perlas, una pulsera de brillantes y el anillo de pedida, también de brillantes. El elogio más extendido en la prensa fue «¡iba españolísima!».

Nada sabemos de la noche de bodas de Nenuca, pero podemos descartar que practicaran la posición vertical, pues el sacerdote Ramón Camacho la prohíbe de forma categórica, ya que «expone al hombre a la parálisis de las dos piernas». Aunque sí adivinamos que hubo consumación esa noche, ya que, según el padre Mazzel, «el marido, el prototipo de la virilidad, debe convertir a su novia en mujer. El hombre logra toda su satisfacción, la mujer también porque sabe que va a ser madre». Con gran acierto y puntería, ya que justo nueve meses después tuvieron a su primera hija y después hasta seis más y varios abortos.

Españolísima, sí.

Porque ningún español se casaba entonces sin leer la *Moral íntima de los cónyuges* del presbítero Ramiro Camacho, al que aludíamos más arriba, quien aconsejaba que «de los veinte a los treinta años el casado puede ejercer su derecho dos o cuatro veces a la semana», aunque remarca: «¡Cuidado!, dejando un día entre medias. De los treinta a los cuarenta años se permite dos veces a la semana. De los cuarenta a los cincuenta una vez. De los cincuenta a los sesenta una vez cada quince días». ¿Y más allá de los sesenta?, se preguntarán algunos lectores de este libro y también su autora (no por nada, porque me falta bastante para llegar a esa edad). *Lasciate ogne esperanzza voi ch'intrate*: «La continencia se impone a los sexagenarios, ya sin líquido seminal... El desgaste de energía de cada eyaculación mísera acorta la vida. Los casos de viejos que sucumben durante la cópula no son excepcionales».

¿Viejos a los sesenta?

¿Otra vez?

Sí, vale, es muy triste, pero ¿y las pobres sexagenarias? Sus míseras eyaculaciones no pueden acortarles la vida, ya que las mujeres no son de eyacular, para entendernos. Pero, chitón, ya aclara el doctor Corominas, coautor de *Vida conyugal y sexual*, que la mayoría de mujeres con muchos hijos aseguran no haber sentido ningún deleite en el acto de la cópula.

O sea que para qué tanto esfuerzo. La mujer debía contemplar las maniobras del marido como observaba un viejo gitano los esfuerzos de una orquesta sinfónica durante un concierto al que lo llevó Camilo José Cela para divertirse. Cuando salieron, Cela le pasó el brazo por los hombros y le preguntó al flamenco qué le había parecido el espectáculo, a lo que el hombre contestó:

—Hombre, mire usted, a mí no es que me parezca mal. Lo que no entiendo es lo que se proponen.

Pues la mujer, con su marido, lo mismo. O eso al menos decía el padre Corominas.

El matrimonio de Nenuca y el marqués, y los sucesivos hijos que lo fueron ornando, hasta siete, eran el retrato en positivo de la familia española, «tan modélica como la de Nazareth», como seguía explicando el cardenal Pla y Deniel, aunque mucho más adinerada, olvidados ya los tiempos de austeridad cuartelera. Precisamente fue un tío de Cristóbal, José María Sanchiz Sancho, al que llaman con cierta chulería castiza tío Pepe, el artífice de la fortuna de los Franco, incluidas fincas, joyas, lingotes de oro, casas y antigüedades. La nómina de millonarios españoles también se amplió con los que el historiador Mariano Sánchez llama «los banqueros de Franco», los Coca, Fierro o el marqués de la Deleitosa, que se sumaron a los March primigenios, que ahora ya eran varios. Cuando murió el dictador —ay, perdón, el Caudillo, en qué estaba yo pensando—, su fortunita estaba tasada en cien mil millones de pesetas repartidos en sesenta empresas distintas, todas a nombre de algún miembro de la extensa familia Martínez-Bordiú / Franco.

Como es natural, los españoles no sabíamos nada de estas trapisondadas, pero, curiosamente, el único negocio que la maledicencia achacó al marqués de Villaverde, hasta el punto de que empezaron a llamarlo marqués de Vespaverde, quizá le fue ajeno. Al menos no hay pruebas de que estuviera detrás de la importación de las motos italianas Vespa, de color verde, que la película protagonizada por Gregory Peck y Audrey Hepburn, *Vacaciones en Roma*, puso de moda en esa década. Audrey Hepburn, por cierto, que no seguía el prototipo que gustaba entonces y no pasaba de ser «monilla». Es ahora cuando los diseñadores modernos la consideran el súmmum de la elegancia y el glamur, pero entonces se decía de ella que era «poquita cosa».

Pero a lo que íbamos, el tema económico. En tres años entraron en nuestro país treinta mil motos a siete mil pesetas cada una: doscientos millones de pesetas de los años cincuenta que se marcharon en divisas de España.

Claro que se fotografió al marqués, «pequeño de España», según le llamó el que había de ser su yerno, Jimmy Giménez-Arnau —sí, muerto también Franco, pero en este caso no pensaba decirlo porque Jimmy es amigo mío—, subido a lomos de la moto con tanta donosura como si la Vespa fuera una jaca jerezana, repeinado, con gafas oscuras y calcetines blancos, como mandaban los cánones de elegancia del momento.

Una pareja elegante. Así los definían los pies de fotos. Si los periodistas hablan de doña Carmen, de la Señora, dicen de ella que «es la compañera inseparable para el amor, la paz y la guerra, la ternura personificada para su marido, cargado siempre de responsabilidades patrióticas». Si hablan de los marqueses de Villaverde, los epítetos cambian: «elegantes, españolísimos. El marqués, como buen español, es amigo de los requiebros...». Las escasas personalidades que vienen a España tienen a los risueños Villaverde como anfitriones; los modestos reyes de Jordania contrastan con la suntuosidad del también generalísimo Rafael Leónidas Trujillo, líder máximo de la República Dominicana, primer maestro de la nación benefactora y padre de la patria, según títulos adjudicados por él mismo, que dejan algo ridículo el simple «Caudillo» de Franco. Vino con sus hijos Radamés y Ramfis, de menos de diez años, vestidos ambos con uniforme de general de la aviación dominicana. Como es natural, los Villaverde los pasearon por tablaos y cenas oficiales, con visita al Escorial incluida, y los invitaron a una simpática comida a base de cochinillo asado en el Cándido de Segovia.

Durante muchos años, los marqueses de Villaverde coparán las portadas de las revistas, las entregas de premios, las fiestas de Navidad, las vacaciones... Bronceados; haciendo esquí acuático en el pantano de Entrepeñas; en Portofino, navegando con el Agha Khan, a quien sus súbditos regalaban su peso en diamantes; en Tánger, donde acuden a la boda de la hermana del jalifa; esquiando en Gstaad, o de safari en África, adonde iban en el avión privado de los banqueros Fierro. Franco a veces preguntaba:

—¿Ha regresado mi hija de Kenia?

—Sí, pero se ha vuelto a ir a Venecia a un baile.

Y el dictador se quejaba, entristecido:

—¡Y no ha tenido tiempo de venir a dar un beso a su padre!

No sabemos si Carmencita había leído la *Enciclopedia para la mujer* de la editorial Afrodisio Aguado: «No tienes otra tarea: vigila a las muchachas de servicio, comprueba los cambios del gasto del mercado, procura que la comida esté bien y a su hora para tu marido, repasa la ropa —¡ay de ti si le falta algún botón!— y todo hazlo con el rostro alegre, porque una buena ama de casa es un tesoro». Pero mucho nos tememos que ella, como Charo, no lo había hecho, pues cuando nace su primera hija, Carmencita, el 26 de febrero de 1951, explica a la revista *Fotos* que su horario es el de una madre joven... «Por la mañana ir de compras, estar un rato junto a la cuna, salir a cenar con mi marido y amigos íntimos, y después acudir a algún espectáculo.» Nenuca precisa: «Nos gusta más el cine que el teatro... La música moderna también». O sea, que no vayamos a creer que estaban todo el día escuchando ópera o *La Pasión* de Juan Sebastián Bach, no olvidemos que en esos años se puso de moda el chachachá.

Lo cantaba Antonio Machín, el negro que tenía el alma blanca:

> Ay, qué pena me das, Esperanza, por Dios,
> tan graciosa pero no eres buena.
> Ay, qué pena me das, Esperanza, por Dios,
> tan graciosa y sin corazón.
> Esperanza, Esperanza, sólo sabes bailar chachachá.
> Esperanza, Esperanza, sólo sabes bailar chachachá.

Pero Carmencita no podía dejar de dar el toque patriótico: «Claro que donde no podemos faltar es a la fiesta nacional», y cuando ya el reportero estaba enfundando la pluma, la marquesa añadía radiante: «Que no se me olvide el deporte, lo que más la equitación».

Y aquí se me ocurren dos cuestiones. Primera: ¿y los botones, señora mía? ¿No se nos advertía en la *Enciclopedia* de Afrodisio Aguado que ay de nosotras si se nos olvidaba un botón? ¿Iba el marqués por ahí con los botones de la bata de médico deshilachados y colgando o, lo que es peor, con quizá, osaré decirlo, la bragueta abierta? ¡El yerno del Caudillo! ¡Y que no haya un solo español dispuesto a advertírselo!

Y la segunda cuestión, ya ven ustedes en qué plan se estaba poniendo el país: la equitación al alcance de los españoles...

¡Si antes sólo la practicaba Florita! Ya lo dice el ministro Camilo Alonso Vega, al que a sus espaldas llaman Camulo:

—¡A este país pronto no lo va a conocer ni la madre que lo parió!

Y esta palabra tan cruda hacía estremecer a su mujer y al selecto grupo de amigas que merendaban todas las tardes con doña Carmen, que por supuesto no utilizaban nunca la palabra «parir», que sustituían por la más almibarada «dar a luz».

A estas cuchipandas las llamaban las «meriendas azules».

Claro que los tiempos estaban a punto de cambiar, más tarde lo contaremos. En el próximo capítulo (esto en televisión se llama «cebo»).

¿Se han dado cuenta ustedes de que antes, como quien no quiere la cosa, hemos soltado la palabra «tablao»? Según las enciclopedias (sí, todavía tengo la Larousse, un nido de ácaros que ocupa una estantería entera), un tablao es un lugar en el que tenían lugar espectáculos flamencos. Sí, vale, pero era algo más, un territorio oscuro y corrompido con olor a mujer no muy limpia, a tabaco, a polvo, a trasgresión, el sumidero de la España oficial, donde se pecaba para después confesarse y quedar limpio de culpa. En la alta noche, en los tablaos —La Capitana y después El Duende, propiedad de Pastora Imperio, eran los más conocidos— confluían los bohemios, los escritores, los artistas, los toreros, la nobleza y hasta algún político camuflado.

Como esos enfermos de apariencia lustrosa guardan en su interior órganos descompuestos, así esa idea de España como guardián de las esencias ocultaba un submundo zafio y tramposo donde todos los vicios parecían posibles. Los pedantes llaman a eso «el revés de la trama».

Mientras los americanos derramaban sus dólares en la depauperada Europa mediante el Plan Marshall, en España empezaron poniendo sólo una patita. Se abrió el hotel Castellana Hilton a todo lujo, y el periódico *ABC* dio cuenta de la inauguración «de la suntuosa edificación en la zona más señorial y noble de la Castellana, orgullo de nuestra Patria, con valiosos elementos de la industria y la artesanía española, concepción maravillosa del ilustre arquitecto Luis M. Feduchi». También resaltaba que «las Cristalerías Tejeiro han organizado una importante instalación de Luna Pulida Cristañola que inunda de luz el interior; sus oficinas están en San Sebastián, Elcano número 8»; queda claro que donde no hay publicidad resplandece la verdad. Inauguró aquello el patriarca de las Indias Occidentales monseñor Eijo Garay, y míster Hilton dijo que siempre había tenido mucho contacto con lo español ya que cerca de su casa había un barranco llamado El Morro, y «¡al venir aquí me he dado cuenta de que es una palabra española!» (risas corteses, qué infantiles son estos americanos ¡como niños!). El ministro de Información y Turismo, señor Arias Salgado, fue a lo suyo hablando del comunismo internacional y de las conspiraciones masónicas contra España y cosas de asustar mucho. Después dio un taconazo y acojonó a un rubicundo míster Hilton diciéndole:

—¡España es un país distinto del vuestro y diferente de otros de Europa!

Estamos convencidos de que si luego míster Hilton se dedicó a la bebida y llegó a casarse hasta siete veces, fue por la impresión que le causaron estas rotundas afirmaciones de nuestro ministro.

El financiero internacional Paul Louis Weyler fue uno de los primeros huéspedes del hotel, y nada más llegar cogió un taxi y pidió:

—Al tablao.

Otra habitual de los tablaos era la actriz norteamericana Ava Gardner. Luis Miguel Dominguín, que fue uno de sus grandes amores, me confesó un día en Marbella:

—Era muy pesada... No sabía beber, se tomaba de golpe unas mezclas que se llamaban «cara de perro», a base de coñac y ginebra. Se iba con cualquiera o se caía al suelo redonda. Vomitaba.

Sí, Ava era una estrella internacional que se había casado con Frank Sinatra, pero aquí, ya ven, una pesada. ¡Pero si hasta el Fary dijo que se había acostado con ella en su época de taxista! Aquí debo ofrecer mi modesta aportación: un mozo del aeropuerto de El Prat de Barcelona que se la trajinó en el cuarto de las escobas. Me hizo gracia su comentario:

—Se enfadó porque se le rompió una media.

Ya lo decía Camilo José Cela:

—Las mujeres son muy raras, oscilan entre un «¡mátame porque soy tuya!» y un «ten cuidado no me despeines».

Y como estrella en el tablao, y también en espectáculos que llevaba por todo el país como representante de la España más cañí, estaba Lola Flores, la niña de fuego, «la niña de fuego te llama la gente y te están dejando que mueras de sed».

Porque Lola Flores también tiene su sitio en estas páginas, ¿creían que no iba a salir? ¿Creían ustedes que nos íbamos a dedicar tan sólo a las condesas escritoras y a los marqueses de Villaverde? Pues no. En la espuma de esa España —así, «la espuma de la vida», se subtitulaba entonces la revista *¡Hola!*—, Lola Flores se movía como pez en el agua.

Lola Flores y Manolo Caracol. Creo que no queda nadie que los haya visto en persona, pero sí nos han llegado filmaciones de la pareja. Como cuenta Antonio Burgos, Manolo Caracol se ponía el dedo en la sisa del chaleco, se echaba hacia la nuca el sombrero de ala ancha, se acercaba a la reja de cartón y cantaba su propia historia:

> Diecisiete años tiene la criatura
> y yo no me espanto de tanta locura.

En realidad, Lola diecisiete años no tenía porque la pareja, a pesar de las apariencias, sólo se llevaba catorce años, pero el teatro se venía abajo y únicamente callaban los aplausos y los gritos y los eles y los *arsa* cuando la voz rota de Caracol volvía otra vez:

> Si yo no fuera *casao*
> contigo me iba a perder.

Éste era el quid de la cuestión. Que Caracol y Lola Flores eran pareja artística en los escenarios y en la vida civil eran amantes. ¡Ojo!, amantes, y no novios, porque él era un hombre casado. Lola era «la otra».

Lola Flores, como Carmencita pero al revés (de la trama, acuérdense), también era españolísima. Había nacido en Jerez de la Frontera y en su infancia se cumplieron todas las condiciones para el drama y la leyenda: maltrato, un anticuario mayor que le compró la virginidad, padres pobres, hermano muerto en plena juventud... Chiquitaja, con una melena negrísima que le llegaba a la cintura, enseñando ombligo y muslos morenos, se merecía el alias con el que se la llamó más tarde:

la Faraona. Manía con lo egipcio, acuérdense ustedes que a Franco se le llamaba Faraón Ibérico. Vale, cierro evocación.

Manolo Caracol era un monstruo, como se decía entonces, pero no en el mismo plan que Einstein, Marx y Freud (recuerden que éstos eran monstruos por judíos); tampoco era monstruo porque tuviese alguna deformidad, sino por ser el mejor en lo suyo, el cante y el baile. Como ella también era monstrua, y además tenía el «genio de la raza», formaron una pareja excepcional; él cantaba con su voz aguardentosa y ella zapateaba, hacía remolinos, ponía ojos, coqueteaba, movía las caderas, levantaba el mantón... Terminaban yéndose los dos muy arrimaditos levantando una nube de polvo de las tablas del suelo, caía el telón y la gente se empeñaba en llevarlos a hombros, como a los toreros.

Lo de «si me queréis, irse» fue años después, pero lo pongo aquí porque quizá también lo decía aunque no lo hayan recogido los periodistas, seguramente dedicados a ronear con alguna gitanilla en la barra y hacer contrabando de tabaco (son tiempos duros).

De madrugada, Lola y Caracol subían a la habitación de hotel si estaban en una ciudad importante, o a la fonda si era un pueblo de mala muerte, y se pegaban unas palizas tremendas destrozando muebles, tirando objetos por los balcones y pasándoselo, en fin, de miedo.

Era una pareja desmesurada y excesiva que terminó por romperse. Lola después conoció a El Pescaílla, que era un gitano señorito de Barcelona, se quedó embarazada y en uno de los festivales artísticos que se hacían el 18 de julio en La Granja delante de Su Excelencia, la Señora le dijo con severidad señalándole la barriga:

—A ver si arregla su situación, Lola, que esto ya es escandaloso.

Contaría más cosas, pero soy bastante amiga de su hija Lolita y mis labios están sellados.

A Barcelona toda esta *troupe* iba mucho ¡Con la fama de serios que tenemos los catalanes! ¡Pues en aquella época esto era Sodoma y Gomorra! La gente bien por las mañanas acudía al Club de Polo, al Tenis Barcelona, al Club Patin o a tomar el aperitivo en el Sandor —sí, ese que entonces estaba en la plaza Calvo Sotelo y ahora está en Francesc Macià, no es que se haya cambiado de sitio, es que han cambiado los héroes—, y por las noches alternaban en el Ritz, el Rigat o el Empórium. Los Castell, el torero Bombita, que se había casado con una aristócrata, y muchos otros apellidos que hoy todavía perviven y que no pongo aquí por razones obvias y por cobardía, eran mucho de la broma y se autodenominaban «la Brigada del Amanecer».

No la de Agustín de Foxá:

> Subían con el alba...
> como piratas de nocturnas voces [...]
> ¡Brigada de las tres de la mañana!
> ¡Maldita seas, enemiga nuestra!

Esta a la que me refiero era otra «Brigada del Amanecer», cuyos miembros pertenecían al bando que había ganado la guerra, y se llamaban así porque estaban de juerga hasta que salía el sol, y por qué se pusieron un nombre de recuerdo tan atroz no me lo pregunten porque yo tampoco lo entiendo.

También Benigni quiso hacer una cosa divertida con un campo de concentración y llamó a la película *La vida es bella*, aunque ha llegado la hora de confesar que a mí el argumento me pareció una mierda.

Bien, no toca ponerse serios.

Por la noche, el músculo descansa y el hombre se vuelve fiera, dice el tango, y los de la Brigada del Amanecer se inventaban juegos que nada tenían que ver con el parchís, la brisca o la oca, tan en boga entonces. Estos caballeros primero apuntaban el nombre de sus señoras en un papelito, que luego introducían en un sombrero —sí, los señores lucían sombrero y por la calle se preguntaba mucho la hora porque casi nadie llevaba reloj—, y los barajaban; a continuación, cada hombre cogía un papel a ciegas y se iba a la cama con la que le tocaba. Es de suponer que si el nombre que salía era el de la propia esposa, se apresuraría a dar el cambiazo, porque si no dónde está la gracia. No tengo pruebas, pero me temo que hacían trampas.

Otro juego era adivinar quién era hijo de quien:

—Mira, el del pelo rizado debe de ser de Manolo y los gemelos de Pepe.

Ay, si en aquella época hubieran existido los análisis de ADN... En la actualidad, y según las casas expendedoras de test caseros, uno de cada cuatro padres tiene motivos para dudar de la paternidad de sus hijos; a mí me parece mucho, pero esta estadística está autentificada por la Universidad de Padua y el Instituto Montaigne; sí, el de los bífidus para alargar la vida.

La Brigada del Amanecer, además de haber hecho dinero con el estraperlo y desarrollando su inventiva con coches que iban a manivela, o incluso traficando con penicilina falsa, tuvo hasta su propio asesinato morboso: el crimen de Carmen Broto. La Broto era la querida del financiero Julio Muñoz Ramonet, que estaba casado con una hija del banquero Villalonga y vivía en un palacete en la calle Muntaner que todavía existe. Al pensar en palacete olvídense del relativamente modesto chalet de los duques de Palma, ya que la casa de Muñoz era un autentico castillo con torreones y almenas.

Pero Muñoz iba a su aire, algo muy natural en esa época en la que imperaba lo que más tarde se llamó «doble moral».

Aunque luego se nos ha querido hacer creer en bastantes libros que la Broto era una dama elegante, mi madre, que la había visto en el Rigat, me contaba que... ¿Cómo? ¿Qué si lo de la Brigada del Amanecer me lo había contado también mi madre? Hombre, ¡no todas mis fuentes son mi familia! Pero a lo que iba, mi madre arrugaba la nariz y decía:

—Era muy afulanada, no tenía clase...

¿Recuerdan? Es lo mismo que se decía de Eva Perón.

La Broto era una muchacha de Huesca que había llegado a Barcelona para servir hasta que se dio cuenta de que más dinero ganaría dedicándose a la prostitución; de lujo, eso sí. Muñoz, el dueño del cine Tívoli, que era un gallego llamado Juan Martínez Penas, y otros estraperlistas y capitostes se la turnaban y le regalaban joyas (auténticas, no de oro alemán) y pieles. ¡Decían que incluso una alta personalidad eclesiástica de Barcelona había pasado por su cama! ¡Aunque yo tengo que manifestar que no me creo esta calumnia y más bien pienso que se trata de una torticera interpretación de los hechos! Otros, sin embargo, opinaban que la muchacha lo que hacía era proporcionarle niños a esta alta personalidad, ya que era pederasta (tampoco me lo creo, pero no tengo más remedio que traerlo aquí porque me debo a mis lectores).

Claro que, como es natural, todo esto se decía en voz muy baja por miedo al infierno, donde iban los calumniadores... En aquella época, la Iglesia imponía bastante, no como ahora que están todo el rato lloriqueando y pidiendo perdón. Lean esto: «¡Ay de aquel que no coopera para llenar con nuevas vidas los vacíos que deja la muerte! ¡La Iglesia tiene necesidad de rehacerse y expansionarse para llenar el hueco que dejaron en el cielo los ángeles prevaricadores! ¡Las terribles llamas del infierno esperan a quien no coopere! ¡Recordemos que el príncipe de los prevaricadores es Satanás, por otro nombre El Trasgresor! ¡Negro como pez y muy feo!», abroncaba Alonso de Espina en *Fortalitium Fidei in universus christianae de religionis hostes judeorum et saraceronum*, librito de 1525 que se puso de moda entre la clerigalla para dársela de cultos.

Teniendo en cuenta que los ángeles prevaricadores eran pocos, dos o tres si la memoria no me falla, el hueco que dejaron podía llenarse en un plisplás (no contamos con los sexagenarios; sí, sí, ustedes, hagan el favor, retírense, salgan de la cola).

El clero podía decir todas estas barbaridades porque tenía barra libre, metafóricamente hablando, ya que al fin se había firmado el Concordato con el Vaticano que permitía que Franco diera el visto bueno a los obispos y al mismo tiempo imponía obligatoriamente en el país la religión católica, ¡un paso más en el reconocimiento internacional del régimen franquista! Porque los americanos al final decidieron conceder algunos créditos monetarios a este bastión anticomunista llamado España, que permitieron arrinconar para siempre las cartillas de racionamiento. A cambio pidieron poca cosa: tan sólo instalar algunas bases militares en puntos estratégicos de nuestro país, nada, según algunas fuentes diecisiete, aunque nunca se ha podido comprobar ya que eran altamente secretas; pero la cuestión se vendió de tal manera en la prensa que parecía que los americanos venían en plan maná, a derramar leche y miel sobre los áridos campos españoles a cambio de nada y porque eran buenas personas.

Sí, la película *¡Bienvenido, míster Marshall!* de Luis García Berlanga trataba del tema. Americanos, os recibimos con alegría.

El presidente de Estados Unidos, Eisenhower, al que aquí con campechana familiaridad empezamos a llamar Ike, vino de visita, pero como no trajo a su señora, la popular Mamie, no tuvimos competencia de sombreros y sonrisas como en la época de Eva Perón. La cosa estuvo bien, pero en el fondo fue aburrida. Aunque le dimos mucho bombo y platillo, y salió en todas partes una foto de Eisenhower y Franco abrazándose, con lo que pudimos comprobar con satisfacción que el americano era de la misma estatura que el Caudillo. La visita tuvo lo que más tarde se llamó «perfil bajo», aunque entonces se denominaba «privada». Conste que a mí me parece bien que se cambien las palabras cada cierto tiempo, de algo han de vivir los académicos, ¿no? Incluso Arturo Pérez Reverte.

Pero estábamos en el crimen de la Broto. Carmen Broto, como Margarita Gautier, como todas las muchachas de «vida alegre», tenía su corazoncito, un corazoncito entregado a un «canalla», Jesús Navarro Manau, del que decían que iba «a vela y a motor», y creo que no hace falta explicar esta hermosa perífrasis, que todos la entendemos.

Tan canalla era el tal Navarro Manau que, en compañía de su padre, un delincuente fichado como «espadista» —es decir, especialista en abrir cajas fuertes con llaves falsas—, y de su amigo Jaime Viñas, planeó matar a Carmen Broto para robarle las joyas. Fue un crimen sórdido y sangriento, a martillazo limpio, Carmen se resistía y Navarro la estuvo persiguiendo hasta que consiguió acabar con ella. Después la enterraron someramente en un huerto en la calle Legalidad.

Torpes, los asesinos dejaron demasiadas pistas, lo que fue una suerte porque la maledicencia popular achacaba el crimen a la alta personalidad eclesiástica mencionada anteriormente y cuyo nombre he tenido que borrar a sugerencia de mis editores. Juan Viñas y el padre de Navarro se suicidaron con cianuro justo antes de ser detenidos. Navarro fue condenado a muerte, pero le conmutaron la pena por treinta años de prisión, de los que sólo cumplió diez en el penal de Ocaña.

También los guerrilleros o maquis, llamados en los periódicos bandoleros, o gánsteres, aunque ellos se consideraban «luchadores por la libertad», causaban bastantes bajas en Barcelona, sobre todo entre los policías y la exigua clase empresarial. Los más famosos eran Facerías y Sabater, que, como decía el periódico vespertino *La Prensa*, «son macabros asesinos semianalfabetos que han aprendido sus mañas en el extranjero». Uno de sus principales objetivos eran los *meublés*, esa institución tan nuestra que consistía ni más ni menos que en una casa de citas. Había uno muy lujoso en Pedralbes, hoy todavía en funcionamiento, con unos espejos, un *hall* amplio con suelo de damero, frescos en las paredes, macetones con palmeras y unas cortinas bastante tupidas. Llegas y pasas directamente del coche, cuya matrícula tapan con una tela, a la habitación, donde te sirven *champagne* y los camareros no despegan la mirada del suelo, aunque quizá si sales en televisión se les escapa un chispazo de reconocimiento. Ah, y tienes que estar una hora por narices. No lo sé por mí, por supuesto, sino por un conocido que ahora vive en el extranjero o ha fallecido, no lo recuerdo muy bien... Tampoco recuerdo cómo se llama...

El del *meublé* de Pedralbes también fue un crimen muy morboso, pues estuvo involucrada una chica de la buena sociedad de Barcelona. A ver, ¿en qué año fue? Tic tac tic tac.

1951.

Sí, sí, va en este capítulo.

No he tenido que consultarlo en Google porque en el año 2000 publiqué la biografía de un maquis, *Quico Sabater, el último guerrillero*, en la que explicaba este suceso ¿O creían ustedes que me había pasado toda la vida escribiendo libros sobre nuestra familia real?

Pero volvamos al crimen. Mientras «Face» está desvalijando a los clientes del *meublé*, un miembro de su grupo, José Avelino Cortés, mata a un cliente adinerado llamado Antonio Masana, empresario y arquitecto, que está pasando unas horas de intimidad con nada más y nada menos que su propia sobrina, una muchacha de quince años, alumna de las monjas de la Concepción y, en la actualidad, una dama respetable con residencia en Andorra. A la adolescente desnuda le cae encima el cadáver ensangrentado de su tío y amante, y se viste temblando con su uniforme azul de colegiala mientras le suplica a Face entre sollozos:

—Por favor, que no se enteren mis padres, lléveme con usted a Francia, estoy dispuesta a todo...

Prefiere convertirse en una fugitiva antes que enfrentarse a sus padres o a la policía, aunque quizá no influya únicamente el miedo al escándalo, sino el hecho de que José Luis Facerías es atractivo, habla bien y está aureolado por una leyenda romántica. Salen juntos en un coche, un Cadillac que el grupo acaba de «requisar», por utilizar su lenguaje. Face comprende lo difícil de la situación y convence a la muchacha para que se quede y explique la verdad.

Al día siguiente, la chica debe asistir a la puesta de largo de una amiga de su hermana mayor en el Ritz. Se convierte en el centro de la fiesta recordando delante de los invitados, con picante ingenuidad, que Facerías la miraba vestirse y tenía «mirada de terciopelo».

Naturalmente, el domingo no faltó a la misa de doce en la iglesia de San Antonio de Padua, en la calle Calaf. Otra muestra de la doble moral de la que tantos ejemplos estoy dando en este capítulo.

Pues a esta Barcelona metida hasta las cachas en el vicio y el desvarío solían ir a menudo los marqueses de Villaverde. De allí era la mejor amiga de la marquesa, Margarita Orfila, y también su «mejor amigo», aunque esto no era oficial y sólo se sabía en *petit comité*.

S.O. no era muy alto, pero sí muy atractivo. Ojos grises, pelo algo rubio (como la hija menor de la marquesa), varonil, elegante. Pero la discreción no figuraba entre las cualidades que lo adornaban, que eran innumerables. Al contrario, era lo que entonces se llamaba un «pavero». Por eso nadie creía demasiado que lo que contaba en Sandor mientras le lustraban los zapatos fuera cierto.

—Ahora me voy al hotel tal a encontrarme con ella.

Un día un grupo de amigos quiso gastarle una broma: fueron a la habitación del hotel, llamaron a la puerta y se oyó una conocida voz de pito, famosa en toda España:

—¿Sí? ¿Quién llama?

Los amigos descartaron que S.O. estuviera dotado del don de la ventriloquia, se cayeron escaleras abajo en confuso montón, pies para que os quiero, y a partir de ahí miraron a su amigo con otros ojos.

Por las noches, cuando había Liceo, al terminar la ópera la

Puesta de largo con todas las de la ley en el Casino de Monforte de Lemos (Lugo). A la autora se la vislumbra entre la multitud.

Brigada del Amanecer caminaba apenas cincuenta metros, ellos con esmoquin, ellas arrastrando las colas de sus trajes largos, y se dejaban caer por el Barcelona de Noche, un oscuro cabaret cuya estrella principal era Johnson, que también se vestía de mujer y a veces salía a cantar con Lola Flores, que iba mucho a Barcelona a actuar. No en vano su marido, el Pescaílla, era catalán, como hemos dicho anteriormente, aunque en el Barcelona de Noche la Flores estaba en plan particular. Los dos, Johnson y Lola Flores, cantaban a dúo:

> En el café de Levante,
> entre palmas y alegrías,
> cantaba la zarzamora.
> Se lo pusieron de mote,
> porque dicen que tenía
> los ojos como las moras.
> Le habló primero a un tratante, y olé,
> y luego fue de un marqués
> que la lleno de brillantes, y olé,
> de la cabeza a los pies.

Los señores bien, marqueses incluidos, aplaudían y bostezaban y luego se iban a aquello de los papelitos mezclados en el sombrero.

También estaba de moda ir a la Bodega Bohemia —«el último reducto» lo llamaban los diarios—, a reírse de las viejas glorias que terminaban allí sus carreras. Abría el espectáculo una *vedette* setentona llamada Merialda que empezaba su actuación siempre de la misma manera: «Soy divina, parezco sueca...» y se señalaba la peluca rubia y después, con el abanico, la parte media de su cuerpo. Era muy graciosa, aunque a mí tanto no me lo parece, pero es que siempre he sido un poco amargada...

Como ya les había nacido un hijo, Camilo José Cela viajaba sin su mujer a Barcelona para discutir adelantos y premios con los editores. Se alojaba en el hotel Arycasa y le indignaba no poder subir señoritas a la habitación, y rezongaba delante de sus amigos:

—Me dicen que hombres sí pueden subir... Terminarán haciéndome maricón...

Él también iba al Barcelona de Noche o, mejor dicho, intentaba ir, porque se perdía en cualquier tugurio del Barrio Chino. Prefería la infantería del sexo para solazarse. Pero su firma empezaba a ser conocida, se le quería nombrar académico y su comportamiento resultaba escandaloso. ¡Se trató el tema incluso en las «meriendas azules» de El Pardo! La mujer de Carrero Blanco, Carmen Pichot, que era catalana, fue con el cuento. La Señora llamó al ministro de Información y Turismo, Gabriel Arias Salgado —ya saben, el de la inauguración del Hilton— y le dijo:

—¿Cómo va ser académico un señor con tan mal comportamiento, aunque sea lejos, en Barcelona?

A regañadientes, Arias no tuvo más remedio que telefonear al escritor para llamarle la atención:

—Hombre, Camilo, he recibido informes de que te han visto en un lugar público bailando con una rubia llamativa que no era tu esposa.

A lo que contestó Cela con rotundidad:

—Por supuesto, ministro, nadie creería que un pendón desorejado como ése podía ser mi mujer.

Y es que solía repetir que para divertirse hay que irse de putas, porque acostarse con la mujer de uno, que es de la familia, da mucho reparo.

Puede.

A pesar de todo lo hicieron académico. En 1957.

No, a las escritoras con las que empezábamos el capítulo, Quiroga, Matute, Laforet y Corín Tellado, no las harían académicas por mucho que se esforzasen hasta veintitrés años después... ¡Y en todos estos años tan sólo ha habido siete! Aunque las razones para esta vergüenza no son únicamente achacables a los hombres. Las dos primeras académicas, Carmen Conde y Elena Quiroga, eran más machistas que sus compañeros y a ninguna de las dos les interesaba que hubiera más mujeres en la Academia. Carmen Martín Gaite se negó hasta tres veces a aceptar un sillón y recientemente Almudena Grandes contestó a quien le tanteaba: «¡Cómo voy a entrar yo antes que mi Luis!», refiriéndose a su marido, el poeta Luis García Montero (lo he leído en *El Cultural*).

De acuerdo, ya está, prometo no hablar más de este tema, ya pueden ir al siguiente capítulo, donde hablaremos de temas más actuales que la mayoría de ustedes habrán conocido por experiencia propia.

Esperen, esperen, un último apunte: en la actualidad, de cuarenta y dos académicos sólo cinco son mujeres.

Va, adiós, ya pueden pasar página.

3

¿SEÑORA O SEÑORITA?

Toc, toc. ¿Quién es? ¡Los sesenta! ¿Ya? ¿Y yo todavía con este peinado conseguido trabajosamente a base de dormir con los rulos puestos —¡los de la nuca que daño hacen, porras!— y mantenido después toda la semana con una laca que se vende a granel y se mete en botellines de plástico, aunque si no también sirve la cerveza en plan solución casera? ¿Los sesenta y yo todavía con estas medias que caen en forma de acordeón sobre el tobillo si tienes las piernas delgadas, y que deben llevarse con liguero o portaligas, pero no porque pertenezcas al cuadro fijo del Moulin Rouge de París sino porque no se han inventado todavía los *panties* o los leotardos? ¡Y si no es liguero es una faja que va desde medio muslo hasta la cintura y que te asemeja a un simpático embutido de Vic, o al sabroso botillo que todos los años nos ofrece el excelente profesional y mejor persona Luis del Olmo en la entrega de sus premios Protagonistas en Ponferrada!

¿Los sesenta y yo todavía con un sostén (Barcelona) o sujetador (Madrid) tan armado como una obra de ingeniería de Santiago Calatrava y tan difícil de desabrochar, sobre todo si el muchacho está con los ojos cerrados y utiliza una mano solamente?

¿Cómo se ha colado aquí este comentario? ¡Va más tarde!

Los sesenta, y yo todavía con gafas o lentes con gruesas patillas de pasta porque todavía no se han inventado las lentillas, y no hablemos de los Tampax o la píldora anticonceptiva, porque éstos son temas tabú que no se comentan ni con la propia madre. Si a alguien le interesan estos detalles, diré que ya se anunciaban en la prensa las compresas higiénicas ideales por su adaptación y su blandura, que no molestan, no irritan y se sustituyen con facilidad. «No tema incidentes enojosos con Celus, empaquetado especial para llevar en el bolso. En farmacias, droguerías y comercios.» ¿Que no se dice para qué sirven? Pues no. Los eufemismos van desde el «estar con el mes», «estar mala» o «no me encuentro bien», hasta los más imaginativos o jocosos, como «me ha venido a visitar el tío de Cuba»; también hay cosas más ordinarias pero mejor no caer en la tentación... Por cierto, aviso, en «esos días» está prohibido bañarse, tocar flores y hacer mayonesa, que se corta.

En cuanto al tema anticonceptivo, dejando aparte los condones, gomas o preservativos, de los que ya hemos hablado, sólo se conoce el afamado método Ogino, el único aceptado por la Iglesia (para los casados, por supuesto). Sí, este tal Ogino es un médico japonés que descubrió que los días fértiles de la mujer eran los que iban un par de semanas después de la menstruación. O así.

Vamos, más o menos.

No era muy preciso, de ahí que los padres de familia numerosa siempre presentaran a sus hijos de esta manera:

—Los nueve mayores son míos y los dos pequeños de Ogino.

También había un chiste.

—¿Sabes cómo se llama el método Ogino?

—No.

—La ruleta vaticana.

Era un poco irreverente, pero es que los tiempos estaban cambiando.

Y ya que hablamos de temas «íntimos» o «de mujeres», no nos olvidemos de la depilación mediante papeles pegajosos, tipo esas cintas atrapamoscas que se mantienen colgando de la lámpara en nuestras entrañables zonas rurales, que te arrancan pelos pero también el manto lípido protector e incluso partes de la piel irremplazables. Asimismo se puede utilizar un líquido infernal que huele a huevos putrefactos, y del que no pongo el nombre porque todavía lo venden y quizá recurran a los tribunales para prohibir este libro.

En el escaparate de un pequeño comercio de la calle del Arenal de Madrid luce el siguiente cartel escrito a mano: ¡QUÉ ALEGRÍA! ¡BRAGAS A TRES PESETAS!, con lo que se demuestra que se ha levantado la prohibición sobre la palabra «bragas», pero el ayuntamiento de Zaragoza amonesta al dibujante Mingote por haber sacado en *ABC* a Agustina de Aragón en traje de baño «ya que presenta a la gloriosa e histórica heroína de forma irrespetuosa e irreverente, máxime estando muerta».

Las señoras vivas suelen despertar el entusiasmo de los varones por la calle, entusiasmo que manifiestan en forma de piropo. Ahí refulge el ingenio de nuestro pueblo, macho y bien macho:

—Pisa, morena, que paga el ayuntamiento.

—Cuando tú naciste, se rompió el molde.

—Te haría madre ahora mismo.

—Tienes los ojos más grandes que los pies.

—Vaya curvas, y yo sin frenos.

Algunos piropos tienen un aire entrañablemente localista:

—Esto es carne, y no lo que echa mi madre.

En a) Cataluña: escudella, b) Madrid: cocido, c) Galicia: pote, d) Andalucía: puchero y e) Canarias: potaje.

Y si la viandante tiene algún rasgo oriental, por pequeño que sea, siempre habrá algún sofisticado trabajador de la construcción colgado de un andamio que advierta a su compañero:

—Mírala, exótica, como a mí me gusta.

Incluso hay licenciados que comprenden la belleza del requiebro y basan su tesis doctoral en «El piropo como rama del arte».

Pero no todo el mundo lo entiende así. Hay almas incontaminadas que no saben apreciar el piropo en toda su perfección lexicográfica e incluso simbólica. En una *Hoja Diocesana*, el obispo escribe que «un gruñido prolongado, como de manada de fieras encandiladas con abundante botín, me ha levantado de mi mesa de trabajo... Las fieras eran un grupo de carboneros que, con palabras que parecían gruñidos, requebraban a una señorita». Claro que la señorita va provocando porque, según dice el obispo, «iba elegantemente desnuda».

Para más inri, la señorita deambula «acompañada de su querida mamá, y ambas, al pasar delante de la Catedral, se santiguaron devotamente». Los carboneros que gruñen ya han sido olvidados, y es a la señorita y a su madre a las que el obispo lanza sus dardos más certeros: «Escozor de vergüenza azotó mi rostro» al ver que «la señal de la cruz se haya hecho sobre un pecho impúdico y por un brazo desnudo», y después sentencia con contundencia: «El demonio relinchaba lujuriosamente».

El demonio relincha, los carboneros gruñen, mi mamá me ama. El obispo... En fin... El obispo... El escozor... Dejémoslo...

Otros temas de mujeres son la olla exprés Seb-Magefesa, «¡Jamás puede explotar!», y la nevera Odag «sin motor». Ostras, ¿será que va a pedales? Pero la publicidad nos lo aclara: «Es eléctrica». También ha entrado en España el sustituto de la familiar escoba: la aspiradora Hoover.

Pero el humilde adminículo no se resigna a un papel secundario y presenta batalla. «La escoba Flae, la galaico-lusitana. Potencial y vigorosa. ¡Señora!, pida la escoba Flae, única en su cometido». Y al final vuelve a la carga: «Recuerde, ¡potencial y vigorosa!».

¿Puede igualar eso la aspiradora Hoover?

No, el señor de Zaragoza todavía no ha inventado la fregona. Está a punto, pero aún no. Se fregaba de rodillas con una bayeta que se escurría a mano en un cubo. Un asco, sí, pero no había otra cosa.

En realidad, el señor Manuel Jalón, que era un ingeniero que había trabajado doce años en Estados Unidos en el mantenimiento de aviones a reacción, y que no era de Zaragoza sino de la Rioja, llevaba tiempo dándole vueltas a este artilugio portentoso, simple como todos los grandes inventos: un palo en cuyo extremo se encuentran unos flecos absorbentes, asociado a un cubo provisto de un mecanismo escurridor. Si hay alguna mujer en España que no haya frotado las palmas de las manos la una contra la otra de forma espasmódica con el citado palo en medio, que dé un paso al frente.

¿Qué? Ni una, ¿no? Bueno, quizá Isabel Preysler, pero evidentemente es filipina y no española. Como diría el albañil reseñado más arriba, «exótica, como a mí me gustan».

Más tarde, Manuel Jalón declaró que su invento dignificó a la mujer pues después de estar toda la vida de rodillas había conseguido «ponerla en pie». Si éste fuera otro tipo de libro, trazaría un paralelismo entre las palabras del señor Jalón y el lema de Pasionaria, «vale más morir de pie que vivir de rodillas», pero me da un poco de pereza. Por cierto, aunque ciertas voces reivindican el origen leridano de la fregona, no se dejen embaucar, pues es maño y bien maño. Los leridanos señores Rull lo que hicieron fue aportar capital a la compañía del señor Jalón y el señor Falcón, que era el encargado de marketing, y se encargaba de ir por las tiendas haciendo demostraciones prácticas.

Un hecho diferencial más. En Cataluña a la fregona se le llama «mocho», pero en ningún otro lugar de España se le denomina así: hagan la prueba.

Ay, Dios, los sesenta aquí mismito, como quien dice, y yo todavía pensando en mi príncipe azul, abogado haciendo oposiciones a notarías si es posible... ¡Un momento, un momento! Vuelve a salir mi familia, recuerdo a mis tías solteras diciéndonos a la alegre muchachada femenina:

—La mejor oposición es judicaturas porque es la primera autoridad.

O en su defecto arquitecto, que es algo muy moderno pero con futuro; economistas no porque nadie sabe muy bien a qué se dedican, y médico tampoco porque la carrera es muy larga y además siempre estás sufriendo porque hacen guardias con esas enfermeras tan monas de uniforme. También pueden ser peritos mercantiles, aparejadores e incluso militares. No, sacerdotes no, no se casaban entonces ni tampoco ahora, a menos que se pertenezca a la Iglesia anglicana o protestante. Cómo nos reímos cada vez que dicen «la esposa del padre Fred» en las películas inglesas o en las novelas de Somerset Maugham (no, no volveremos a contar el chiste del capítulo anterior; sí, tenía gracia pero no como para repetirlo de nuevo).

¿Periodista? ¿Si alguien soñaba con un periodista a la hora de casarse? Oiga, por favor, que estoy escribiendo un libro serio. En Josep Pla no creo que pensara nadie con dos dedos de frente, todo el día fumando y echándose la ceniza por encima, y además con boina. Hombre, había algunos periodistas de buena familia, como José María Pemán en Andalucía, que se casó con una Domecq a la que escribió aquello tan bonito de:

Pero volvamos al caso.
Móntate a la grupa mía.
No hay en toda Andalucía
caballo de mejor paso
ni de andar más señoril.
Vamos a echarle un vistazo,
niña, a la Feria de Abril.

A bote pronto parece que don José María esté más prendado de su caballo que de su mujer, pero así son los señoritos andaluces, tan finos que les cuesta mostrar sus verdaderos sentimientos.

En Bilbao tenemos a los Ybarra, en Madrid a los Luca de Tena y en Barcelona a Sentís, Vila-Sanjuán e Ignacio Agustí, que incluso se había comprado una «torre» en Sitges con las ganancias de *Mariona Rebull*. Eran socios del Club de Polo y del Golf del Prat, pero eran atípicos, y además solían ser abogados; si querían bajar de categoría, allá ellos, pero la cuna siempre se nota.

Por cierto, no lo había dicho: juro esperarlo (al novio) fielmente mientras se dedica a preparar las oposiciones. Si es de otra ciudad incluso le escribiré todos los días; todavía recuerdo bajar cincuenta veces con el corazón palpitante a mirar el buzón para ver si había pasado ya el cartero de la tarde; pero, alto, porque de mi vida particular he prometido por discreción no contar nada aquí, ¡para eso están las redes sociales! Y además en esa época yo prácticamente no había nacido.

¿Puedo decir que era gallego y me llamaba *miña xoia*?

También prometo esperarlo mientras cumple con sus obligaciones con la Patria, es decir, el servicio militar, vulgo «mili»: año y medio y sales soldado raso, o, si vas a las milicias universitarias, tres veranos y sales alférez provisional o incluso teniente.

Los novios, cuando se iban a la mili se convertían en otros. Para empezar les pelaban la cabeza «al uno», según se decía con la misma gracia y la misma agudeza que inspiraron el *Quijote* y el *Lazarillo de Tormes*. No es que antes de ir a la mili llevaran melenas, no —aún faltaba bastante para llegar a los Beatles—, pero es que cuando pasaban por el barbero militar advertíamos que tenían orejas y que éstas solían ser de soplillo. Que nosotras teníamos orejas ya era cosa sabida, pues en las orejas se detenían bastante los citados novios; en aquella época se decía que a la mujer le tenías que entrar por la oreja, y cómo entendían lo de entrar por la oreja aquellas cándidas criaturas mejor lo dejamos para otro momento, pero ahora reflexiono que quizá alguna película X o porno haya sido dirigida por un superviviente de aquellos años de ignorancia y desconcierto...

Recuerdo que había mucha saliva.

Podía ser incluso que se tragaran algún pendiente (sé que pasó, no me pregunten dónde ni a quién, sólo que era una perla australiana).

Pero estábamos hablando de las orejas de los novios. Y de su nuca. Y de su rostro todo entero desprovisto de patillas y bigote. Bien, era una sorpresa. También era sorprendente el lenguaje con el que venían de permiso, ya que decían cosas inexplicables, como que el sargento les había hecho:

—¡La jugada del peterete!

Si tratabas de distraerle y le preguntabas por algún amigo común, decía con desprecio:

—¿Ése? ¡Ése tiene más mili que Cascorro!

Y también trataban de conmovernos contándonos con lágrimas de añoranza que un compañero suyo, más que amigo un hermano, le había sustituido en una imaginaria con dos cojones. Esto de con dos cojones también era nuevo.

Nos daba un poco de vergüenza pasearlos por nuestra ciudad y nuestro ambiente con su bronceado beduino, sus trajes caqui, sus botas chirriantes, el macuto al hombro y con ese olor especial que no se quitaba aunque los pobres se duchasen, que no sé yo si lo hacían pues en estas intimidades no se entraba.

El tema de la ducha ahora ya era más fácil, pues no había hogar sin el calentador Cointra Godesia, que funcionaba incluso con gas butano. ¿Que qué era el gas butano? Un combustible procedente del petróleo envasado en la clásica bombona de color naranja que forma parte de la historia sentimental de este país, del paisaje de nuestras calles y del universo erótico de muchas amas de casa. Qué hermoso ver a las españolas asomadas a sus balcones con sus elegantes batas de boatiné solicitando a grito pelado los servicios de:

—¡El butanero!

Vamos a correr un tupido velo sobre aquellas honradas madres de familia tan vilipendiadas por la calenturienta imaginación de algunos historiadores con pocos escrúpulos. No es mi caso.

Nuestros novios, además de lo que antecede, nos explicaban anécdotas sin fin sobre sus guardias, el cabo furriel, el sargento chusquero y el cabrón del «aspirino», que era el que les ponía bromuro en la comida, aunque en este punto bajábamos pudorosamente los ojos ya que se suponía que nosotras no sabíamos nada de esta sustancia química donde el bromo actúa con estado de oxidación -1 y que, dadas sus cualidades narcolépticas, evitaba erecciones entre la tropa.

Un inciso. Otra sustancia también tenía entonces un gran protagonismo, pero, a estas alturas de mi vida, cincuenta años después de los hechos que aquí relato, no sé si ha existido alguna vez o se trata de una leyenda como la de los ovnis o las alas de la gata *Pitusa*. Estoy hablando de la yohimbina. En los castos guateques (Madrid) o fiestas (Barcelona) que se celebraban en nuestras casas particulares con bocadillos de pan de *brioche* con jamón dulce y *cup* de frutas, nuestras madres vigilantes de vez en cuando bajaban la guardia para ir a controlar las bandejas y quizá para hablar por teléfono. O también para atender a uno de los invitados, que le estaba contando con todo lujo de detalles la última película que había visto, *Sissí*, en la que el emperador Francisco José se enamoraba de una princesita muy joven interpretada por Romy Schneider, aunque en realidad se hubiera tenido que casar con la hermana y había follón por esta causa. Lo que no sabían aquellas madres, y quizá tampoco nuestros lectores, es que aquel chico estaba conchabado con sus amigos para entretener a la carabina (es posible incluso que él nunca hubiese visto *Sissí* y que sólo supiera del argumento lo que le hubiera contado su hermana) y facilitar que uno de ellos metiera, zas, la yohimbina en el *cup*, avivando los deseos sexuales de las chicas hasta convertirlas en animales en celo.

¿Dónde la conseguían aquellos muchachos? ¿En qué formato se presentaba, líquido, solido, gaseoso? ¿Cuánto costaba? Es un secreto que se ha transmitido de generación en generación, y siento mucho no poder desvelarlo... ¡Me lo van a confesar en una ceremonia iniciática pero me han hecho jurar que no lo revelaría jamás y mi honor está por encima de todo! (Pst pst, a ver si me entero antes de que termine el libro y puedo contárselo.)

Como tantas cosas en aquella época, creo que la yohimbina, en caso de existir, debía de estar tan adulterada como el whisky y debía ser de garrafón, porque nunca vi sus supuestos efectos afrodisíacos. O quizá es que no acertaban con la dosis.

Nuestro novio también hablaba mucho de sus nuevos amigos de Villaconejos de la Condesa, a los que había invitado a la finca de papá y a nuestra boda porque las amistades de la mili eran para toda la vida, y de una marcha que hicieron cargados con cincuenta kilos de peso. Las novias nos mirábamos entre nosotras con benevolencia mientras pensábamos en nuestras cosas: ¿pegaba llevar jersey de rombos con la falda plisada de cuadros con imperdible que habíamos comprado en Andorra? ¿Los calcetines altos (nótese que ya habíamos abandonado las medias y el liguero) no hubieran ido mejor con los mocasines granates? ¿El lápiz de labios blanco quedaba suficientemente blanco? Y yo en particular trataba de mirarme en el espejito de mi polvera para ver si se me notaba mucho el grano que me había salido en la barbilla (estaba afectada por un persistente y poco deseado acné juvenil). ¡Caray, y eso que por la noche, después de someterlo a diversas manipulaciones, me lo había untado con pasta de dientes!

Mi abuela me decía «cuando tengas arrugas, echarás a faltar estos granos». Pues oye, no.

Pero había algo peor que hacer la mili en Castillejos, Monte Jaque, Talarn, Maspalomas o San Clemente de Sasebas. Podía ser que al novio en cuestión le tocara ¡Ifni! ¡Sidi-Ifni!

Me estremezco sólo recordando el sonido aterrador de estas palabras... ¡Ifni!

Decían que cuando a los chicos en el sorteo les tocaba Ifni se pintaban en la espalda una palmera y un camello y se lanzaban a la perdición de los bares de copas y por esas ventas del fino Laína... ¡Ya estaba tardando en salir en este libro Joaquín Sabina!

Porque España era pobre, pero alguna colonia le quedaba, como esas marquesas arruinadas que pueden presumir todavía de un buen collar de brillantes. Era una colonia que nada tenía que ver con Australia o Nueva Zelanda, de las que tanto alardeaba la Gran Bretaña, porque en realidad era poco más que un trozo de desierto en el norte de África, ahora, eso sí, muy querido por Franco, que no dejaba de hablar de nuestra tradicional amistad con los países árabes porque había estado allí diez años y había ascendido de comandante a general. Aunque era un amor no correspondido ya que los marroquíes no querían saber nada de nosotros. Durante la década de los cincuenta se habían producido frecuentes escaramuzas entre el ejército de liberación marroquí —apoyado por el rey Mohamed V pero disimulando, porque de cara a la galería hacía ver que era muy amigo de Franco (era un poco lo del Papa de Roma de la década anterior)— y los dos batallones de la Legión que estaban allí de forma permanente. Y podía ser que a nuestros novios les tocase hacer la mili en Marruecos; de hecho, y ahora hablo en serio, uno de los primeros caídos fue un estudiante de las milicias universitarias de Jaén, el alférez Rojas Navarrete.

Y podría ser que todavía estuvieran allí cuando las escaramuzas se convirtieron en guerra total y absoluta que, aunque causó trescientos muertos, fue silenciada en la prensa, ya que no se quería alarmar a los españoles vete a saber tú por qué. El No-Do a aquella guerra la llamaba «operación de castigo a la agresión a nuestra soberanía por parte de los mal llamados a sí mismos ejércitos de liberación» (la palabra «ejército de liberación» en modo irónico, claro), y también hablaba de aquellos soldados que «defienden con heroísmo nuestras posiciones dando muestras del temple y la bravura de nuestra raza».

¡Sí, señor! ¡Todo eso y más! ¡Nuestros novios!

Como al final ganaron los españoles, Franco pudo mantener la colonia, algo mermada, eso sí, hasta el año 69, en que la ONU le obligó a descolonizar a toda mecha, aunque no se hizo totalmente hasta el año 75. Franco se estaba muriendo y fue Juan Carlos el que firmó la emancipación, que no independencia, como quería el Frente Polisario; pero el hijo de Mohamed, Hassan II, dijo nones y hasta ahora.

Si hablo de Sidi-Ifni, tengo que hablar de Carmen Sevilla.

Carmen Sevilla era una de nuestras estrellas a caballo entre una época y otra. O sea, no se lo pone fácil a la modernidad, pero tampoco era doña Carcundia. Los periodistas la definen como «chica Florita» y también como «estrella internacional» porque fue a Hollywood, no crean ustedes, a rodar una película llamada *Spanish Affaire*; por qué no hemos oído hablar nunca de este *film* es uno de los grandes misterios que plantea este libro. Pero Carmen se quiso volver a España porque:

—Allí hay mucha técnica pero muy poco corazón.

En Hollywood vio como Marilyn Monroe se iba a cantar para los soldados norteamericanos que luchaban en Corea y posaba con ellos mientras les susurraba «*My heart belongs to Daddy*» (Mi corazón pertenece a papi) ataviada con una cazadora de cuero que le favorecía bastante. Por eso, cuando en España le propusieron hacer lo mismo pero en Sidi-Ifni, es decir, cantar para los soldados españoles por fin de año, dijo:

—Ea.

A su regreso de África, Carmen le contó su experiencia al periodista de *Pueblo* Marino Gómez Santos, un asturiano asiduo del Café Gijón que era tan guapo que sus compañeros lo llamaban precisamente «Marinín» Gómez Santos. Empezaba su crónica Marinín a lo moderno, con cierta ironía: «Le ofrezco a Carmen un cigarrillo y no fuma, un Martini y no bebe... Al final consigo que tome una tila».

Sí, el Martini ya se anunciaba: «Donde estés y a la hora que estés, un Martini te invita a vivir; Martini Rosso».

El periodista prosigue soltándole en frío a su entrevistada, con ese estilo que los plumillas llamamos «a la bayoneta», y también se denomina «ir con la escopeta cargada»:

—Antes que nada, Carmen, ¿a qué mujer admiras más?

¿Carmen Sevilla dice Isabel la Católica? ¿Dice Pilar Primo de Rivera? ¿Dice santa Teresa de Jesús?

No, nuestra Carmen, con la vista puesta en el futuro que se acercaba arrollándonos a todos, respondió:

—A la mujer de Chiang Kai-shek.

A toda pastilla. Lo que digo. Que estábamos entrando en los sesenta a toda pastilla.

Presumo que tan desconcertado como nosotros, Marinín propuso entonces:

—Bien, Carmen, tus motivos tendrás. Ahora cuéntanos lo de Sidi-Ifni, por favor.

—Fuimos a El Aaiún. Al que mejor bailaba sevillanas me lo llevé conmigo al último campamento donde había tropas españolas... El día de fin de año conectamos con los soldados que estaban en las trincheras, yo me puse a llorar hablándoles de sus madres y de sus novias y después fui al casino a tomar bombones en vez de uvas y se pasó la noche apaciblemente.

¿El relato les parece un poco incoherente? Bien, he tenido que resumir porque la entrevista salió a lo largo de seis días en el diario *Pueblo*. Ya en el avión de regreso Carmen cantaba:

Sabes que ya no habrá primavera
si tú no estás aquí, violetera.
«Cómpreme usted estas violetas,
que son las primeras.
Van a traerle suerte,
mi suerte es mi flor.»

Y todos los miembros del rudo y laureado varias veces por memorables gestas de guerra y pruebas de valor Cuerpo de Paracaidistas de nuestro Glorioso Ejército coreaban:

¡Mi suerte es mi flor!

A saber en lo que estarían pensando aquellos procaces. Pero no fue el único acto heroico de nuestra sin par Carmencita. En seguida lo veremos.

España trata de arrancarse los harapos con los que salió de la posguerra para emerger lustrosa y europea, y hasta el mismo Gobierno se actualiza. Donde antes estaban señores con bigotito y gafas oscuras, ahora se instalan los tecnócratas, casi todos miembros del Opus Dei, jóvenes y modernos, que saben gestionar el dinero que empieza a entrar a raudales en nuestro país procedente del turismo y la emigración.

Casi todos los ministros eran... economistas ¡Y pensar que no nos habíamos querido ennoviar con estudiantes de Ciencias Económicas puesto que no sabíamos muy bien para qué servía tal carrera! ¡Quizá perdimos incluso la oportunidad de que nos llevara al altar algún miembro del Gobierno! Alguno que no fuera miembro «numerario» de la Obra como Laureano López Rodó, pues ésos hacían votos como los sacerdotes normales y no se podían casar.

A propósito del celibato de los curas, las más partidarias eran las mujeres, con el sesudo argumento de que:

—Me daría cosa confesarme con un sacerdote que tuviese mujer con la que se acostara, a saber si la noche anterior no... Ya no habría confianza... Sería un corte...

¡Misterios del alma femenina!

Así, estos señores del Gobierno decretaron que ya se había superado la «autarquía» y que ahora emprendíamos un «plan de estabilización» sin despeinarnos siquiera. Y el resto del mundo se puso tan contento que el Fondo Monetario Internacional se dedicó a invertir en España en forma de divisas, lo que causó la natural alegría en los mercados. El vicepresidente Carrero Blanco declaró exultante:

—Crecemos el siete por ciento anual, lo mismo que Japón.

Se empezó a hablar entonces del «milagro español» y también del «milagro japonés». O sea que España «es diferente», según el eslogan inventado por el ministro de Información y

Turismo Fraga Iribarne, pero con bastantes puntos en común con los japoneses, que, recordemos, habían enviado como avanzadilla al doctor Ogino para que fuera preparando el terreno. Y es que estos orientales no dan puntada sin hilo.

Pero una cuestión era disimular un poco de cara a los mercados internacionales y otra abdicar de los valores de la raza. Cayeron abatidos los últimos maquis, Quico Sabater y Caraquemada, y los comunistas decidieron abandonar la lucha armada y optaron por infiltrarse en las organizaciones sindicales. Aun así, las cárceles estaban llenas de «rojos», treinta mil según algunas estadísticas, y seguían dictándose penas de muerte. Julián Grimau, un dirigente comunista juzgado sumarísimamente, fue fusilado por orden expresa de Franco y ninguno de aquellos ministros tan tecnócratas y tan del Opus se atrevieron a oponerse. El ajusticiamiento tuvo lugar en el campo de tiro del cuartel militar del barrio de Campamento, en Madrid, pero incluso en ese acto macabro se evidenció que España ya no era la misma. Ni la Guardia Civil ni los militares de carrera quisieron participar en la ejecución, y fue el propio Franco el que tuvo que ordenar:

—¡Pues que lo hagan soldados de reemplazo! ¡Los quintos!

Los pobres muchachos, que quizá no habían disparado en su vida, no acertaron y debió ser el teniente que mandaba el pelotón el que tuvo que rematar a Grimau con un tiro en la sien.

Sí, España era cojonuda. Doblemente cojonuda, acuérdense, porque si ellos tienen ONU, nosotros tenemos dos.

Lo volvieron a decir en la prensa ante el clamor internacional de protesta por el fusilamiento de Grimau, pero ahora con la boca pequeña porque nosotros ya formábamos parte de Europa.

Porque todo cambiaba excepto el Generalísimo, que jugaba a dos barajas y confesaba con orgullo «aquí estoy, inasequible al desaliento». Todo cambiaba pero en los discursos de Navidad un sombrío Franco continuaba manifestando con voz monótona su malestar porque veía a los españoles acosados por sus «demonios familiares, la conspiración judeo-masónica, los separatismos, el peligro rojo, el ateísmo, el extremismo y la enemistad mutua», y también advertía a aquellas muchachas que salían a servir a Europa que no se dejaran contaminar por la ola de inmoralidad creciente de los países extranjeros: «Son tantos los casos que se descubren de desgracias y atropellos sufridos por muchas de estas jóvenes, que tengo que aconsejar a las familias españolas que corten con esta clase de emigración».

Este mensaje desconcertó lo suyo en su momento. Yo ahora aquí apunto una hipótesis: quizá doña Carmen le había comentado a su marido lo difícil que se estaba poniendo el tema del servicio en España porque a todas las chicas les había dado por irse a Alemania, donde pagaban más y se las trataba mejor. Es una idea.

Franco terminaba quejándose de que «tantos son los obstáculos puestos a nuestro paso que harían desistir a otros con menos fuerza».

Alguna mano enemiga de España movería los elementos para que se convirtieran en obstáculos, porque en octubre de 1957 en Valencia, y en septiembre de 1962 en el Vallés, llovió de tal manera que se desbordaron los pacíficos ríos Turia y Llobregat causando la muerte de un total de mil quinientas personas. Una palabra nueva se añadió a nuestro vocabulario: «riada».

Una pequeña emisora, Radio Juventud de Murcia, organiza una gran subasta para los damnificados valencianos y aquí interviene de nuevo la incansable Carmen Sevilla, que llama de madrugada por teléfono con la voz entrecortada:

—Soy Carmen Sevilla. Ofrezco un traje de gitana blanco, con lunares verdes.

El locutor Adolfo Fernández, rápido de reflejos, le propuso:

—¿Por qué no viene usted a traerlo en persona?

—Digo.

El vestido alcanzó las veinte mil pesetas, pero eso no fue todo, según relata la propia Carmen:

—Salí de la emisora descalza porque un caballero ofreció tres mil pesetas por mi zapato derecho y otro caballero mil por el zapato izquierdo.

¡Otra vez las dos Españas!

Podría ser que se tratara de mutilados de guerra con afición a travestirse que contaran con un solo pie, pero yo prefiero pensar que lo hicieron por altruismo.

Nota al margen: sería interesante que alguno de aquellos dos galantes caballeros, o en su defecto sus descendientes, se pusieran en contacto con esta autora para explicarle bajo qué medidas de seguridad han conservado todos estos años las preciadas reliquias. Quizá en el Banco de España o tal vez custodiadas día y noche por los fornidos guardias armados de Securitas.

Carmen suspiraba:

—Fue precioso lo de la riada de Valencia, pero lo de Sidi-Ifni... Aquellos soldaditos... No los puedo olvidar.

Cuidado, Carmen Sevilla, que aquellos soldaditos eran nuestros novios y, bueno, sí, no se descarta que tuvieran alguna aventura, para desfogarse más que nada... ¿Con Carmen Sevilla? ¡Pues vale! ¡No va a ser con Joselito!

Carmen, no me tengas en cuenta esta pequeña broma porque sé que tú también fuiste virgen al matrimonio. Era para distender un poco el ambiente, tanta seriedad puede aburrir a nuestros lectores, ¡qué te voy a contar a ti que no sepas del *show business*! A Joselito no le voy a pedir disculpas porque somos amigos. Un abrazo, gran Joselito, se te quiere, y a tu mujer también.

De todas formas, podíamos estar bastante tranquilas respecto a la castidad de nuestros novios ya que, según rememoró más tarde no sé quién:

—En aquellos años follar en España no era pecado, sino milagro.

He visto atribuido este pensamiento a tantos como se atribuye aquello de «yo no opino como usted, pero moriría defendiendo su derecho a pensar distinto» o también «la mujer debe ser señora en la calle, maestra en la cocina y puta en la cama». Quizá la misma persona dijo las tres frases... ¡Qué gran injusticia que su nombre no haya pasado a la historia!

Vírgenes, ellos, no solían serlo. No olvidemos que vivíamos en un país donde había una sevillana muy popular que todos cantábamos a la que nos tomábamos dos copas, aunque fuéramos catalanes:

> Cuando era pequeñito
> dormía con la criada
> y ahora que soy mayorcito
> no quiere la condenada.

Los cabarets, donde se daba la prostitución de altos vuelos, no eran para nuestros novios, ya lo decía José María Pemán con cierta frustración: «El cabaret es un sitio donde el pecado es triste y el *champagne* es caro». Para los jóvenes que se iniciaban más bien estaban los prostíbulos o lupanares. Cuenta José Luis de Vilallonga, en ese lenguaje tabernario que tan caro le resultaba a pesar de ostentar el título de marqués, que fue «de putas» por primera vez de la mano de su padre, aunque él también se había estrenado con la sirvienta. Que eran unas mujeres generosas y de las que tiene un gran recuerdo.

Ahora voy a dar el testimonio de tres hombres conocidos que se sinceraron conmigo para que se vea que la vida, para ellos, tampoco era fácil. El actor Francisco Rabal me contó que él también se acostó por primera vez con una prostituta, pero su evocación es muy amarga:

—Fue en Chamartín, yo tenía quince años... Fue en el monte y lo hicimos encima de la hierba, de noche... De aquella vez sólo tengo un recuerdo: el olor repugnante de aquella chica, el olor a miseria, a mugre, a suciedad, a otros hombres...

Y el tremendo actor añadía pensativo:

—Aún ahora, en muchos de mis sueños, el sexo va unido a aquella sensación de olor que te hacía casi vomitar...

Dado el historial amatorio de nuestro tan recordado actor, no quiere una imaginarse si aquella primera vez hubiera ido bien... ¡en este país no se hubiera salvado ni Pilar Primo de Rivera!

Distinta fue la vivencia de Camilo Sesto:

—A los diecisiete años tuve mi primera experiencia sexual, con una puta valenciana. Se entusiasmó tanto conmigo que me pegó un mordisco en el hombro que me duró una semana.

Y aquí Camilo hacía una extraña reflexión:

—Dicen que entre el dolor y el placer está el gusto.

Y añadía:

—Me gustó tanto la experiencia que a los pocos días repetí con otra puta y después me fui a vivir cuatro años con la actriz Laura Casale, mucho mayor que yo, que me enseñó todo lo que sé de la cama.

Por su parte, Jaime de Mora y Aragón, el hermano de la reina Fabiola de Bélgica, ajustándose el monóculo me confesó con desenvoltura mientras nos tomábamos unos whiskys en la *boîte* que regentaba en Marbella:

—Yo nunca fui de putas, directamente me eché una querida. Yo tenía diecisiete años y ella era una vieja de veintiocho, figúrate tú hoy. Un *croissant.*

¿Qué por qué me interesaba siempre por el mismo tema? Eran unas entrevistas para la revista *Interviú* en las que en lugar de preguntar a mis interlocutores por el libro que estaban leyendo o por sus triunfos profesionales, yo también «metía la bayoneta» para interrogarles por sus preferencias sexuales. Se había muerto ya Franco y entonces no tenía mérito, pero de todas formas quedaban bastante morbosas.

Démosle al *replay*, por favor, que no sé cómo nos hemos avanzado de golpe veinte años. Aunque en realidad ha sido un ardid para demostrar que nuestros novios algún rudimento sexual tenían. ¿Nosotras? ¡Nada! ¡Las que carecíamos de hermanos varones podíamos llegar tranquilamente a la noche de bodas sin haber visto jamás un hombre desnudo!

Y eso que en aquella época imperaba esa costumbre tan española de que unos señores con gabardina fueran a la puerta de los colegios y esperaran, silenciosos y eficaces, a que miraras para ellos. Lentamente se la abrían y veías que llevaban el pantalón bajado y enseñaban algo que tampoco estaba muy claro lo que era. Era una exhibición un tanto triste y llena de patetismo, y no terminaba de aclararnos nada porque era visto y no visto, ya que inmediatamente salía la directora, que se llamaba Carme Serrallonga, esgrimiendo un paraguas y pies para que os quiero.

También, cuando ibas a tomar el sol a la playa con un bañador entero o con uno de aquellos primeros bikinis tan grandes como manteles de ocho cubiertos, algunos hombres se sentaban silenciosamente en las rocas fingiendo mirar el horizonte, pero tú sabías que el horizonte en realidad les importaba un pito. Los corría la Guardia Civil a gorrazos, al mismo tiempo que te reñían con severidad:

—Oiga, es que si usted va provocando...

Sí, también estaba el tema estatuas para comprender lo que es un hombre en toda su integridad, pero el miembro viril suele estar tapado con una pequeña hoja de parra.

Al hilo de este tema, recuerdo la boda de una de mis primas con el hijo de un prohombre del régimen, en 1960. Apresuradamente, antes de salir para la iglesia, mi tía le había explicado de qué iba todo aquello. Mi prima era una inocente azucena de tan sólo veinte años.

El banquete fue en el Hotel Ritz. Situémonos. Primeras autoridades, condecoraciones, uniformes militares, alguna casulla arzobispal, señoras. Mi prima presidía, pálida y demudada, en su aparatoso traje de novia de Pedro Rodríguez. Daban las cinco, las seis, y no se decidía a levantarse de la silla. El novio, nervioso, iba de mesa en mesa despidiéndose; al final le hizo una seña a la novia y le dijo:

—Ya va siendo hora de que nos vayamos.

Mi prima elevó la mirada con expresión trágica y el trémolo de su voz angustiada se oyó en todo el comedor y más allá:

—¡Cómo! ¿Ya? ¿A la cama?

Cincuenta años después es una anécdota simpática que todavía se cuenta en la familia. A mí me hace gracia.

Una vez en toda la «mili», por lo menos, teníamos que ir a ver a los novios al cuartel. Nos presentaban a sus nuevos amigos, que nos estrechaban la mano y nos decían con gran finura:

—Mucho gusto.

Tú te despedías de forma adecuada y cuando ya te agarrabas al brazo de tu novio cual garrapata veloz, éste se desasía con incomodidad y te decía con el acento de alguna región que no era la suya de nacimiento (no preciso cuál para no herir susceptibilidades):

—Mi amigo viene con nosotros, ¿sabes? Es que este fin de semana su novia no ha podido viajar porque tiene que matar al cerdo.

Y te ibas al pub-bar, que tenía unos reservados para parejas con unos biombos de color rojo. El dueño solía ser el moderno del pueblo que recibía los discos directamente desde Madrid, y en lugar de oírse aquello antiguo del:

> Manisero se va.
> Caserita no te acuestes a dormir
> sin comerte un cucurucho de maní.

Se escuchaba a Elvis Presley en la versión local de Los Llopis:

> Ay qué chiquita yo vi,
> cómo se me sonrió,

pero al acercarme no sé que me pasó,
es algo muy raro que me hace estremecer,
¡es amor! ¿Qué voy a hacer?

Había una pequeña pista para bailar, pero vosotros os ibais al reservado, los tres, y ahí estabais sentados toda la tarde a base de cubalibres. ¡El cubalibre! ¡Cuántos recuerdos! Fidel ya había entrado en La Habana y aquí lo celebrábamos mucho; a Franco le caía bien porque era gallego.

Otro inciso. Siempre pagaban ellos. Las chicas nunca llevábamos dinero en el bolso. Si acaso un par de pesetas para darle a la señora de los lavabos.

Ellos dos, el novio y su amigo, se quitaban la palabra de la boca para contarse mutuamente sus batallitas, chocaban sus vasos y se morían de risa berreando «joder con el mosquetón, como pesa como pesa / joder con el mosquetón, como pesa el muy cabrón». Lo peor es que se empeñaban en incluirte en la tertulia para explicarte que el sargento era justo pero muy duro, y que uno de Bilbao bebía colonia y otro de Piñeira de Roces llevaba ocho meses sin bañarse, pero es que la mili es muy jodida aunque al mismo tiempo una experiencia de la hostia, y cuando ya te dolían las mandíbulas de tanto disimular los bostezos, cuando hacías esfuerzos sobrehumanos para leer el reloj Duwarín de reojo —qué lento pasaba el tiempo—, cuando mirabas la boca de tu novio y oías sus risotadas con odio animal deseando emular en su persona la matanza del cerdo, en ese punto te sobrecogía una idea espantosa: «¿Será que ya no estoy enamorada?».

Pero luego se te pasaba porque él te abrazaba a lo oso y te besaba en el cuello —o en la oreja, otro de los puntos llamados «débiles»—, y te clavaba en las costillas el correaje y creo que una pistola. A ver, concretemos, ¿era una nueve largo Parabellum o un subfusil Thomson? ¿O el tan publicitado mosquetón?

Pero ¿es que acaso podría ser que ese día el «aspirino» no les hubiera suministrado su dosis acostumbrada de bromuro? ¡Quizá su cuerpo ya se había acostumbrado a esa sustancia y había creado resistencia! ¡Quizá ahora ya necesitaba tres o cuatro kilos diarios para controlarse! ¿Y cuántas debían de ser las reservas nacionales de bromuro? ¿Cómo saberlo?

¡Sólo nos quedaba pedir en voz baja que llegara pronto el día de la boda para poder casarnos de blanco!

¡De blanco, por supuesto!

Dios mío, qué manera de defender la virginidad, con uñas y dientes.

Cuando salías de casa ibas impecable. Tu chaqueta colgada del brazo, el bolso, tu zapato con tacón de dos centímetros, oliendo a Diorísimo, el perfume que le habías hurtado a tu madre, ni un pelo fuera de su sitio. Volvías con la pintura corrida, el ojal de la blusa cerca de la oreja y la falda desbaratada, los ojos brillantes y deslumbrados, el cuello lleno de moretones, apestando a alcohol, a tabaco, el pelo convertido en confuso estropajo, mascullando buenas noches y metiéndote de cabeza en el cuarto de baño... ¡Y los padres no se enteraban! ¡Otro de los grandes misterios de la vida, digno de ser investigado por Iker Jiménez junto a las figuras de la isla de Pascua y el hombre de Ozi!

A ver si al final tanto descubrir tanto descubrir también nos va a financiar el instituto Montaigne y la Universidad de Padua...

Eso sí. Volvías virgen.

Nosotras no hacíamos la mili, no íbamos a Sidi-Ifni, pero también teníamos nuestra propia guerra. ¡San Jordi no se enfrentó al dragón con más fuerza que nosotras! ¡Con la misma convicción con que los españoles defendíamos el peñón de Gibraltar! ¡Frente a todas las asechanzas del Maligno y también de nuestros novios! Cómo olvidar aquellas luchas titánicas para apartar aquellas manos: los chicos se convertían en diosas Shiva (o en «pulpos» según las personas carentes de cultura) con cinco pares de brazos y cuando te sacabas uno de encima, el otro estaba atacando por otro lado, y si no el otro o el otro trataban de desabrochar botones, bajar cremalleras, subir faldas, arrancar medias.

Al mismo tiempo bebían y fumaban.

Todo en silencio, a oscuras, si acaso algún jadeante:

—Déjate, tonta, si total vamos a casarnos.

Ah, no, el viejo truco. ¡Que no hemos nacido ayer! ¡Que por lo menos tenemos quince años!

Era una lucha tenaz y sigilosa para conquistar un palmo de terreno. Al sur la mano trepaba por el muslo, tú tratabas de apartarla pero al mismo tiempo tenías que defender las posiciones del norte, donde la otra mano intentaba bajar por el cuello, infiltrarse en la blusa con los cinco dedos extendidos y aplanados convertidos en cinco soldados reptantes a la manera de los cuerpos especiales del Glorioso Ejército Nacional intentando una maniobra desesperada para introducirse entre la tela del sostén (Barcelona), sujetador (Madrid) y el pecho propiamente dicho. Se marcaba el objetivo ocupado con un pellizco furtivo.

Ponían un lento. Sin palabras, como autómatas, os levantabais y salíais a bailar.

¿Bailar? ¿He dicho bailar? ¿El llamado Arte de Terpsícore? Hincabas el codo en su pecho mientras tratabas de salvaguardar lo más preciado que tiene una mujer en una postura que recordaba un poco a esos ejercicios gimnásticos que en la actualidad nos enseña nuestro apuesto preparador físico para mantener en buen estado muslos y glúteos. No, no nos movíamos del mismo ladrillo, y no, no estábamos bailando el chotis.

Las mejillas sudorosas se pegaban la una a la otra (esto se llamaba «hacer caritas»), había algunos que se empeñaban en cantarte al oído, y su voz sonaba distorsionada y gemebunda como si estuviéramos debajo del agua; y en cierto modo así era, porque se creaba un importante microclima húmedo en el eje cuello-oreja:

Onli you sisisisi
Mmmmh dis uorsimesorait
Only asiasi you ay ayyualon
Laralaralalalaonlyyouuuu

Luego vuelta a sentarse, lingotazo al cubata para coger fuerzas y a proseguir la guerra en el otro frente.

Y ahora me pregunto, ¿por qué nunca dijimos nada?

Habría sido tan fácil tener esta conversación:

—Mira, mi deseo sería acariciarte, por otro nombre meterte mano. Si te parece bien te dejas y nos evitamos estas luchas idiotas, porque estoy sudando como un cerdo.

—Pues ya desde ahora te digo que mejor que desistas porque yo no quiero y es una lata perder toda la tarde inútilmente cuando podríamos ir al cine, por ejemplo.

El cine. En el cine, con la oscuridad, pasaba lo mismo. Y no sólo aquí, también en América. Lean si no la novela *Verano del 42*; sí, vale, es anterior a la época que estudiamos sesudamente en este capítulo, pero también sirve, ellos allí estaban más adelantados. El protagonista consigue llevar al cine a una amiga suya y, después de múltiples acercamientos, consigue conquistar una plaza: el codo de la muchacha. Lo acaricia con pasión y dulzura mientras escruta el rostro de la chica, fijo en la pantalla, y piensa: «Cómo disimula». Cuando ya está a punto de alcanzar el éxtasis agarrado a aquella protuberancia que se le ofrece con impudicia, se acaba la película, se encienden las luces y el chico ve con horror que lo que ha estado acariciando con frenesí ha sido el brazo de la butaca.

Sí, queridos lectores, en América también sufrían lo suyo y las muchachas se resistían a perder su virginidad, y eso que el Maligno no tenía tanto predicamento como aquí y sus acechanzas no eran tan potentes. Escuchen, escuchen esto: «Si una chica no llega al altar virgen, aunque se haya confesado no tiene derecho a vestir de blanco. A los hombres engañará; ante Dios su conducta será hipócrita», nos dice el canónigo Enciso Viana en *La muchacha en el noviazgo*.

Pero las acechanzas ahora ya van de capa caída... ¡Están entrando los sesenta! Contra ellas no valen ya ni siquiera las apocalípticas soflamas sobre la Mujer Perdida (sin necesidad de yohimbina, según creo) que nos propina el padre Monelli: «La impureza es una loba que jamás se sacia, jamás se contenta, jamás se ve satisfecha... La mujer impura es como una rueda de molino que se consume a sí misma»... También entra aquí José María Pemán, tan protagonista en este capítulo —pero es que era el bardo favorito de Su Excelencia—, y nos clava esta banderilla en el costado: «Cuando Dios quiso sancionar el pecado original impuso a la mujer un doble castigo: el dolor de la maternidad y la sujeción al varón, que debe dominarla». ¡Pero no, don José María, llega usted tarde! ¡Una década tarde! Ahora nadie le hace ya mucho caso a Pemán, ni al padre Monelli, que se queda solo predicando en el desierto como quien dice, aunque sea un desierto tan modesto como los Monegros. Oímos sus voces cada vez más lejos: «La lujuria causa terribles enfermedades... Acarrea horrendos castigos en esta vida y en la otra...». Pemán, el padre Monelli, el padre Enciso Viana, el padre Massimiliano Mazzel y ¡hasta el padre de Julio Iglesias! se han quedado afónicos de tanto gritar en vano: «infierno... acciones criminales... vicios deshonestos... muerte prematura». Se han vuelto leves como plumas llevadas por el viento: «razón perturbada... laderas inmundas, vicios nefandos...». A lo lejos, sí, a lo lejos aún persisten y gritan: «enfermedades repugnantes...».

Pero aunque no las escuchemos, aunque nos mofemos de sus advertencias, estas palabras están grabadas a cincel de forma indeleble en nuestros corazones y nuestros planes. ¡Casarnos, de blanco y vírgenes! ¡Mantenerse virgen, el gran objetivo! Pero, y aquí se revela el fracaso pedagógico de las personas sabias que hemos citado anteriormente, no queríamos permanecer vírgenes por ardor religioso, no por convicción, ¡ni siquiera por frigidez!, sino porque la primera lección que recibíamos las mujeres era:

—Cuando un hombre consigue «eso», pierde interés.

Y este perder interés hace que no te lleve al altar, que era al fin y al cabo la Gran Meta.

Porque, por su parte, la primera lección que aprendía el hombre era:

—Prometer hasta meter, y una vez metido olvidarte de lo prometido.

¡Teníamos que luchar contra gigantes!

Una de las canciones más populares del momento, en la voz de Antonio Prieto, era:

Blanca y radiante va la novia,
la sigue atrás un novio amante
y que al unir sus corazones
harán morir mis ilusiones.
Ante el altar está llorando,
todos dirán que es de alegría,
dentro su alma está gritando
¡Ave María! ¡Ave María! ¡Ave María!

Quedaban focos de resistencia, como es natural.

En Lugo, por ejemplo. En el periódico se anunciaba una película, *El asesino*, aclarando que «asesino, sí, pero no de personas, sólo se dedica a mujeres», qué alivio, y también se entrevistaba a la ganadora del concurso Mujer Ideal, que explicaba que, aunque estudiaba Filosofía y Letras, no pensaba ejercer la carrera:

—Si alguien quiere trabajar, que lo haga, pero yo tengo otras muchas cosas que hacer.

Cuando el periodista preguntaba cuáles, la Mujer Ideal respondía:

—Casarme, tener hijos, cocinar, mi marido...

Al futuro marido también lo entrevistaban y le pedían que definiera el carácter de su novia:

—Habla demasiado, marea.

Había editoriales serias que publicaban manuales para «dominar a las mujeres», aclarando, por si había dudas, que se trataba de «dominarlas sin látigo», lo cual era evidente que tenía más mérito. «Con las orientaciones de este libro le obedecerán, le admirarán y le querrán ardorosamente, por lo que su vida será un auténtico Edén.» Ahora, eso sí, precisaba que estas mujeres «podían ser novias o esposas», no vayan a pensarse que se podía dominar a cualquier pelandusca que pasaba por la calle. Para la mujer que quería «poner a un hombre a sus pies» teníamos Mágico Perfume Oriental Noche de Fuego, que «lo convierte en su rendido admirador, no se había visto nada igual hasta ahora». Su fórmula era «turbadora, casi mágica, embruja a los hombres, ninguno se resiste a sus efectos, el más tímido se atreve a lo que ninguno osaría». Y digo yo, por pura curiosidad científica, ¿lo venderán todavía? Creo que sería bueno que me lo enviaran a mi casa para analizarlo en mi laboratorio portátil, con el fin de ver si pasa todos los controles sanitarios. Por hacerle un bien a la humanidad, ya digo.

No se rían de esto del laboratorio portátil. Por treinta y cinco pesetas se podían comprar los Rayos X Baby para tener en casa: «Aparato científico inspirado en la ley de los rayos X o principio de refracción por mediación de los rayos helios». ¿Y para qué rayos servían estos rayos? Muy sencillo: «Para ver las conformaciones internas de sus amigos» con el fin de «animar reuniones y estrechar lazos con el sexo opuesto». De esqueleto a esqueleto, para entendernos.

Vamos, que entablar relaciones lo tenían los españoles bastante difícil. En los periódicos triunfaban secciones como «Busque usted su otra mitad», «Cómo encontrar a su pareja ideal» o «Aquí su media naranja», y el abanico de los solicitantes era muy amplio: desde la «señora viuda que desea correspondencia con caballero de cincuenta y seis a sesenta y cinco años con fines serios» y que se describía a sí misma como «alta, formal, simpática, católica, educada y ante todo una señora» (¡presente!), a un tal José García, que solicita una entrevista con una chica de treinta años con fines matrimoniales en el bar La Perdiz de cinco a seis de la tarde indicando que sobre él «puede dar informes el camarero», pasando por el estudiante de dieciocho años «sediento de amor» que «busca chica residente en Madrid, no me importa el color de piel» y que, añade con desesperación, «puede tener entre doce y cuarenta años».

Estamos dejando atrás toda una época, pero todavía nos detenemos en el borde del precipicio, sin saber si seguir adelante o retroceder. Nos asomamos a ver qué hay. Se asoman nuestras estrellas, que no saben si decantarse por los nuevos vientos que vienen del extranjero y dar un paso al frente con riesgo de romperse la crisma, o continuar aferradas a los valores patrios, que tan buen resultado les han dado hasta entonces.

Sara Montiel, por ejemplo, entonces Sarita, la más famosa porque había rodado la taquillera *El último cuplé*, aunque la veterana Raquel Meller decía de ella con desprecio:

—Tiene voz de sereno.

Sarita era una vampiresa. El argumento de *El último cuplé* era muy sentido y había tocado el corazón de las mujeres españolas. María Luján era una cupletista en decadencia (le pintaron a Sarita, que entonces tenía veintisiete años, arrugas y ojeras, pero no muchas para no deformar su belleza) que actuaba no en la Bodega Bohemia de Barcelona, pero casi: en el Molino. Su descubridor iba a verla y ambos recordaban su vida de triunfos, que se había acabado cuando su novio torero murió en la plaza. Ah, también tenía un pretendiente, un aristócrata ruso interpretado por Alfredo Mayo, que en los años cuarenta siempre hacía de legionario; como personaje no pegaba ni con cola en el desarrollo argumental, por lo que esta autora deduce que se trataba de un favor del director, Juan de Orduña, a un antiguo amigo para ayudarle en su jubilación, seguramente no muy boyante. Al final María Luján moría en brazos de su descubridor. Cantando.

Sarita Montiel también había tenido su etapa en Hollywood, donde había ido a hacer de india en la película *Veracruz,* al lado de Gary Cooper:

—Pero de india mona —precisaba ella para que no fuéramos a confundirla con Toro Sentado o con el Último Mohicano. Allí además le hizo unos huevos fritos a Gary Cooper. Sí, nos la creemos lo mismo que a Ana Obregón cuando explica que le cocinó una paella a Steven Spielberg.

Sarita, como Carmen Sevilla, también intentaba definirnos Hollywood, pero se notaba que tenía más «currículum», como se decía entonces con picardía, que la candorosa Carmen Sevilla:

—Hollywood no es distinto de España, allí también se cuecen garbanzos.

Y por si no se entendiese, reiteraba:

—¡Ya lo creo que se cuecen garbanzos!

Lo que no sabemos es si se trata de una figura retórica o metáfora, o es que esta honrada leguminosa, al ser desterrada de las mesas españolas, ya abastecidas de casi todo, se había refugiado en los hogares de los magnates de Hollywood por esnobismo. Uno de estos magnates, qué casualidad, era el productor y director Anthony Mann, su marido. Sarita nos llenaba a las españolas de asombro cuando nos explicaba que:

—Yo me enamoré de Anthony [ella decía «Anzoni»] enseguida, nada más verlo, pero él, como buen austriaco recriado en América, era muy tímido, serio y reservado, y no me decía nada... Pero yo «cazaba a la espera».

Como veíamos que de aquello podíamos sacar alguna enseñanza, las chicas españolas cogíamos papel y lápiz y nos apresurábamos a tomar nota:

—Una noche lo invité a cenar, ¡pagando yo!, y como no me decía nada, me tuve que tirar *p'alante*. Me lo llevé a pasear por la playa y le dije: «Anthony, estoy enamorada de ti».

Anthony Mann se quedó mudo, pero Sarita arrasó como el cuerpo de lanceros bengalís en pleno. Nosotras íbamos apuntando, sobre todo eso de que la cena la pagó ella. ¿Distraer aquellas dos pesetas de la señora de los lavabos para invitar a nuestros novios? ¿Se conformarían ellos con cenar un chicle Bazooka, que costaba una peseta la pieza? ¡Tenía forma de acordeón y era duro como una piedra!

Bueno, volvamos al relato de Sarita:

—Lo envolví de palabrería, le dije: Anthony, tú a mí no me engañas, eres un hombre maravilloso, porque a pesar de tus películas brutales, *El hombre de Laramie*, por ejemplo, a pesar de que cualquiera diría que eres un hombre sin entrañas, eres el director de *Música y lágrimas*, y eso no puede hacerlo cualquiera. Eres un hombre maravilloso.

Mojando la punta del lápiz con la lengua, continuábamos escribiendo «... maravilloso... hombre sin entrañas... Laramie...», mientras Sara culminaba su lección magistral de forma sencilla:

—Volví a España sabiendo que el pájaro ya había picado el anzuelo, tan tranquila, y en efecto, al cabo de una semana me envió un telegrama diciéndome: «Toma el primer avión, te espero en Arizona con el abogado para casarnos inmediatamente».

¡Ya entiendo! ¡En América son los pájaros los que pican los anzuelos y los peces los que caen abatidos a disparos de carabina, mira por dónde igual que la popular canción española:

> Por el mar corren las liebres,
> por el mar corren las liebres,
> por el monte las sardinas, tralará,
> por el monte las sardinas, tralará,
> por el monte las sardinas.

Lo cual nos lleva a especular con que ésta tenga su origen probable en Arizona. Ya ven que este libro toca un poco todos los temas. No hace falta que compren otro.

Pero las españolas nos decíamos con abatimiento que vaya suerte la de Sarita, que no había tenido que recorrer ese largo camino erizado de baches y minas antipersonas llamado noviazgo. Rompíamos los apuntes en mil pedazos porque ni nuestros novios eran directores de cine ni eran americanos ni ése era el camino. Nos tocaba bailar con la más fea.

Anthony y Sarita se casaron, pero era una boda que aquí en España no se reconocía porque había sido por lo civil. Los periodistas, cuando la entrevistaban, le preguntaban con intención:

—¿Cómo tengo que llamarla, Sarita? ¿Señora o señorita?

Años después, Sara me contaba en su casa de la calle Núñez de Balboa:

—Yo aquí en España era la fulana de Anthony; si nos invitaban a cualquier acto, nos sentaban separados y no podíamos ir a los hoteles porque no teníamos libro de familia... Nos alojábamos en casa de mi amigo Enrique Herreros o en la de Vicente Parra.

A Vicente Parra, que había interpretado al bisabuelo de nuestro rey en *Dónde vas Alfonso XII*, le preguntaban mucho que cuándo se casaba, y él contestaba aquello de:

—No he encontrado a la mujer ideal.

O también:

—Vivo con mi madre.

Pues a esta Sarita moderna, que se casaba por lo civil, fumaba y enseñaba un poco la lengua en las fotografías y los «bultos frontales», como decía ella con elegancia para no excitar a la censura, también se le desataba la furia española cuando se le tocaba lo más sagrado: su esencia. Los departamentos publicitarios de la productora de la película *Veracruz* explicaron que Sara Montiel era una princesa mora, tataranieta del rey Boabdil de Granada. Sí, el de «llora como mujer lo que no has podido defender como hombre».

¿Sería Boabdil como Vicente Parra?

¡No, yo no digo nada, y que se sepa que tengo muchos amigos gays y que me parece muy bien que se casen, pero que no le llamen matrimonio! Tampoco me importa que sean pareja, pero que no escandalicen por la calle.

Bien, Sarita cuando leyó lo de sus orígenes en *Variety*, enrolló la revista a modo de porra y se presentó en los despachos de la Metro Goldwyn Mayer gritando:

—¡Ni soy de Granada ni desciendo del rey Boabdil ni, por tanto, soy princesa mora! Mi padre se llama Isidoro Abad y era de Campo de Criptana, y digo «era» porque desgraciadamente ya ha fallecido, y mi madre es María Vicenta Fernández, natural de Argamasilla de Alba... ¡Ah! ¡Y mi padre era gañán, y a mucha honra!

Cuando el abogado de los estudios preguntó:

—*What is* «gañán»? *Is he the count Gañán of Spain?*

Sarita no tuvo inconveniente en explicarles:

—Gañán es labrador. ¡Labrador con todas las letras!

—Ah, labrador, ¡olé, olé, Sarita!

Y el abogado dio varios pases de pecho por la oficina, se quitó la chaqueta y la echó a los pies de la actriz cantándole:

Pisa morena
pisa con garbo
que un relicario
que un relicario
me voy a hacer
con el trocito de mi capote
que haya pisado
que haya pisado
tan lindo pie.

Cómo el abogado de la Metro pasó de no hablar ni una palabra de español a ser capaz de cantar un cuplé entero con palabras difíciles como «relicario», «garbo» y «capote» no nos lo explica nadie. Debe advertirse que la fuente del relato es la propia Sara, así se lo contó a los periodistas españoles.

Fue ahí cuando empezaron a llamarla en los diarios «nuestra manchega universal», le perdonaron su boda civil y, como se conoce que en Hollywood no volvieron a necesitar una india «mona», empezó a rodar películas en España. Y hasta hoy.

En esa época ya se había puesto en marcha la televisión en España. La primera emisión se realizó en 1957 y consistió en una actuación de «Los holandeses voladores» y un anuncio de tabaco Winston en directo. Cuando terminaba la década, entre Barcelona y Madrid ya había la asombrosa cantidad de seis mil receptores.

Una de las primeras actrices en ser entrevistadas fue Sarita Montiel. Fumando. El periodista le pregunta con cierto tono sardónico:

—¿Que fuma nuestra actriz más internacional? ¿Lucky Strike?

Y Sarita replica con su voz de sereno (según Raquel Meller), dando una chupada profunda al cigarrillo y dejando los párpados a media asta:

—¿Yo? Española hasta en el vicio... ¡Peninsulares!

Lola Flores, sin embargo, fumaba Bisonte y no había llegado a ir a Hollywood. Sabía que sus días como folclórica racial habían pasado, así que la gitana del mantoncillo, la niña de fuego de Caracol, se pone a ser moderna por pura estrategia de supervivencia. Posa en su casa de la calle Povedilla con pantalones blancos, estrechos, con una cremallera a la altura de los tobillos y con una chaqueta con rayas azules y blancas con un escudo en el bolsillo superior, como si fuera a embarcarse de guardiamarina en el buque escuela *Juan Sebastián Elcano*. El fotógrafo le dice que se abra un poco la blusa y Lola acepta con resignación pero protestando:

—*Pa qué*, si luego la censura no la va a dejar poner.

Y comenta que quiere darle un aire más actual a la entrevista y que en vez de hablar de su espectáculo y sus triunfos en México, ella también quiere contar sus *afisioneh*:

—Leer lo encuentro una pérdida de tiempo, todo eso de «el azul del cielo», «el verdor del campo», «el piar de los pajaritos»... ¡Prefiero ir a lo positivo! Me gustan los escaparates y las tiendas...

Pero teme haber ido demasiado lejos y se apresura a añadir:

—Y rezarle al Cristo del Gran Poder, del que soy muy devota...

Con una súbita inspiración añade:

—Y me vuelve loca el tenis, que me ha enseñado mi amigo Manolo Santana. ¿Sabe usted que le han escrito unos versos?

Se vuelve hacia su representante, Palmita:

—Niño, tráeme ese papel *pa* que vea este señor lo bien que *resito*.

Lola pone la voz honda para cantarle al vencedor de Wimbledon y Roland Garros, del que se dice siempre con admiración «¡Empezó de recogepelotas!»:

Toda España te quiere y te agradece
el hispánico ardor de tu pelea,
tu arrojo varonil que se recrea
en la lid generosa que ennoblece.

El periodista, cargado con el bloc, el bolígrafo y la tacita de café «del mismo color que el pelo de Lola Flores», trata de aplaudir con los codos y las orejas mientras Palmita se enjuga una lágrima. Lola admite modestamente:

—Sí, hasta a mí se me pone el vello de punta. Y ya ve que cuando quiero se me quita el *asento andalú*.

En Lola Flores batallan la España moderna y la antigua, el garbanzo contra la endivia, el portaligas contra los *panties*. En los pies de foto asoma la Lola primigenia: «Lola Flores, el aluvión hispánico», «el cetro de la gitanería ha ido a parar a Lola Flores», «Lola, la aristocracia gitana», y ya la repanocha: «¡Lola, la Faraonísima!». Ella, al acompañar al periodista al ascensor, le sugiere:

—Y puede poner también que de diplomas, placas y medallas tengo *asina*.

Y junta las yemas de los dedos en racimo delante de él.

Pero mientras el ascensor desciende con lentitud de paquidermo, Lola se queda pensando que ha dado una imagen retrógrada y antigua y se agarra a la puerta metálica para dictarle al periodista la postrera información:

—Ehe. Ehe. ¡Los Beatles! ¡Diga que me gustan mucho los Beatles!

Y luego un último:

—Vaya *usté* con *Dió*.

Sí, Dios mío, ¡qué difícil lo tienen los años sesenta para entrar en España!

4

NO NOS MOVERÁN

El ascensor de las casas. Ese pequeño compartimento de madera oscura y brillante con un espejo algo manchado de verdín, que temblaba un poco y que se quedaba parado con una violenta sacudida cuando se iba la luz, con un tablero con botones dorados y en ocasiones un asiento abatible, se convirtió en el mejor amigo de las chicas. ¡Ninguna de las casas que he tenido a lo largo de mi vida ha sido tan importante como aquel ascensor! ¡Cierro los ojos y puedo verlo al detalle, las ralladuras que tenía la madera, las dos puertas que no cerraban bien del todo, el biselado del cristal, la lámpara amarillenta empotrada en el techo! Y el nombre escrito en una placa: Ersce. Para mí tiene el poder evocador de la magdalena de Proust. Ersce.

En el ascensor nos pintábamos —papá no nos dejaba—, nos poníamos unas minifaldas un poco más anchas que un cinturón que les mangábamos a nuestras hermanas mayores, porque ellas ya habían ido a Londres a cuidar niños y nos deslumbraban hablando de Carnaby Street y de los Beatles, y hasta le pegábamos un viaje a la petaca de coñac si de lo que se trataba era de salir animadas y ser muy graciosas hablando.

¿Hay que decir que las catalanas necesitábamos ración doble? ¿Y las tímidas triple? Pues así era, queridos lectores, a mí con un teclado delante no me gana nadie, pero hablando ya es otra dimensión.

Así se llamaba, *La dimensión desconocida*, la serie que nos gustaba a los que pasábamos por raros —nuestros amigos normales se decantaban por *Conozca usted España* y *La casa de los Martínez*— en aquella televisión que se cortaba cada pocos minutos. Entonces aparecía la carta de ajuste, una gran circunferencia con unos radios que parecían trazados a mano alzada, ornada por cuatro pequeños círculos, uno en cada esquina. Y una voz decía «les rogamos disculpen la interrupción y permanezcan atentos a la pantalla». Aquellas palabras se nos han quedado más grabadas en el alma que el padrenuestro o los discursos de Franco. Más que el primer te quiero y el primer menos mal que me ha venido la regla.

Si decido donar mi cuerpo a la ciencia, los investigadores del futuro, esos que ahora todavía están en el jardín de infancia metiendo aros en unos conos de colores, descubrirán en las atractivas circunvalaciones de mi cerebelo la leyenda «les rogamos...». Quizá crean que se trata de escritura cuneiforme; hay mucha ignorancia.

A veces también salían fotos del Retiro de Madrid o de la muralla de Ávila y ponían Mozart.

¿La periferia? El País Vasco estaba presente, desde luego. Bueno, se le llamaba Vasconia, pero era el héroe absoluto del anuncio de la aspirina. Salía «Pachi» cortando un tronco, la leyenda *Canta Vasconia* y se oía una alegre melodía con la música de *Desde Santurce a Bilbao*:

Cuando aparezcan dolores
recuerda que la aspirina
entre todos los remedios
es el que los elimina.
Cuando aparezcan dolores
toma siempre una aspirina
entre todos los remedios
es el que los elimina.
Toma aspirina,
qué buena es

Y Pachi hace un alto en su tarea de cortar troncos para gritar:

Es Baaayer es.

Los catalanes se notaba que estaban ahí porque algunos programas ya se realizaban desde Barcelona, como *Reina por un día*, en el que una muchacha recibía en veinticuatro horas todo cuanto pudiera desear, desde una máquina de coser hasta un bono para viajar gratuitamente en metro, y la sentaban en un trono con la misma capa que sacaban los Reyes Magos el día 6 de enero. Baltasar, el negro, era un concejal proveniente de Fernando Poo, así el Consistorio podía ahorrarse el betún necesario para ennegrecer a un blanco, con lo que se paliaba la ancestral deuda que arrastraban los ayuntamientos, más que nada por la inflación de funcionarios, que cobraban poquito, pero eran muchos.

¡Un momento, que me acuerdo de una cosa que viene al pelo! Un año, para la cabalgata de Reyes, se le pidió a Joan Manuel Serrat que hiciera de Baltasar. Hay que decir que el negro auténtico, ya bastante talludito, puso el grito en el cielo invocando sus largos años de entrega a la causa, y así el simpático Joan Manuel tuvo que cambiarse a última hora de traje y salir como Gaspar. Un apaciguado Baltasar lo tomó bajo su protección y, dada la diferencia de edad, parecían, más que reyes de la misma quinta, un abuelo paseando a su nietecillo.

Basta.

La reina por un día también lucía una simpática corona de cartón hecha con uno de los populares tambores de detergente; Omo o Ese eran los más conocidos. El programa se grababa en Miramar, que eran los primeros estudios de televisión en Barcelona, y como curiosidad diré que, no sé por qué razón, las encargadas de buscar público eran unas señoras «bien» que por distintos motivos se habían quedado solas y desamparadas. Habían ido al colegio con mi madre. Así pues, puedo enriquecer mi currículo profesional con varias colaboraciones como espectadora y también participante en distintos programas, sobre todo los infantiles, que se hacían los sábados por la tarde, como un concurso que se llamaba *Cesta y Puntos*. Ahora desvelaré un secreto guardado celosamente durante tantos años que creo que su castigo ya ha prescrito: en aquel concurso, con preguntas tan difíciles como «¿qué son las cariátides?«, se nos pasaban las respuestas para que las estudiáramos toda la semana en casa, supongo que para dar una visión optimista de la realidad cultural de nuestros colegios.

Recuerdo la respuesta con puntos y comas:

—¿Las cariátides? Estatuas con forma de mujer que emplearon algunos arquitectos griegos en lugar de columnas.

No está mal, ¿no?

Incluso en una ocasión fui requerida para tocar la guitarra

en el escenario, pues había fallado uno de los invitados. Toqué *Juegos Prohibidos*.

Y una cosa te lleva a la otra. Era una época en que se rodaban muchas películas en España debido al bajo coste del personal y a los primitivos decorados naturales, sobre todo del oeste, un género que se llamó *espagueti western* o *chorizo western*. En los años sesenta entre España e Italia se rodaron quinientas películas de este estilo, la mayoría de ellas en el desierto de Almería. En la localidad de Esplugues de Llobregat, al lado de Barcelona, se llegó a construir un poblado completo, con su *saloon*, su alcaldía y hasta su horca en la plaza central, que sirvió para varias películas. Aun ahora me ocurre que, estando en la comodidad de mi hogar viendo en la tele un sábado por la tarde películas antiguas, me sorprendo al ver que una de las clientas de un cabaret del oeste es la que firma este libro o bien me veo ataviada con un vestido largo y unas plumas en la cabeza bailando en las fiestas del emperador, escena filmada en el palacio de Pedralbes. Recuerdo que esta última película se llamaba *El faro del fin del mundo,* y mi grupo de amigas y yo, unas quinceañeras patosas y acneicas, llevábamos los trajes largos de grueso terciopelo con tan poca gracia que el director, un americano que apenas hablaba español, para no complicarse la vida cuando aludía a nosotras decía:

—¡Las cortinas!

Y con más precisión:

—¡Las cortinas que se mantengan en segundo plano!

Sí, lectores, yo hubiera podido tener una gran carrera artística, pero me tiraban más las letras... Qué pedazo de actriz (quizá) se ha perdido el mundo.

En fin, que los catalanes se notaba que estábamos por ahí

más que nada por el acento, pero, para qué vamos a engañarnos, sin mucho protagonismo.

Galicia salía por la tele en verano, porque el Caudillo pasaba sus vacaciones en el Pazo de Meirás, «donde sigue despachando los asuntos de su Gobierno con el afán incansable del César Visionario». También pescaba atunes. Un año consiguió el récord europeo de la pesca del atún al capturar un ejemplar de 375 kilos en la ría de Sada, aunque mejor no preguntar dónde se homologaban los citados récords. De Sevilla se hablaba en la Feria de Abril; a la que en una ocasión acudió incluso la princesa Soraya, que había sido la emperatriz de los iraníes, repudiada por el *sha* por ser estéril. La prensa la llamaba «la princesa de los ojos tristes», y en *ABC* decían de ella que «es una gentilísima amazona que saludó con el castizo sombrero de ala ancha las múltiples muestras de simpatía que le fueron tributadas a su paso por el Real de la Feria». Iba acompañada de un joven, del que el periódico se apresura a explicar que «se trata de su hermano menor, vestido, como ella, con traje campero». No nos olvidamos de Valencia. El día de *cremà* de las fallas, Matías Prats decía en el No-Do que «es una bonita costumbre de origen ibero purificar los malos espíritus con fuego» (esta última frase con el tonillo irónico que era de esperar).

Pero toda España excepto Madrid funcionaba un poco como *La dimensión desconocida*, aunque la serie propiamente dicha era de terror y ciencia ficción. La ciencia ficción consistía en extraños seres que llevaban embudos en la cabeza y el terror en payasos, mimos, circos, y todo así. Debía de ser bastante buena, la serie, porque recuerdo un episodio con todo detalle a pesar de que han pasado cincuenta años —sí, ya sé

Cartel de propaganda de Auxilio Social
durante sus primeros años de existencia como institución.

Impresionando a la familia gracias a Super-tin. O quizá gracias al abrigo de pieles.

El perlón, un material resistente —medias «usadas 70 veces y lavadas otras tantas»— de éxito en la posguerra.

Hará o no hará él la pregunta,
he ahí la cuestión.

Veramon, el calmante ideal
para los dolores «propios
del organismo femenino».

El clásico quinto del ejército español, pero vestido de marinerito.

Ni bajando las escaleras del avión puede ir una tranquila.

Vicente Eyre y Pilar Estrada, una pareja de novios de los años cuarenta.

Pilar Estrada y unas amigas en el Club de Polo, destino matutino habitual de la gente bien de Barcelona.

Una desertora
del arado en
la portada de la
revista *Semana*
en 1946.

Portada de la revista *¡Hola!*
del 15 de abril de 1950 con la
noticia de la boda de Carmencita
Franco con Cristóbal Martínez-Bordiú.

Ava Gardner acaparó
portadas (y hombres) durante
su paso por Tossa de Mar
en 1950 para rodar *Pandora
y el holandés errante.*

Evita y Carmen Polo: si las miradas matasen...

Foto del enlace entre
Vicente Eyre y Pilar Estrada.

La silueta femenina, vista por varias figurines de moda de mediados del siglo xx cedidos por Lorenzo Caprile.

que es un momento emocionante, se cumplen mis bodas de oro con *La dimensión desconocida*, tal vez lo celebraré, tal vez no—; en él, un ventrílocuo tenía dos muñecos, y uno de ellos lo odiaba y tramaba cosas horribles para desbancar al primer muñeco, que era el favorito.

Acojona bastante, ¿a que sí?

También acojonaban bastante los discursos del Caudillo por Navidad, que empezaban, como siempre, metiendo la consigna con vaselina: «Esta noche familiar entre todas, entrañable como ninguna, en que cada uno se agrupa con ternura contra los suyos, se agradece el apoyo que los españoles han dado a la Ley Orgánica...». Y es que Franco se había sacado de la manga una Ley Orgánica del Estado que no entendía ni Dios, un texto indigerible que se había leído durante cinco horas en las cortes, que había cosechado atronadores aplausos entre los procuradores, incluso alguno había gritado «Bravo» (había otro que al parecer había aullado «¡la gallina!», pero la información no fue contrastada en su momento), y que se había sometido a referéndum el 14 de diciembre de 1966, porque si había que ser democrático para que nos aceptaran los países de occidente, pues se era. Pero que se vayan enterando en Europa que a nosotros nadie nos daba lecciones ya que en realidad la democracia había nacido en León, seiscientos años antes que en Inglaterra, porque «contrariamente a lo que creen los chovinistas ingleses, el voto del pueblo nació con las cortes de León en 1188, y fueron los leoneses los que exportaron la democracia a toda Europa».

De cara al referéndum, España se había llenado de carteles de «Franco SÍ», y «Vota sí por la paz», y se utilizó por primera vez la televisión para hacer propaganda. En realidad, toda esta publicidad no hubiera hecho falta porque a Fraga Iribarne, ministro de Información y Turismo, se le llamaba el «mago de las urnas», porque conseguía que los votos en blanco, los negativos, las papeletas nulas y demás se convirtieran en un 95 por ciento de síes. Fue bastante extraño que en algunas ciudades el número de votantes excediera al del censo, pero tal defecto se achacó a la impericia de los funcionarios y a quién le importa.

En el referéndum el sí ganó por aplastante mayoría. Salieron fotos de monjitas exclaustradas votando en bloque, ancianos paralíticos tendiendo su impaciente mano descarnada hacia la urna para introducir su papeleta, madres con sus rechonchos niños en brazos y algún mutilado por Dios y por la Patria que se cuadraba ante la urna utilizando su única mano buena.

Dos semanas después, un Franco con unas cejas negras muy delineadas a pesar de sus setenta y cinco años, y ocultando bajo la mesa los primeros temblores del mal de Parkinson, pudo decir desde la pantalla de televisión, marca Invicta seguramente: «Paz, prosperidad y gracias a todos los españoles, pero sobre todo a Dios, que nos ha permitido llegar a estas horas de plenitud de nuestra querida España».

Lo único que quedaba claro en esa ley es que a partir de entonces España era un reino, pero como tampoco sabían muy bien qué era antes exactamente mucho efecto no produjo esta revelación. En realidad, en nuestros hogares de lo que se hablaba era de la duquesa de Medina Sidonia. Por primera vez, una duquesa se ponía al lado de los desfavorecidos, y en algún titular atrevido se la llamaba «defensora de los pobres y de la gente de Palomares». Y es que había caído una bomba atómica en el mar, frente al bello pueblo de Palomares, en Almería. Fueron unos sencillos pescadores los que atraparon el artilugio con su red «con la pericia tradicional de estos trabajadores de la mar, que entregaron su original botín a las autoridades pertinentes». Aunque Fraga Iribarne se bañó en aguas de Palomares con un calzón que se convirtió en leyenda para demostrar que no había peligro, *off the record* se sabía que no solamente podían quedar afectadas de radioactividad las cosechas y las bestias, sino los mismos habitantes de Palomares. Pero cómo se le va a hacer reproches al amigo americano, ahora que éramos una piña. Además, en Estados Unidos estaban bastante ocupados investigando el asesinato del presidente Kennedy, que había tenido lugar tres años antes, o sea que la única que defendió a los campesinos fue Luisa Isabel Álvarez de Toledo y Maura, que fue llamada en adelante «la duquesa roja» y también «ángel de los pobres». Más tarde nos enteraríamos de que la duquesa de Medina Sidonia en realidad ni era tan roja ni era tan ángel, pero entonces tuvo que tragarse ocho meses de prisión y después debió exiliarse al extranjero.

De la bomba, los campesinos y las cosechas, como decía el popular cómico Pepe Iglesias *el Zorro*, «nunca más se supo».

Pero calla, que un día, de repente, los españoles vimos como en el desfile de la Victoria al lado de Franco aparecía como por arte de magia un joven con uniforme y a las preguntas se contestó quién era:

—Juan Carlos.

Y los más listos empezaron a cavilar que quizá lo de «reino» iba por ahí. Pero no había por qué alarmarse, ya que la prensa se apresuró a señalar que «el general Franco trabaja más fuerte y más efectivamente que muchos hombres más jóvenes. Basta solamente con observar sus actividades en la audiencia semanal de los miércoles, en que recibe de doscientas a trescientas personas». Y en verano volvieron a resaltar su fortaleza y habilidad, pero ahora ya no se contentaban con atunes y, extinguidos los dinosaurios, buscaron el animal más grande: «Franco, campeón mundial de la pesca de ballenas: el 20 de agosto anunció en Vigo que había capturado una ballena de veinticinco toneladas de peso». Claro que eso parecía poca ballena y pocas toneladas, y el 7 de septiembre, desde San Sebastián, ya no se anduvo con chiquitas y arponeó a treinta y seis. ¡No me extraña que desde aquellas no hayan sido avistadas ballenas en nuestras costas! ¡Los pobres mamíferos ya llevan en el código genético la consigna de «señor bajito diezma especie en el litoral español» y no han vuelto a acercarse! Periodista hubo tentado de hablar de Moby Dick y el capitán Ahab, pero no fiándose mucho del nivel intelectual de sus compatriotas prefirió abstenerse porque, por mucha minifalda que adornara nuestras calles, por mucho que el Turmix hubiera entrado en nuestros hogares para elaborar mezclas pegajosas que al final acababan en el váter, por mucho que los visillos hubieran sido sustituidos por persianas de Gradulux y el suelo por linóleo, todavía, en cuanto al tema de las libertades, no estaba el horno para bollos.

Los cuatro pisos que recorría el ascensor daban mucho de sí. Aunque a veces, si no íbamos solas, el transporte se detenía entre pisos; quizá el muchacho con el codo le había dado a un botón o quizá nos apoyábamos de forma indebida en la puerta cuando resbalábamos hasta el suelo, donde permanecíamos semiacostadas en una postura peligrosamente acrobática. Hasta que las voces airadas de las porteras ascendían desde las profundidades del edificio por el hueco, a la manera de las voces de las almas en el Infierno de Dante, aunque en lugar de gemir lúgubremente «vi multitudes a cada lado de mí, sus gritos eran fuertes al empujar los pesos con sus pechos...» chillaban:

—¡Ascensor! ¿Se han dejado la puerta abierta?

En la portería, la modesta familia del mutilado por la Patria que malvivía en un cuchitril, de la que ya hemos hablado en el primer capítulo, había desaparecido también barrida por el viento de la historia. Los hijos se habían lanzado a estudiar formación profesional e incluso baile español, como Antonio Gades, cuyos padres tenían una portería en Pacífico. Las hijas se hicieron dependientas de Galerías Preciados. Asimismo, algunas de aquellas hijas se dedicaron al mundo de la farándula. La elegante Marisa Paredes, sin ir más lejos, es hija de porteros; me lo contó ella en una interviú, pero la verdad es que no lo he visto reflejado en ninguna biografía. Vamos a darlo por bueno.

Hubo otras que se pusieron a cantar, como Ana Belén, cuya madre ejercitaba tan noble oficio en una portería de la calle del Oso en Lavapiés, donde asimismo moraban. Tico Medina hace tiempo que reclama una placa en la puerta, pero no sé si la han puesto, francamente. Yo creo que en la calle Madrazo de Barcelona también deberían instalarla, pues ahí nací y viví hasta los veintidós años y sucedieron hechos extraordinarios que iré contando en este libro.

Si hiciéramos una pequeña encuesta, quizá refrendada por el instituto Pasteur, NC Reports y un notario, entre la población masculina de Barcelona que ronda mi edad un alto porcentaje confesaría conocer aquella casa, y no únicamente en el aspecto festivo de las relaciones interpersonales. Aquellas venerables paredes cargadas de cuadros se estremecieron muchas veces con guitarreos y canciones subversivas.

No, no, no nos moverán.
No, no, no nos moverán.
Igual que el pino junto a la ribera.
No nos moverán.

Después de que saliera don Juan Carlos al balcón el día del desfile de la Victoria y se le empezara a llamar «el favorito» o «el sucesor» de Franco, se añadía esta estrofa:

Ni Franco ni Juan Carlos
No nos moverán.
Ni Franco ni Juan Carlos
No nos moverán.
Igual que el pino junto a la ribera.
No nos moverán.

Era la canción marmota, porque cuando terminábamos unos empezaban otros:

No, no, no.

Y debía contestarse:

¡No nos moverán!
No, no, no.
¡No nos moverán!
Igual que el pino junto a la ribera.
¡No nos moverán!

Y el maldito pino y la maldita ribera y así hasta el infinito, o hasta que venían los grises y te arreaban de lo lindo.

También se pintaron muchos carteles para colgar en las paredes del patio de Letras de mi universidad, sobre aquellas alfombras de seda que habían pertenecido a mis antepasados, ¡lo único que no había desaparecido durante la guerra civil! Pero ahora que pienso, quizá habían sido sustraídas al «terror rojo» porque eran falsas. Quién sabe.

Pero déjenme que les diga que no todo era política. También el exiguo cuarto de baño del servicio doméstico fue testigo de alguna vomitona provocada por el Torres 5 que solíamos consumir sin moderación alguna, y hubo alguna pareja que adelantó su noche de bodas en los panzudos sofás de nuestro salón o *living*. Tuvieron un hijo al que llamaron León (por Trostsky) o Dolores (por Pasionaria). También Julia, por el poema *Palabras para Julia* de José Agustín Goytisolo. Claro que casarse se casaban, hasta ahí podíamos llegar.

Mis padres, sin enterarse. Decían: «Es la mediana con sus amiguitos... ¡Cantan!».

Sí, sí, ya te daré cantan. Pero eso más tarde.

Pues estábamos en que la portería estaba ocupada ahora por dos hermanas ancianas que se dedicaban a controlar quién subía y bajaba, si la del cuarto estaba con un chico que había subido a escondidas, si la criada del piso principal se demoraba más rato del necesario con el cartero que le había llevado una carta certificada, o si los del segundo debían el alquiler pero los domingos comían percebes.

Las porteras solían poseer perros pequeños de morro chato que ladraban furiosamente y que se llamaban, con toda propiedad, «perros de portera».

Cabe decir que las casas más elegantes, dotadas con amplias porterías con plantas, alfombras e inclusive lámparas de baccarat, con portones de hierro forjado y pequeñas puertas para el servicio, dos ascensores y montacargas, tenían portero uniformado de gris y gorra de plato.

La del cuarto solía ser yo. La mediana, también.

Las porteras debían estar dotadas de tres características esenciales: buen oído, buena vista y buena memoria. Practicaban indiscriminadamente el ejercicio de la injuria, la difamación y el chismorreo, y eran las encargadas de esparcir por el barrio los rumores más espeluznantes:

—La del cuarto mete chicos en la casa cuando los padres no están.

—La del cuarto es roja y hace cócteles molotov en su casa mientras sus padres no están.

—La del cuarto toma drogas cuando sus padres no están.

Oiga, por favor, ¿es que aquí sólo comete villanías la del cuarto? ¿Y es que no están nunca estos benditos padres?

A la primera pregunta contestaré sí, afirmativo, y a la segunda también, porque entonces ya se había inventado la institución del fin de semana o segunda residencia, el seiscientos y la entrañable caravana. Si los padres no se metían en vena una buena caravana de tres horas todos los fines de semana a la ida y a la vuelta en un trayecto de treinta kilómetros, no éramos nadie. O éramos poca cosa, aun cuando precisamente la industria automovilística, con el seiscientos en cabeza, y los ingresos de los doce millones de turistas al año hicieron subir el PIB hasta el ocho por ciento. Números cantan: la producción de frigoríficos alcanza las 280.000 unidades, cuando cinco años antes sólo había 21.000, la renta per cápita supera los seiscientos dólares y nos tocan dieciocho automóviles por cada mil habitantes.

¡El índice de paro apenas llegaba al dos por ciento!

Claro que siempre hay voces discordantes de los cuatro amargados de turno, en esta ocasión, oh, mira, un catalán, y cura, el padre Escarré, abad de Montserrat, que declara al periódico francés *Le Monde* que «donde no hay libertad auténtica no hay justicia». Cuando el periodista le tiende una trampa saducea y le pregunta por los veinticinco años de paz que Franco ha dado a España, el cura contesta: «No son veinticinco años de paz... Son veinticinco años de victoria...».

Estas declaraciones sentaron muy mal en las altas esferas y, como es natural, doña Carmen explicó a sus amigas que:

—Ya me lo ha dicho Francisco, que están pagados por el oro de Moscú.

¿Pagado por el oro de Moscú el buen abad? Bueno, sí, se sospecha que el dorado altar mayor de la basílica de Montserrat, patria espiritual de los catalanes, podría proceder de ahí, pero al fin se averigua que está pintado con purpurina y la acusación pierde fuerza.

Y lo raro es que a pesar de que el dinero prácticamente nos salía por las orejas, los españoles empezamos a pedir créditos y a endeudarnos para comprar el coche y la casa de la costa o de la sierra, donde queda dicho que nuestros padres solían ir a pasar el fin de semana.

Nosotras nos quedábamos en casa para estudiar.

No se les escapaba ni una a las buenas hermanas porteras, si no estaba una estaba la otra en su garita haciendo encaje de bolillos y era imposible ocultar nada a su ojo certero.

Los muchachos que osaban intentarlo eran detenidos para

ser convenientemente interrogados, en un estilo que recordaba al de las checas de los años treinta o al que practicaba el comisario Creix en la comisaría de Vía Layetana, dicho sea con todos los respetos, y no es que demos crédito a las octavillas subversivas que aparecían el 1 de mayo acusando a nuestra policía de torturar a los detenidos. ¡Si éstos se revolvían y esgrimían armas y navajas, bien tenían que defenderse las fuerzas del orden y la Benemérita, que era como se llamaba a la Guardia Civil!

—¿Adónde va? ¿Al cuarto, dice?

El chico, con sus granos al rojo vivo, balbuceaba que sí, que tenía que entregar unos apuntes, que sólo estaría un momento. La portera proseguía impertérrita:

—No hay nadie, se han ido, sólo está la mediana...

Al chico lo que le salía decir era que de eso trataba, de que no hubiera nadie excepto la mediana, sin saber qué significaba eso de mediana puesto que no se entraba en estos pequeños detalles familiares en los escasos *tête-à-tête* que había mantenido con la ya famosa inquilina del cuarto. Pero la actitud de la portera y la aguja de tejer que esgrimía con gesto amenazante, incluso los dientes ansiosos del perrillo y su gruñido, le obligaban a dar media vuelta con el rabo entre las piernas. ¿Las palabras «rabo» y «pequeña» en el mismo párrafo? Me la estoy jugando, por favor, que este capítulo no lo lean los muchachos que tan amablemente me acompañaron en aquel tramo de la vida que suele llamarse juventud.

Sí, en efecto, podemos considerar a las porteras otro antecedente de *Gran Hermano*. ¿Mejor que el que hemos citado con anterioridad? No recuerdo cuál era, querido lector, y si me detengo para mirarlo, se me corta la inspiración y hay unas entregas y unos plazos y unos contratos y un dinero a cobrar, creo que nos entendemos.

Pero la carga era demasiado pesada para que descansara únicamente en los hombros de aquellas dos abnegadas criaturas, por muy hermanas que fueran, por lo que debían verse auxiliadas en su pesada tarea de chismorrear por los serenos o vigilantes. De esa forma quedaba cubierta la guardia las veinticuatro horas que tiene un día completo; ni un instante se apeaba la vigilancia. Los serenos actuaban de noche, llevaban un palo o chuzo con el que golpeaban el suelo y gritaban cada tanto tiempo con voz lastimera:

—Sereno... sereno...

En Madrid solían ser gallegos.

Cual entomólogos en charca cuajada de insectos, eran profundos conocedores de la flora y fauna del barrio y sabían a qué hora se recogía cada uno. En el momento adecuado rondaban el portal con su gemebunda proclama:

—Sereno... sereno...

Todo para ganarse una propina que nunca subía más allá de una peseta. Entonces, nadie llevaba llaves del portal, que solían ser armatostes oxidados más propios de un castillo medieval con doncellas y dragones que de una casa moderna; dabas un par de palmadas y entonces debías esperar pacientemente el paso renqueante del sereno, precedido por cierto pestazo a alcohol, ataviado con un uniforme que siempre le iba grande, con un manojo de gruesas llaves colgado del cinto. Mientras fingía buscar la tuya, iba dando donde más te dolía:

—A ver cuando el Caudillo pone orden en las Vascongadas... Joder... Esos de la ETA que matan policías... Demasiado bueno es el Caudillo.... Garrote vil a todos y después fusilados, mecagoendios.

Balbuceábamos algunas palabras inconexas, quizá nos habíamos pasado con la bebida u otras sustancias, y él proseguía:

—Y ahora los mineros también joden... Que si es dura la mina, ¡aquí los quisiera ver yo, con este frío del carajo, cargando con este uniforme y estas llaves, con dos cojones!

Sí, algunos recordarán aquello de «si ellos tienen ONU, nosotros tenemos dos»; sin embargo, tú no estabas por rememorar el pasado, más que nada porque tenías unas ganas locas de hacer pipí y soltabas un murmullo angustiado, pero él seguía manoseando las llaves como si no encontrara la de tu portal mientras proseguía:

—... Hatajo de vagos... Otra guerra... Maricones... Pelo largo... Curas rojos...

Y mientras tú estabas ya pensando cómo arrebatarle la llave, golpearle la cabeza con ella hasta dejarlo sin sentido, abrir y escaparte escaleras arriba, ya él introducía la herramienta en la cerradura, lo cual era bastante difícil porque no dejaba de mirarte lascivamente las piernas, y abría con un gran chirrido que despertaba al vecindario. Te dejaba pasar con gesto ampuloso pero no podías evitar que te diera un pellizco en el culo y soltara un:

—A su papá no le va a gustar cuando se lo cuente.

Tú te dejabas tocar, te sentías culpable por llegar tan tarde, seguramente borracha y, sobre todo, porque no le habías dado la peseta de rigor, no por tacañería, sino porque te habías gastado la última en el autobús que te llevaba a casa y en el que había tres personas de rostro lívido agarradas a la barra y con cara de vomitar de un momento a otro; el conductor tenía los ojos inyectados en sangre y fumaba mientras conducía a velocidad de vértigo.

—... su papá... A mí tú no me la das, señoritinga... Una buena p...

El aliento a aguardiente te perseguía hasta el ascensor y la misma puerta de tu casa, y cuando te dejabas caer en la cama, después de haber recorrido el interminable pasillo familiar con los zapatos en la mano y el corazón en la garganta esperando oír el vozarrón de tu padre:

—¡Mediana!

Cuando alcanzabas la cama con la misma alegría con que el etíope Abebe Bikila llegaba a la meta en los Juegos Olímpicos de Roma, aún oías en la calle el grito gemebundo intentando atrapar nuevas presas:

—Sereno... Sereno...

Se aburría el pobre vigilante, había que entenderlo, toda la noche solo, pero, como decía un amigo mío mexicano que estudiaba en Esade, «que se vaya a chingar a su madre el puto sereno».

Claro que esto de «amigos» pasaba a la historia y también lo de «novio»: ahora todo lo englobaba la palabra «ligue».

Supongo que queda claro que ni el ojo vigilante de las porteras, el sereno, nuestros padres y un señor que pasaba por allí nos hacían desistir de nuestro propósito: vernos a solas con chicos que no eran nuestros novios ¡con los que ni siquiera pensábamos casarnos! ¿Que si una vez cumplido este propósito íbamos a reintegrarnos dócilmente a nuestros estatus de chicas casaderas y por tanto vírgenes? ¿A escribir cartas interminables a nuestros novios de la mili?

Anda ya, a navegar que vienen los vikingos, como suele decir Jaime Peñafiel, que los sesenta ya estaban aquí. ¡Para empezar, los chicos ya no hacían la mili!

Lo de servir a la Patria ya no estaba de moda; la palabra «patria», por ejemplo, sonaba tan vieja como la Mariquita Pérez, Florita y las medias de perlón, y los muchachos se inventaban tremendos subterfugios para librarse. Lo de la objeción de conciencia todavía no se había descubierto, ni siquiera se había inventado, pero yo he visto chicos mutilados para librarse del tan odioso servicio militar. Por lo menos dos: uno alegó locura y debía darse golpes con la cabeza contra la pared como señal de demencia, lo que no creo que fuera muy bueno para los órganos internos de la citada cabeza; el otro, perteneciente a una ilustre familia con un «de» en el apellido, se disparó en la mano izquierda con el mosquetón y se amputó un dedo, el meñique, que fue el que le pareció más inservible. Lo recuerdo paseando por Barcelona con el brazo en cabestrillo. Lo curioso es que hoy día es vecino mío y lo sorprendí explicando que el accidente se lo había producido cazando elefantes en África...

Oh, no, Dios mío, cómo...

Basta, no vamos a ir por ese camino por mucho que nos pongan trampas saduceas, que era una frase que se iba a poner muy de moda, aunque todos desconocíamos que en realidad procedía de la Biblia, y, según el bloguero Juan del Carmelo, venía del sacerdote Sadoc, que sale en el versículo 7 del libro 1 de Samuel. Cuando ya estábamos convencidos de que era así, incluso nos habíamos quedado algo traspuestos por la amenidad del relato, va Carmelo y nos sobresalta dándonos la siguiente información:

«Pues no, porque Sadoc vivió en el año 1000 antes de Jesucristo, y la secta de los saduceos en el año 175 antes de Jesucristo», o sea que una cosa no tiene nada que ver con la otra... Pero tampoco no nos vamos a detener en estos detalles semánticos porque si no comprendan que este libro podría ser larguísimo y tampoco voy a estar aquí escribiéndolo hasta el día del Juicio Final.

Tengo otros compromisos.

Y es que los sesenta ¡habían entrado por fin para quedarse!, ¡no se puede dar marcha atrás al reloj de la historia ni los salmones pueden remontar río arriba! Esto nos lo contaba el primer novio concienciado que tuvimos, que nos dijo también que los rojos no eran tan malos y que incluso un tío suyo estaba exiliado en México, y que lo de ir al Cottolengo a cuidar pobres era una chorrada como una catedral y que mejor hacer la revolución. Como aquí la cosa no estaba muy propicia aún, mejor empezar con Vietnam, aunque de esto hablaré más tarde. Claro que no se haga muchas ilusiones el amigo lector, porque de cosas de mi propia vida no voy a contar nada, como queda dicho. Bueno, sí, sólo un detalle: ese novio del que hablo era de Andorra. Y punto, no diré más, aunque las porteras de mi casa se levantaran de su confortable tumba y vinieran a interrogarme provistas de la aguja con la que realizaban el encaje de bolillos e incluso con la gran llave que le habrían pedido prestada al sereno. Yo les haría frente con arrogancia y las retaría:

—Hola, Magdalena y Consuelo [tales eran sus nombres], sé que gozáis en el cielo de una consideración especial, ya que ambas sois porteras como san Pedro, pero yo desde aquí os digo: ¡Id a espiar a los ángeles y a los arcángeles y hasta al mismísimo demonio! ¡Que los sesenta están aquí y yo los defenderé con mi propia vida si fuera necesario!

Yo les daría carrete no porque el intercambio dialéctico con ellas me interesara realmente, sino para impedir que contaran quién era realmente aquel pollo, hoy una persona bastante conocida, aunque en los ámbitos restringidos de la vida académica.

Lo primero que aprendió a decir la Mediana fue:

—*Yeah yeah*.

Y que quede claro de una vez por todas que yeyé venía de Francia y de los Beatles, y no de Conchita Velasco.

Sé que esto no me va a ganar las simpatías de una amplia representación de la población española, destruyendo incluso algún mito. ¡Pero yo estaba allí en los sesenta y lo sé! ¡Conchita Velasco no era yeyé! ¡Qué coño Conchita Velasco yeyé! ¡Es una de las mayores mistificaciones de nuestra historia, comparable a las caras de Bélmez, la leyenda del Chupacabras, la niña de la Curva e incluso la figura de San Jordi matando al inexistente dragón, y ya ven que les doy ejemplos que le duelen a esta escritora porque es catalana, ¡pero si hay que inmolarse, se inmola una en bien de la verdad! Conchita Velasco era una señora antigua que se quería hacer la moderna y cantaba esto de «soy una chica yeyé» para ver si cogía el tren de la historia, pero los que de verdad estábamos en el ajo la escuchábamos sólo para —¿cómo decirlo con delicadeza?— ¡cachondearnos! Nos hacía gracia ese castellano perfecto, de chica de Valladolid, y ese peinado, y ese todo de una señora a la que únicamente veíamos como una pizpireta y anticuada chica de la Cruz Roja.

Pero ¿moderna Conchita Velasco? ¡Ni por el forro!

Que quede claro que es una excelente actriz y que estaba muy bien vestida de monja y sin maquillar haciendo de santa Teresa de Jesús, y en otras películas, así como en las obras de teatro de Antonio Gala, a cada uno lo suyo. Pero ¿qué oscura trama está detrás de la identificación de Conchita Velasco con la cultura yeyé? ¿Qué contubernio la propició? ¿Por qué cada vez que se acude a esta palabra sagrada para nosotros sale su nombre? ¿Por qué en los karaokes, en la tele, en las bodas, en vez de los Beatles o Sylvie Vartan, cuando quieren poner música de los sesenta aparece Conchita Velasco y su nauseabunda canción? No me explico esta impostura, de la que quizá la cantante ni siquiera es culpable, pero me duele, me duele mucho.

Espero que no vuelva a ocurrir. Pero si ocurre, si lo presencia alguna persona humana que haya leído estas páginas, que pueda decir: ¡No es cierto! ¡Ella nunca lo fue! ¡Lean el libro de Pilar Eyre! (Son veintidós euros cincuenta.)

Bien, perdonen, es que cuando se tergiversa la memoria histórica me enciendo y pierdo los papeles. Los de Salamanca no, los míos, y si introduzco aquí este pequeño chascarrillo es para disipar el mal rollo, espero haberlo conseguido. ¡Sonrían! Porque queda dicho que lo yeyé tenía dos vías de penetración. Del extranjero en general y aquí, en el corazoncito de esta autora, de Francia en particular, a través de la revista *Salut les copains*, que nos hablaba de las andanzas de Sylvie Vartan y Johnny Hallyday. Hoy son dos estrellas olvidadas en España, pero en aquellos años eran incluso más famosos que los Beatles, al menos a los ojos de esta cronista, que quiere rendirles aquí un pequeño homenaje.

Adorábamos a Sylvie. Llevaba coletas y la imitábamos, sin

caer en la cuenta de que nuestros gruesos rizos morunos no tenían nada que ver con sus lacias guedejas de color rubio, pero aun así lo intentábamos. Después se peinó con raya al lado, flequillo y una mecha sobre la mejilla. ¡Cuántas horas pasé en mi adolescencia delante de un espejo para que la mecha me cayera exactamente igual! Era un peinado que en Barcelona se llamaba «crepado» y en Madrid «cardado», y que consistía básicamente en lograr un gran volumen cogiendo una mecha y peinándola al revés, es decir, de arriba abajo. ¡Cuántos kilos de laca utilicé para aguantar aquella obra de ingeniería! No descarto que el agujero de la capa de ozono, la muerte de los delfines y la deforestación del Amazonas tuvieran sus orígenes en aquellas largas tardes en las que toda mi familia se turnaba para golpear la puerta del cuarto de baño donde yo me peinaba, cantando:

Que dans la soie et la dentelle
un soir je serai la plus belle,
la plus belle pour aller danser.

Y bailaba poniendo posturitas y me miraba de perfil utilizando un ingenioso juego de espejo de mesa y espejo de pared.

Sylvie ponía morritos y nosotras también. Tenía los dientes separados y yo quería tenerlos igual, ella miraba de reojo y nosotras lo mismo; incluso era algo bizca y juro que hubiera dado mis cuatro ojos (yo llevaba gafas) para tener este defecto, y no las seis dioptrías con las que el Señor me había colmado. Las vampiresas agresivas de años anteriores habían desaparecido y se llevaba la mujer-niña, cuya máxima personificación, como nos cuenta Terenci Moix, fue Brigitte Bardot, ¡su fruncido de labios representa toda una época! Tanto Brigitte como Sylvie hacían declaraciones sorprendentes:

—Cada vez que me enamoro pienso que es para toda la vida.

Sus pósters cubrían nuestros cuartos juveniles, Sylvie cantaba los éxitos de los Beatles en francés, como *Twist et chante*, y de Elvis Presley, *Soit pas cruel*, con una voz rota que hacía decir a nuestros padres:

—Ésa no canta, ¡grazna!

Escuchábamos una y mil veces los discos de 45 revoluciones para copiar la letra, estudiábamos su vida como si fuera la piedra de Rosetta y veíamos, por primera vez, cómo una artista se paseaba por el escenario con un micrófono inalámbrico como si estuviera en su casa. Sylvie incluso vino a actuar al programa *Amigos del lunes*, que presentaban Franz Johan y Gustavo Re y que se grababa en Miramar. Le preguntaron qué necesitaba en el escenario y ella pidió únicamente una escalera de mano. Cantó todas sus canciones sentada en la escalera con las piernas cruzadas... ¡Aquel cruce de piernas lo he imitado toda mi vida! Un grupito de fans —entonces se llamaban admiradoras— fuimos a esperarla y le tendimos un anémico ramo de flores que habíamos recogido en las laderas de Montjuich, donde estaban los estudios. Ella arrugó la naricilla, pues la verdad es que olían a micciones de perro, pero las aceptó con un mohín enfurruñado de sus morritos a la francesa.

Con ella triunfaba Sheila, que no le llegaba ni a la suela de los zapatos, y Françoise Hardy, que era más intelectual porque tenía estudios superiores y componía sus propias canciones, un poco en la onda Carla Bruni. Luego Sylvie se casó con Johnny Hallyday delante de ciento sesenta y siete periodistas —«la boda yeyé», la llamaban los diarios— y pasaron su viaje de novios en Canarias, lo que nos llenó a los españoles de orgullo y satisfacción. El traje que llevó el día de la boda, con una capucha blanca, fue copiado en su totalidad por la ex niña prodigio Marisol, que también lucía morritos y también había dejado la infancia para emprender matrimonio con el hijo de su mánager, Carlos Goyanes.

Sylvie, más tarde, declaró: «Yo no me volví yeyé... lo éramos, los de nuestra generación, sin esfuerzo ninguno, sin darnos cuenta, como unos son negros y otros son blancos...».

Pues eso.

Me pasó con la minifalda. La incorporamos sin esfuerzo. No se puede rememorar cómo fue el transito, no recuerdo cómo un día dejé de llevar mis castas faldas *evasée* por la rodilla y las cambié por un simple palmo de tela. ¡Que no me pregunten, porque no me acuerdo! Tampoco me acuerdo del día en que nací, ni del día en que eché mi primer diente, ni de mi primer amor (bueno, eso sí, yo tenía cuatro años: cuánta agua bajo el puente). Como decía Sylvie Vartan: «Fue sin esfuerzo, sin darnos cuenta». Yo nací, primero, con el pantalón que en Madrid se llamaba «vaquero» y en Barcelona «kansas» o «tejano». Tenían que ser Lee o Levis 501 y se compraban en Andorra. Y tenían que irte tan apretados que la cremallera sólo te la pudieras subir estirándote en la cama.

Mi segundo nacimiento fue con la minifalda.

Lo siento, no me reconozco en nadie más... ¡Los sesenta fueron mi década!

Me encuentro a gente, personas incluso, que me dicen asombradas:

—Pues esto de los años sesenta... no sé, yo no estaba... Tampoco fue para tanto...

Las miramos con desprecio pensando que si no hubieran

nacido, el mundo tampoco se hubiera perdido gran cosa. Para qué tomarse la molestia de fabricar un ser humano para que luego te diga:

—¿Los sesenta? ¡Tampoco fueron para tanto!

Ojo, que no se le puede llamar minifalda a cualquier pieza de tela, ya lo dice la enciclopedia Larousse: sólo la que va por lo menos veinte centímetros por encima de la rodilla, ¡la parte más fea de la mujer!, decían las mayores, pero nosotras nos reíamos porque no entendíamos eso de parte bonita o parte fea... ¡Éramos jóvenes y lo joven era bello y lo viejo era feo!

¡Qué heroicidades habíamos llegado a hacer para no dejar nuestra minifalda ni a tiros! ¡Yo había llegado a ir al Valle de Arán en pleno enero con minifalda! Por arriba con mi bufanda, eso sí, corta, no las mantas zamoranas que se llevan ahora, de cuadros y con una de las puntas echadas hacia atrás. Pero todas las piernas al aire, aunque cuando me preguntaban: «¿No tienes frío?», sobre todo al ver las manchas moradas que la temperatura de varios grados bajo cero arrancaba a mis esbeltos muslos, yo contestaba, tan asombrada como si me hubieran preguntado la composición química de los asteroides lunares:

—¿Frío yo? ¡No! ¿Por qué?

Hubo voces en contra de la minifalda, y no estoy hablando del clero, que ya no estaba para estos asuntos porque tenía que combatir en su seno el avance de los curas «rojos», inspirados por el papa Juan XXIII, un papa que decía que «la Iglesia es de todos, pero particularmente de los pobres». Y el clero joven, en lugar de contentarse con llevar a Franco bajo palio y reírle todas las gracias, empezó a hablar de derechos humanos y se empeñaba en ponerse al lado de los mineros y de los estudiantes, se recogía las faldas y echaba a correr delante de los grises. ¡Incluso empezaron a prescindir de la sotana para vestirse como curas protestantes, como aquel canoro Bing Crosby de hace décadas! Tan sólo una tirilla en el cuello delataba su verdadera condición.

Vuelvo a recurrir a mi familia, fuente inagotable de anécdotas como ven ustedes. ¿Les gustará o no les gustará salir en este libro? En estos casos siempre se sufre una crisis de ansiedad antes de que nuestra obra aparezca en las librerías, pensando si los allegados van a darnos un abrazo o pegarnos una hostia, hablando en plata, pero ni aun así desistiremos... ¡Yo creo que mientras no saque la edad del elemento femenino de mi familia todo me será perdonado! Pero a lo que iba: en casa teníamos, como no, un tío sacerdote, un primo de mi padre. Tradicional. Iba con su sotana, tonsurado, capa en invierno, teja, exhibiendo un cierto aire arzobispal cuando nos tendía a los niños de la familia la mano para que se la besásemos. Un día vino a tomar café con *clergyman*, como se llamaba entonces al alzacuellos de marras. ¡Hizo el mismo efecto que si hubiera aparecido desnudo! Mis tías tragaron saliva y le dieron la taza de café a distancia, sin querer ni rozarlo. El gato salió espantado dando maullidos. Nadie se atrevía a mirarlo. La conversación, normalmente viva y exaltada, languideció, hubo carraspeos, mi abuela meneaba la cabeza, mi tía abuela miraba fijamente el cuello de su sobrino, intentando desentrañar qué era ese resplandor blanco, ya que estaba casi ciega. Al fin el hombre se levantó, la cucharilla cayó al suelo con un ruido estrepitoso, balbuceó una excusa y se fue corriendo como un ladrón sorprendido en falta. Silencio. Sólo mi tía al fin soltó:

—... Parece un hombre...

Nunca más se volvió a hablar del tema.

O sea que los curas tenían mejores cosas que hacer que perseguir criaturas en minifalda. Pero no se crean que este tema se trataba con frivolidad, antes bien se elaboraron severos informes en contra encargados por sesudos expertos. En un periódico se hizo una encuesta preguntando si las españolas estábamos más seductoras con minifalda y la respuesta fue unánime: no. Así se explicaba aquel sorprendente resultado: «El uso de la minifalda ha obligado a la mujer a incorporar también el de los *panties*, que hasta ahora sólo usaban bailarinas y deportistas». Y el diario informaba con tristeza que «el *panty* ha sido rechazado por la mayoría de los consultados».

Sí, reconozco que es difícil resultar sexy ataviada con unos *panties*. Un amigo mío, ligue por más señas, me decía pensativamente:

—Parecéis espermatozoides.

Claro que no todos los españoles eran tan impertinentes, siempre quedaba el hombre de la calle, o del andamio, del que recibíamos bonitos piropos:

—Te has dejado la falda en casa y se te ve el chochete.

A mí una vez me dijeron:

—Te voy a violar en una esquina, a destrozarte y a destrozarme.

Una anotación. En los años sesenta el pecho no estaba de moda. Los senos. Tal como lo digo. Ya he comentado que las vampiresas agresivas habían muerto metafóricamente hablando; las *maggioratas* italianas tipo Sofía Loren o Gina Lollobrigida, también Marilyn Monroe e incluso Sara Montiel y sus «bultos frontales» estaban espantosamente demodés. Si no se era plana, una se aplastaba el pecho con unos minivestidos que se abrochaban por la espalda con una larga cremallera que arrasaba con todo y que, según decía Lola Flores:

—Te *deha loh pechoh* como dos huevos fritos *espachurraos*.

Yo recuerdo desnudarme por las noches con dolor en las costillas de la presión del vestido, debía de ser algo parecido a lo que sufría Escarlata O'Hara en *Lo que el viento se llevó*. El ideal en aquellos años era poder llevar una camisa de hombre desabrochada hasta el ombligo y que no se viera nada, ni siquiera el sujetador, que no debía ser necesario ya que no había nada que sujetar. Como Jane Birkin, que era la que más gustaba a nuestros novios intelectuales y de izquierdas y cantaba aquello de

Je vais,
je vais et je viens
entre tes reins
el je me retiens.

También les gustaba bastante Charlotte Rampling, que era algo andrógina, y Jeanne Moreau, en plan mujer mayor. En *El graduado*, un joven Dustin Hoffman se ligaba a la madre de su novia y había esa escena mítica en la que la señora Robinson va y se saca una media. Estaba bien, pero no era mi rollo.

Todo esto de ahora de la lencería sexy de encajes que tan cara es y tan incómoda resulta no se había inventado. Las bragas ya no eran aquellos calzones émulos del traje de baño de Fraga Iribarne en Palomares, pero aun así llegaban casi hasta el ombligo por arriba y hasta medio muslo por abajo, y solían ser grandes y de nailon blanco, ya que la depilación integral no se había inventado... Sí, ya sé que éste es un tema íntimo, pero estamos hablando de las mujeres y así es la vida.

Aquí puedo contar una anécdota de mi etapa como periodista en la revista *Interviú*, que aunque ocurrió más tarde reflejaba todavía este gusto por lo agreste y selvático. Aunque nosotros éramos contraculturales y gamberros, teníamos una secretaria de redacción que era un modelo de madre y esposa. Perfectamente peinada, con castas blusas con lazos en el cuello, parecía más una monja secularizada que la componente de una redacción sólo superada en locura por los compañeros de *El jueves,* con los que compartíamos planta, la segunda, en el viejo edificio de la calle Rocafort donde estuvo la primera sede del grupo Zeta.

Todos los lunes por la mañana, que era cuando llegaba el material nuevo a la redacción, la secretaria atendía los ofrecimientos de desnudos por teléfono. Oíamos sus:

—Mmmmmmh... plumpff...

Mientras se limaba las uñas. Y después preguntaba en tono aburrido:

—¿Con felpudo o sin felpudo?

Y más tarde, desde su mesa, en aquella redacción sin protocolo, le decía al director, Pedro Palacios, que tenía siempre la puerta de su despacho abierta:

—Pedro, han ofrecido una María José Cantudo, una Agata Lys y una Susana Estrada...

Y después el grito que todos oíamos con indiferencia:

—¡Las tres con felpudo!

¿Podemos hablar de los sesenta sin hablar de los Beatles? Lo primero que escuchamos aquí fue el *Love me do*, en un disco pequeño que en el otro lado llevaba el *Please Please me*. Uno lo bailabas lento, haciendo «caritas», y el otro en plan *twist*. El *twist* consistía básicamente en dejar una pierna fija, aunque un poco temblona, y con el pie de la otra fingir que horadabas un agujero delante de ti. Subías y te agachabas con los codos a un lado y a otro, los puños cerrados como si estuvieras haciendo marcha atlética. Si tú te tirabas atrás, tu pareja se tiraba adelante, y también al contrario. A veces juntabas las espaldas y os agachabais a la vez.

¿Cómo aprendimos a bailar el *twist*, quien nos enseñó? ¡Tampoco lo recuerdo! ¡Lo llevábamos en el código genético! Oímos a los Beatles y ese baile nos surgió de los brazos, de las piernas, de «la masa de la sangre», como dirían las folclóricas de antaño, a todos por un igual, al mismo tiempo. Sí, eran los Beatles, «¡esos melenudos!», según decía la prensa con desprecio, y no sólo los chicos empezaron a dejarse unos discretos flequillos, si no que las chicas también.

Los Beatles vinieron a cantar a Madrid y a Barcelona. En la prensa anunciaban a toda página: «¡La Beatlemania ha llegado a España», pero los sesudos cronistas musicales se quejaban de que «ha habido numerosos actos de histeria y los chillidos de las jovencitas no dejaban oír los instrumentos musicales ni las voces de los intérpretes», para luego rematar crípticamente «¡aunque para ellas oír a los Beatles era lo de menos!». Entonces, ¿para qué demontres habían ido las citadas jovencitas al concierto, si no era para escuchar a los Beatles? *Chi lo sa*? Los aforos de las plazas de toros donde actuaron, las Ventas en Madrid, la Monumental en Barcelona, no se llenaron, pero aun así, si haces caso a todos los que dicen que acudieron, debía de haber tanto público como en un Real Madrid-Barça y la Passió de Esparraguera juntos.

Los madrileños y catalanes no solamente nos enfrentábamos en el terreno de juego, si no que competíamos amistosamente discutiendo dónde se habían sentido más a gusto los Beatles, si en Barcelona, donde habían tomado el reputado pan con tomate, o en Madrid, donde se habían encasquetado una

Con una amiga, vestidas de bañistas de época para una fiesta de disfraces en Sitges.

montera de torero. En aquella época había mucha relación entre las dos ciudades. Los madrileños solían venir bastante a la costa catalana a veranear, entonces todavía no estaba muy de moda ir al sur. Los de Madrid también iban a Comillas, a San Sebastián y a Zarauz, pero allí el tiempo no acompañaba.

Recuerdo a Aute paseando lánguidamente por Sitges. Entonces no cantaba ni nada, y cuchicheábamos:

—Es filipino.

Lo era. Se presentó a un concurso de *twist* en el Pepe's Club y lo ganó, aunque él decía con displicencia:

—Lo mío es el *tamouré.*

Los madrileños siempre venían con cierto aire de superioridad a Cataluña. Hablaban mucho de Galerías Preciados, que ellos llamaban simplemente Galerías, y de El Corte Inglés, pero entonces abrieron uno en Barcelona y muerto el perro se acabó la rabia.

Los catalanes íbamos a pasear por El Corte Inglés, y los que viajaban por el extranjero, con aquel pasaporte en el que ponía «sirve para todo el mundo, excepto Rusia y países satélites», no se cansaban de comentar que se parecía a Harrods y a Marks & Spencer, aunque tengo que decir que los muy catalanes, los que llamábamos «de la ceba», se negaban a decir El Corte Inglés y pasaron a denominarlo *El tall anglès.*

Ahora que viene a cuento, diré que los catalanes estábamos bastante alborotados: tan pronto nos daba por cantar *Els segadors* en el Palau de la Música delante de algunos ministros de Franco, hechos por los que condenaron a Jordi Pujol a dos años y medio de cárcel en Zaragoza, como nos encerrábamos en la iglesia de los Capuchinos, en lo que se llamó la Caputxinada. Aquí voy a dar una información que quizá merecerá la repulsa de algún superviviente de aquel encierro en el que, como en el caso de los

Beatles, si hubieran estado tantos como dicen la iglesia habría tenido la capacidad de dos plazas de toros... ¡Hubo alguna luchadora revolucionaria que perdió la virginidad en esos días! No diré nada más. Este hecho me fue revelado casi en secreto de confesión por una de aquellas muchachas y mis labios están sellados.

También se empiezan a conmemorar los 11 de septiembre y se lanzan octavillas en las que se dice que «el recuerdo de nuestros mártires nos ha de reafirmar en que hemos sido hombres libres y somos catalanes». Nadie sabía muy bien de qué mártires se trataba, ya que habían vivido doscientos cincuenta años atrás, pero quedaba constancia de que nosotros, en cuanto a mártires, también íbamos servidos. ¡Ya estábamos hartos de que los aragoneses nos restregaran por los morros todo el tiempo a Agustina de Aragón y los madrileños a *Una morena y una rubia*!

Mi padre lo decía entre cabreado y fascinado:

—Los catalanes siempre dando por culo.

¡Qué diría ahora!

Tímidamente, *La Vanguardia Española* empezó a deslizarse por la pendiente del catalanismo. El comentarista gastronómico Foriscot, a propósito de los Beatles, se atrevió a alabar el pan con tomate que habían consumido los «melenudos». Cuál fue su sorpresa cuando al día siguiente recibió un telegrama de Esteban Bassols, director de promoción turística, felicitándole, ya que «considero el pan con tomate uno de los logros de la civilización occidental y hemos decidido promoverlo como uno de los atractivos de nuestro turismo». Por algo se empezaba.

Los madrileños se reían bondadosamente de esta rivalidad y no entraban en discusiones, ¡sumaban tantos puntos en su haber! Nadaban mejor que nosotros, porque ellos habían dado clases con un profesor y no se habían limitado a seguir las indicaciones de su padre, que sólo sabía nadar a braza. Eran descarados, graciosos y sacaban un acento que ellos llamaban cheli, aunque fueran chicos de Serrano (sí, los pijos de toda la vida). Si salían en su descapotable a cien por hora indicaban:

—Voy a tumbar la aguja.

Para pedir fuego:

—Incinérame el cilindrín.

Cuando llegaban a una mesa en la que había chicas decían:

—Hola, niñas, daros por besadas.

Y también:

Pijos no exactamente madrileños en el Club de Mar de Sitges. Como puede apreciarse por el tocado de mi amiga y el mío, aquel verano se llevaron las flores de tela en el pelo.

—No os doy la mano porque me huele a volante.

Tengo que confesar que los madrileños triunfaban entre las catalanas. Sí, alguno ya empezaba a usar gomina y los jerséis por la espalda con las mangas resbalando por el pecho o rodeando blandamente el cuello.

Eran más espabilados que «nuestros» chicos, que eran muy buenas personas, es cierto, pero sin ese algo canalla que nos vuelve locas.

Cuando hacía frío, por la noche, los madrileños nos arropaban con sus chaquetas, que nos iban grandotas, y nos hacían sentirnos muy femeninas, y nos cogían de la mano, que se metían en el bolsillo. Eso se llamaba «hacer manitas».

Algunos tenían guitarra y cantaban por Brincos:

La otra noche
bailando estaba con Lola
y me dijo
que se encontraba muy sola.

A mí me gustaba aquella parte que decía:

La besé en la cara,
la besé en la boca...

¿Alguien se acuerda de la sorpresa, el susto incluso, el asombro, que se sintió la primera vez que una cosa húmeda y blanda llamada lengua entró en su boca, ese ámbito tan íntimo, donde jamás nadie había puesto el pie ni cosa ninguna?

Vamos, hombre, el pie, menudas comparaciones, ni que fuéramos el muñeco de Netol.

Yo recuerdo que me aparté un poco para ver lo que era, ¡nadie me lo había contado! Creo que sólo es comparable a la primera vez que... En fin, eso va luego, no sé si me atreveré a ponerlo a palo seco, no descartamos que este libro lo lean también nuestros hijos.

Bueno, va, creo que es hora de hablar en serio de lo que en realidad sabíamos de sexo aquellas tiernas criaturas que empezábamos a hollar como adultos el camino, virgen cual pista de esquí al amanecer, de la modernidad. Todavía se hablaba del sexo *de ocultis*, y la verdad es que nosotras, las que habíamos pasado en esa década de niña a mujer —oh, aquí está el gran Julio, un abrazo, figura, tu padre ha salido mucho en los primeros capítulos de este libro—, nosotras, repito, teníamos una idea confusa sobre todo eso. Y las ilustradas peor.

Yo, de niña, había mantenido este diálogo con un sacerdote que venía a confesar a mi colegio:

—Me gustaría saber qué se hace para tener hijos.

El cura había carraspeado, se había rascado la cabeza, metido los dedos en el cuello de la sotana y al fin me había preguntado:

—¿Cuántos años tienes?

—Doce.

—Pues me lo preguntas el año que viene.

El buen sacerdote se fue a las misiones en lo que antes se conocía como África Negra y que yo sepa no regresó nunca.

Quizá fue al Congo. Recordemos lo que se cantaba en aquellos años:

> ¿Qué pasa en el Congo?
> Que blanco que pillan lo hacen mondongo.

Esta canción la había compuesto un caballero que fue muy amigo mío, José Pal Latorre, que vivía en Sitges, por donde paseaba del brazo extranjeras de edades que hoy harían sospechar a las autoridades pertinentes. A su musa también debemos aquellos versos, también dedicados al África negra, donde, según creo, nunca puso los pies:

> Yo soy aquel negrito
> del África tropical
> que cultivando cantaba
> la canción del Cola-Cao.

Él también popularizó la frase «¡Vale un Congo!» para referirse a cantidades de dinero tan estratosféricas como cien pesetas, por ejemplo.

Tal vez mi confesor también quedó convertido en mondongo como el blanco de la copla, no lo descarto, pero al menos se libró de contestar cuestiones tan espinosas como las que yo le planteaba.

Aquí tengo que hacer una confesión: yo hice Preu. Sé que me estoy crucificando, pues ya todos pueden calcular mi edad; por cierto, sale en Wikipedia, o sea que no hace falta que se maten sumando, restando y multiplicando. El Preu lo hice en una academia y allí por primera vez alterné con chicos, mientras estudiábamos latín y griego, materias que escogí en lugar de matemáticas o física y química, que no eran lo mío. Latín y griego llegué a saber bastante, porque luego hice Filosofía y Letras y allí también dábamos estas dos lenguas muertas, aunque después, cuando viajé a Grecia, no me sirvió de nada porque no entendía un pimiento. (No, a la Latina todavía no he ido, creo que ya no es de Lina Morgan y no sé si continuarán empleando allí la inmortal lengua de Virgilio.)

Me tuve que largar de la Universidad de Barcelona, castigada por mi mal comportamiento, para ir a la de Santiago, donde cursé un año de mis estudios. Lo de «estudios» es un decir porque allí también me dediqué a salir a la calle a cantar:

No, no, no nos moverán.
No, no, no nos moverán.
Igual que el pino junto a la ribera.
No nos moverán.

Escogí árabe, sí, se leía al revés y las vocales iban arriba, tiene su gracia.

Vale, vale, ya voy a lo que interesa.

Los libros. Todavía recuerdo cómo nos pasábamos dos libros capitales en mi formación sexual. No, no era la *Enciclopedia práctica de la vida sexual* del doctor López-Ibor, que había ilustrado a nuestras madres con bastante aprovechamiento, ya que la población de España había ascendido de treinta a treinta y cuatro millones de habitantes en apenas una década, sin contar los emigrantes, que sumaban casi dos millones. Tampoco eran los libros que solían recomendarnos nuestras profes de literatura con alegre desenfado, y notable alegría, ya que se había terminado totalmente la alfabetización del país y, según las encuestas, la mitad de la población leía como mínimo un libro al año. Las adolescentes devoraban los libros de Enid Blyton y yo *Guillermo el Travieso*, de Richmal Crompton, que me ha acompañado hasta mi edad adulta y que todavía hoy no puedo leer sin reírme a carcajadas. Pero el prototipo de lector según las estadísticas era mujer, universitaria, urbana y de Madrid, Barcelona o la zona norte, y ahí, cuando nos hicimos mayores, ya entrábamos nosotras. Ya iniciada la década de los setenta, *Miedo a volar*, de Erica Jong, figuraba en las habitaciones de todas las chicas; era un tratado de erotismo en el que se hablaba de orgasmos y de placer, y las lectoras lo forraban para que los padres no supieran en qué guarrerías estaban metidas.

Sí, aquello de limpiar el aeropuerto con las bragas es de este libro, pero no diré más. Si quieren, acudan a la fuente.

Aunque debo confesar que nosotros estos libros «de formación» no los leíamos. Los que nos gustaban eran los libros raros, quizás incluso morbosos, y que, así directamente, no tenían nada que ver con el tema sexual. Uno de estos libros era *La ciudad y los perros*, de Mario Vargas Llosa. No lo he vuelto a leer pero había ciertas páginas y ciertas alusiones a unos adolescentes y unas gallinas que nos hacían sospechar que había algo más que no se nos había explicado. El otro libro era *El almuerzo desnudo*, de William Burroughs, mejor dicho, dos páginas de *El almuerzo desnudo*, misteriosas, tenebrosas, atractivas, de las que no entendíamos casi nada pero ¿quién sujeta a la imaginación? ¡El órgano sexual más grande que existe! ¡Los ratones empezaron a horadar nuestro cerebro entonces creando oscuros laberintos y todavía no han parado!

¿Es extraño que hayamos salido así?

¿Y cómo podíamos acomodar esta educación sexual tan retorcida a las torpes maniobras de nuestros compañeros? Una amiga mía, que además es una actriz bastante conocida, que había estado casada muchos años con su novio de juventud, me contaba con asombro:

—Cuando me separé y volví a la vida sexual activa, lo que

más me sorprendió es lo que habían aprendido los hombres... ¡Era como si te hubieras trasladado a un nuevo continente, con unos aborígenes muy distintos de los que habías dejado treinta años antes! De repente, aquellos chicos que sólo podían ponerse encima de ti jadeando, sudando y pesando mucho, habían aprendido a realizar manipulaciones que yo no sabía ni que existían... ¡Y unas posturas! ¿Dónde las habrán aprendido?

Luego entrecerraba los ojos evocando yo que sé qué y decía:

—Pero, oye, muy bien.

De lo que deduzco que los españoles en la cuestión del sexo, como en otras cosas, también hemos aprendido bastante en estos últimos años.

Cada chica tenía un Beatle favorito; el mío era George Harrison, porque tenía la cara chupada y me parecía elegante y espiritual. Luego le dio por ponerse capas, estaba muy pálido y tenía los dientes largos; sí, era un precursor de la saga *Crepúsculo*, todo vuelve. Ringo era simpático, como esos amigos con los que te gusta hablar pero con los que nunca tendrías una aventura y que son los que terminan poniendo los discos en las fiestas sin comerse ni un rosco. John Lennon nos parecía entonces bastante cateto; en fin, lo que en Barcelona se llamaba «payés» y en Madrid «hortera». Sí, lo siento, luego se murió y surgió el mito, pero en este libro quiero darlo todo en cuanto a sinceridad, y así estaban las cosas en esos días. A Paul lo teníamos por un poco «nena, nenaza, no tiene pilila».

Que conste que yo este manuscrito se lo he dejado leer a un gay amigo mío para ver si todas estas alusiones le parecían graciosas y me ha dicho que me vaya a reír de mi madre, anteponiendo a lo de «mi madre» una palabra fea, pero yo creo que lo decía en broma.

De la primera persona que me río en este libro es de mí misma, espero que todos ustedes se hayan dado cuenta. Luego, si hay víctimas colaterales, se siente. ¡Es literatura!

Nosotros no sabíamos inglés, por supuesto, y cuando cantábamos las canciones de los Beatles era algo como:

She loves you yeah yeah yeah.
She loves you yeah yeah yeah.

Vale que tampoco la letra era muy complicada, pero aun así no conocíamos el significado, aunque intuíamos que aquello iba de amores, pero no trágicos y condenados al fracaso, o prohibidos, como los que cantaban antaño las hembras raciales de nuestro folclore, sino alegres y burbujeantes, como nosotros. Ahí ya empezamos a darnos cuenta de que el amor no era tan serio como nos lo habían pintado hasta entonces, y que incluso podíamos enamorarnos, jugar y después casarnos con otro.

Cuidado, si nos casábamos…

Pero no, no, eso nadie lo ponía en duda… ¡Casarnos, por supuesto! ¿De blanco? Sí, también de blanco, aunque con algún hecho diferencial. Cuando yo entré en la universidad, por ejemplo, se contaba entre risitas cómplices que una pareja emblemática de estudiantes de una generación anterior a la mía, Anna Sellés y Manuel Vázquez Montalbán, se habían casado por la Iglesia y ella de blanco, por supuesto, aunque ambos pertenecían al clandestino PSUC, el partido de los comunistas catalanes. Pero contaban los amigos que habían sido invitados a la boda:

—Anna llevaba un traje escotadísimo... los *tiets* de Terrasa estaban horrorizados...

Anna, sé que tienes un gran sentido del humor y que incluso te enternecerá esta evocación de cuando éramos malas, y tu hijo Daniel descubrirá una faceta nueva en su madre... ¡No siempre hemos sido madres! ¡También hemos sido jóvenes!

Aunque es cierto que unas más que otras.

Marisol, por ejemplo, también se había pasado a nuestras filas y hacía declaraciones sorprendentes, después de haber dado puerta a aquel marido que le había durado lo que un caramelo en la puerta de un colegio. Se enamora de Joan Manuel Serrat —¡mírala ella, ni que fuera tonta!— y se va a vivir a Barcelona, donde al parecer prueba la dureza del mítico colchón de la calle Poeta Cabanyes donde vive el cantautor y que tantas recordamos... ¡Me traicionó el inconsciente! ¡Yo no, que más hubiera querido!

La prensa se hace eco de esta nueva Marisol y *Garbo* titula «Marisol ha escogido la libertad» mientras *Fotogramas* juzga con severidad que «Marisol está desmelenada, sin rumbo y sin rubor», y ella declara «ahora quiero ser yo de verdad».

Sí, sí, eso es lo que queríamos todas, ser de verdad.

Y ser de verdad implicaba enamorarnos. Los Beatles y Marisol estaban bien, pero por quien una habría hecho locuras, y en realidad las hizo, era por el Che Guevara. No el mito, sino el hombre de ojos claros, boina con estrella y crisis de asma:

Aquí se queda la clara,
la entrañable transparencia
de tu querida presencia,
comandante Che Guevara.

Si pasan página, se enterarán de todo.

5

LA PERIODISTA YEYÉ

Pero alto. ¿Qué es esta momia semienvuelta en vendas, tumbada en una camilla en medio de un quirófano, sobre la que se afanan un montón de médicos con gorritos y mascarilla? ¿Son médicos de pega que han hurtado sus gorritos de los cuartos de baño de los hoteles, como hacemos todos los honrados ciudadanos de este país, junto con el hilo dental y la esponja para lustrar los zapatos? Dejemos por un momento en suspenso nuestra pluma, a nosotros no nos da la gana modernizar los tópicos y además no vamos a dejar en suspenso el ordenador —que aquí entre nosotros debe pesar un huevo—; detengámonos un instante porque importante debe ser la persona oculta bajo los vendajes ¡copa portadas, titulares!

Sí, claro, sabemos que las calles están tomadas por policías a caballo que se afanan por aporrear, con el ímpetu del mismísimo Franco arponeando frente a las costas vascongadas a las treinta y seis ballenas del capítulo anterior, a grupos de estudiantes que portan pancartas con hoces y martillos, alusiones a la huelga minera de Asturias, a la libertad de expresión y a Ho-Chi-Minh. ¡No saben ustedes el miedo que da ver encima de esta pobre estudiante de Filosofía y Letras a un gigante de cinco metros porra en ristre y, aun sabiendo que aquello lo hacías por los vietnamitas y por los obreros de la SEAT, te temblaban las piernas y maldecías el momento en que se te ocurrió meterte a hacer la revolución!

Con lo ricamente que estábamos bailando el *twist* y ensayando morritos fruncidos y peinados imposibles delante del espejo. No, llamar por teléfono a los chicos nosotras, eso nunca, aunque al final acabaras echando raíces al lado de aquellos armatostes negros que solían estar en el pasillo. ¿Que ahora pasa lo mismo? Ves, en este tipo de cosas es donde veo que la liberación de la mujer no ha sido para tanto.

Claro que, después de las manifestaciones, cuando las calles de nuestras ciudades quedaban sembradas de cuadernos, adoquines arrancados del empedrado y bufandas perdidas e íbamos a las citas de seguridad, podías tomarte una ginebra para tranquilizarte sin que nadie se rasgase las vestiduras, generalmente blusas indias compradas en los primeros mercadillos que se abrieron en galerías subterráneas, algunos de ellos regentados por los hoy capitostes de la industria textil, los hermanos Andic, los dueños de Mango. Y podía ser que con el mismo fin, u otro diferente, nos pegáramos un morreo con el camarada de plataforma que siempre nos había gustado pero con el que no habíamos tenido contacto hasta entonces.

No, a nosotras en el Partido Comunista no nos quisieron porque nos consideraban frívolas, y eso que asistimos a todas las reuniones rollazo que hubo menester y nos tragamos varios libracos sobre el capitalismo monopolista de Estado, con su discusión posterior correspondiente.

Incluso tuvimos tratos con el «oro de Moscú»... ¡Sí, pudimos vislumbrar lo que era! Una vez a la semana el Partido nos enviaba a recoger unos dineros, muy pocos, con que comprar espráis y carteles, a un lúgubre sótano de la calle Calvet donde un grupo de talluditos historiadores elaboraban con gran secreto una enciclopedia financiada por una banca. Las instrucciones para recoger el dinero eran muy simples:

—Ponte la minifalda más corta que tengas.

Podía ser que el magro estipendio ese día fuera más magro que de costumbre y el decepcionado responsable te reprochaba:

—Hoy seguro que ibas con pantalones.

Los sábados nos reuníamos para recibir instrucción en una «torre» en el Putxet con el jefe de célula, y al final del «curso» admitieron a todos, incluso a nuestros novios, con los que llevábamos saliendo cuatro años. A nosotras no. Nos despacharon con esta sencilla explicación:

—No serías una buena comunista, te gusta demasiado la juerga.

Tampoco gustó, según nos dijeron, que mantuviéramos con nuestros compañeros lo que entonces se llamaba una relación abierta, sí, todo aquello de las parejas contingentes con que Sartre se justificaba para pegársela con sus alumnas a Simone de Beauvoir. Dios mío, si hubiéramos dedicado a nuestra vida profesional el mismo ardor que hemos dedicado a nuestra vida sentimental y a la juerga, ahora estaríamos dirigiendo un gigante mediático. Si se lo hubiésemos dedicado a la política, ahora quizá en vez de estar Fidel Castro en Cuba estaríamos nosotras. No digo más.

En el año 69 se decreta el estado de excepción, una situación de emergencia en la que la policía podía entrar en las casas, detener, prolongar los interrogatorios por el tiempo y con los métodos que le diera la gana e ingresar a los detenidos en prisión sin orden expresa del juez. Y es que se trataba, como dijo Fraga Iribarne, ministro de Información y Turismo, «de luchar contra las acciones minoritarias sistemáticamente dirigidas a alterar la paz española y evitar que arrastren a la juventud a una orgía de nihilismo y anarquía».

¿Orgía? Eso tampoco les gustaba a los camaradas del Partido Comunista, en Cataluña llamado PSUC, que descalificaron duramente a los actores *amateurs* —abogados como Loperena o profesores de universidad— y a profesionales como Carmen Elías que participaron en el modesto e ingenuo film de Francesc Bellmunt *La orgía*. La citada orgía consistía básicamente en pasar un fin de semana desnudos en una casa en la montaña, fumar porros y hacer el amor de dos en dos riéndose mucho. Terminaban desayunando chocolate con churros, también entre risas. No hay que decir que resultaba mucho más erótico, pornográfico incluso, atisbar en la oscuridad esa escena del *El último tango en París* en que Marlon Brando sodomizaba con la ayuda de una barra de mantequilla a una jovencísima María Schneider que ver decenas de cuerpos jóvenes moverse desnudos con la misma naturalidad con la que tomaban el sol durante el verano en la cala Macarella de Menorca. Pero bueno, no nos hagan caso, eh, que ya conté yo que nuestro aprendizaje tuvo lugar en las turbadoras páginas de *El almuerzo desnudo* de William Burroughs.

Claro que ahora que pienso eso de *La orgía* fue más tarde.

Durante el estado de excepción, las cárceles españolas se llenan de estudiantes de buena familia a los que sus madres van a visitar los domingos y los miércoles, alternando en la cola con parientes de gitanos y quinquis que están presos por hurtos, reyertas, tráfico de hachís y crímenes pasionales. En

Barcelona, la mamá elegante (ella ya intenta ir sencilla para ver a su hijo, pero la clase no puede ocultarse) recuerda con amargura el día de la detención. Acaban de llegar del Liceo, donde han visto a Montserrat Caballé en *La Traviata*, menudo exitazo, todavía le ronda por la cabeza el brindis:

Libiamo, libiamo ne'lieti calici
che la belleza infiora
e la fuggevol ora s'inebriia
voluttà.

Está quitándose el vestido de Pertegaz. ¿Largo? ¡Sí, qué remedio! Al Liceo hay que ir de largo, pero en su armario empiezan a verse también algunas pudorosas minifaldas. Mientras se saca los zapatos de Álvarez entra el marido luchando con la dichosa pajarita y los gemelos:

—Coño, ayúdame.

Los golpes en la puerta los han congelado en un instante que ya no van a olvidar nunca:

—Toc,toc, abran a la autoridad.

Suelen ser policías de paisano, entran empujando y abriéndose paso hasta la habitación del chico. La madre, extrañada, pregunta:

—¿El niño? ¿Qué le quieren al niño?

Pero el padre de repente se explica tanto canto, tanto guitarreo, tanta reunión, tanto Torres 5, y abre la puerta de la habitación de su hijo, con sus pósters del Che Guevara y de Moshé Dayán en las paredes, la manoseada colección de Alianza Editorial en la estantería y la máquina de escribir Lettera 21 que le han regalado por Navidad.

Pero esto no era todo. Debajo de la cama, la madre luego lo contaba horrorizada a sus amistades más íntimas:

—Tenía espráis para pintar paredes, paquetes de octavillas, una ciclostil y una bolsa con seis cócteles molotov.

Palabros nuevos que la madre enumeraba con cierto orgullo también a la gitana que le precedía en la cola de La Modelo para comunicar.

Comunicar era ir a ver a los hijos a la cárcel, otra nueva adquisición semántica.

La gitana miraba de arriba abajo a aquella señora que, por mucho que lo intentara, no dejaba de oler a dinero y le decía humildemente:

—Pues mi hijo está en el maco por la gandula. Es sirlero.

El «maco» era la cárcel, la «gandula» era la Ley de Vagos y Maleantes, que decretaba penas de prisión para los «homosexuales, rufianes, mendigos, proxenetas, vagabundos, nómadas y drogadictos» y la madre del preso fino rebuscaba en su interior qué diablos sería «sirlero» y se prometía buscarlo en el diccionario quinqui-español-español-quinqui antes de la próxima comunicación para no hacer mal papel. Al mismo tiempo trataba de recordar quién era esa otra dama sin dientes que le sonreía y le acercaba un papel:

—Soy la madre del Manuel Carnero Vorodovitch, ya sabe, el especialista en puentes, que su marido me dijo que podría meter a mi hijo en un taller de coches cuando cumpliera condena. Ahí está el teléfono de una vecina para lo que hubiera menester. Nos avisa enseguida porque vive en la chabola de al lado.

La madre recogía el papel con alivio. Sí, hombre, después de nueve meses de compartir cola con las bienaventuradas madres de los delincuentes comunes, sabía perfectamente que si el hijo en cuestión era especialista en puentes, no era porque hubiera estudiado ingeniería o porque se dedicase al arriesgado deporte del «puenting», más que nada porque esta actividad física no se había inventado todavía, sino porque robaba coches con el sofisticado método que explicamos a continuación: se revienta la ventanilla y se saca el cable de la bobina del encendido, luego el cable del relé del motor de arranque y el cable gordo del mismo motor, y entonces se conecta a la batería directamente. Bueno, algo así... ¡tampoco vamos a explicarlo con detalle para que algún vivales nos birle el BMW!

—Claro, claro. Deme.

La gitana le tendía el papel y al mismo tiempo una caja de cartón grasienta atada con un cordel:

—Son unos buñuelos de anís para chuparse los dedos. Un obsequio.

La mamá elegante lo agradecía con grandes muestras de cariño, y en justa correspondencia le entregaba los *brownies* que la criada filipina había hecho para su retoño, reflexionando con tristeza cuánto había perdido con el cambio. Pero cómo negarse a aquella ilustre familia que hundía sus raíces en la delincuencia del siglo XVI y en países tan lejanos de España como Rumanía y Siberia. ¡Habría sido como atarse una piedra al cuello y tirarse al río! El pobre hijo ya se había ganado el aprecio de sus compañeros de prisión haciendo dibujos de los patriarcas del clan y escribiéndoles cartas a las novias, generalmente presas en la cárcel de mujeres de la Trinidad por delitos similares.

Las madres de unos y otros en la cola de la prisión.

¿Padres? Padres no, en el caso de las gitanas porque:

—Mi hombre está preso en Ocaña con una condena de quince años.

En el caso de la madre elegante:

—No ha perdonado al chico... Se pone muy nervioso.

En la prisión madrileña de Carabanchel también están las madres de Miguel Boyer, más tarde ministro y en la actualidad marido de Isabel Preysler, Luís Gómez Llorente, Carlos Zayas, hijo del marqués de Zayas y futuro marido de la cantante Massiel, los periodistas César Alonso de los Ríos y Juan Tomás de Salas, que más tarde fundó el Grupo 16, Luis Solana, que será presidente de Telefónica y ministro, y César Cimadevilla, ingeniero y futuro presidente de la diputación madrileña, el germen del Partido Socialista o PSOE. Sus madres también tuvieron que alternar con parientes de chorizos, quinquis y gitanos, que no hacían más que acosarlos con peticiones de dinero y enchufes. Las pobres madres, que veían en qué habían parado aquellas tardes de canciones, guitarreo y «preparar los exámenes» aún tenían el valor de contestar:

—Oiga, si tuviéramos algún enchufe, ¿ustedes creen que estaríamos aquí?

Elena Arnedo, entonces novia de Miguel Boyer, no pudo visitarlo durante los seis meses que estuvo en prisión, ¡el reencuentro dicen que fue glorioso!

Y es que las chicas no podíamos ir a ver a nuestros novios presos porque no estábamos casados. No había sido el caso de Marta Ferrusola años antes, que estaba tan casada con Jordi Pujol que hasta tenían dos hijos, y que acudía a verlo a la cárcel de Zaragoza todas las semanas. Iban a tener cinco más, ya que Jordi Pujol decía que:

—La procreación es un hecho, una continuación de la creación divina...

Y Marta añadía:

—Para que las familias lo sean de verdad, han de tener hijos.

Pero lo cierto es que, aunque se veían a menudo, no practicaban el vis-a-vis, pues su siguiente hijo no fue concebido hasta que el futuro Honorable fue excarcelado. Lo he comprobado cruzando fechas, no soy nadie yo investigando. Pero las que no estábamos casadas, como he dicho antes, no teníamos derecho ni a visita. Sólo nos quedaba una apasionada correspondencia trasmitida de forma clandestina por los abogados.

Casarnos casarnos la verdad es que ya habíamos empezado a hacerlo. Generalmente embarazadas. «Embarazados» se terminaron casando Miguel Boyer y Elena Arnedo, y la plana mayor de los socialistas españoles. Los chicos argüían que les había tocado:

—Una beca en la Fundación March.

—Una beca en Banca Catalana.

—Un trabajo en Hidrocarburos.

Y de ahí las prisas de la boda. La novia trataba de ocultar la barriga debajo del ramo de flores, lo cual era bastante difícil pues en aquella época se había puesto de moda llevar un solitario lirio. También valía un traje tipo *hippy* porque eran anchotes, ahora, eso sí, se llevaban sin sujetador. Yo sólo recuerdo una única ocasión en la que el suegro comunicaba con desenvoltura a los invitados, ante el horror de los familiares de la novia:

—Mi chico la ha dejado preñada.

La citada boda se celebraba en S'Agaró, donde la familia de la novia llevaba afincada desde hacía un siglo. Yo compartí con ella dormitorio en su última noche de soltera y recuerdo sus:

—¿Hago bien en casarme? Podría haberme ido a Londres...

No, eso, no, pero podría tener al niño yo sola... ¿Lo quiero? ¿Qué es estar enamorada? ¡Es que es para toda la vida!

O sea que el divorcio estaba bien en teoría y tenía que ser uno de los objetivos de nuestra lucha reivindicativa, pero nuestro matrimonio era para toda la vida ¡faltaría más! Es curioso que, aunque todos estábamos inmersos en la revolución, el progreso, el fin de una era y aquello de Bob Dylan de que los tiempos estaban cambiando, nos planteáramos las mismas cuestiones que se habían planteado nuestras madres y quizá se sigan planteando nuestras hijas e incluso nuestras nietas; ya les informaré en su momento porque, aunque a mí me falta mucho para eso, pienso seguir escribiendo por lo menos hasta la edad de Stéphane Hessel, noventa y cinco años, o Confucio, que, según se dice, con ciento treinta primaveras dictaba sus libros a sus concubinas.

¿Tengo que decir lo que duró aquel matrimonio? Pues como todos, un pispás.

Aunque creyentes no solíamos serlo, nos casábamos por la Iglesia, generalmente con un cura «progre», como se llamaban entonces, que suprimía la norma de san Agustín de que la mujer debe sumisión al marido. Y pásmense ustedes, porque la pionera en estas ideas revolucionarias fue nada más y nada menos que la flamante novia del preboste franquista, más tarde presidente del Comité Olímpico Internacional, Juan Antonio Samaranch. Sí, esa señora tan puesta, Bibis Salisachs, una de las chicas «bien» de Barcelona, que había incluso salido en la portada de la revista *Hola* como la «debutante del año», con un fondo nevado y un simpático gorrito de lana. En vísperas de su casamiento, el periodista Manuel del Arco la entrevista para *La Vanguardia*:

—Te das cuenta de que vas a ser un personaje.

—Seré la mujer de una persona importante.

—Habéis nacido el uno para el otro.

—Él ha nacido en su tiempo, yo en el mío, y nos hemos encontrado.

—¿Te ha chillado ya?

—Todavía no.

—¿Y tú le has chillado?

—Yo no chillo nunca.

—¿Qué te ha regalado?

—Una monada de coche.

Y ahora viene lo bueno, lo que escandalizó a toda Barcelona:

—¿Serás una esposa sumisa?

—No, ni habrá motivo.

—¿Sabes lo que dice la epístola de san Pablo?

—Que la mujer debe sumisión al marido, pero fue escrita hace tanto tiempo…

¿No era san Agustín el de la sumisión?

Alguien miente.

A pesar de que Del Arco se apresuró a anotar que «esta entrevista se ha hecho bajo la paternal vigilancia del padre de la novia», despertó tanta repercusión que el arzobispo de Barcelona, el doctor Modrego, que era quien debía oficiar la ceremonia, se negó a casarlos. Se consideró que habían sido unas palabras impropias en una joven cristiana y que fomentaban el escándalo.

La boda se hizo en una catedral llena de orquídeas traídas especialmente de Bélgica, con todas las fuerzas vivas, desde el alcalde Porcioles hasta el dueño de la banca Arnús, pasando por varios ministros, pero la tuvo que celebrar un sacerdote de andar por casa. Bibis me dijo:

—¿Cómo se llamaba? ¡No me acuerdo! ¡El pobre doctor Modrego se puso enfermo y al final no pudo estar!

Ya te daré yo enfermo.

El caso diametralmente contrario era el de las parejas de convicciones tan arraigadamente ateas, muy pocas, tres o cuatro, que se tomaban muy en serio eso de mantenerse al margen de la Iglesia, y que incluso apostataban, requisito indispensable para poder casarse únicamente por lo civil. ¡Nosotros los veíamos como héroes! Apostatar era declarar solemnemente ante un representante de la Santa Iglesia Católica Apostólica y Romana que renegaba de seguir siendo miembro de la sacrosanta iglesia vaticana, indisociable del régimen surgido del Glorioso Alzamiento Nacional. Un amigo mío tuvo que acudir al cura del barrio, en aquella Barcelona de los primeros años setenta, para que certificase esa sacrílega decisión. El cura lo hizo, pero no sin antes advertirles que ello les llevaría derechitos, y sin camino de retorno, a las llamas eternas del Averno. Sí, todo aquello de los demonios con un tridente y cola en forma de flecha. Pero ahí no acababa la cosa. Mi amigo y su mujer, ambos progres y comprometidos antifranquistas —¡rojos y separatistas catalanes tenían que ser!—, acudieron a formalizar su vínculo al juzgado, ya con todos los papeles en regla, acompañados sólo por dos amigos, rojos también, por supuesto, para ejercer de testigos. Su señoría los miró a todos con una mezcla de compasión y urticaria mental ante lo que ahí iba a suceder, pero al final se limitó a advertirles con severidad:

—¡Tenéis que saber que el matrimonio civil no da derecho al divorcio!

Los candidatos a conyugues «por lo civil» se limitaron a asentir... y a seguir muy felizmente casados durante treinta y cuatro años.

Curiosamente, las únicas revistas que dejaban pasar en las cárceles para que se entretuvieran nuestros compañeros eran las del corazón, que entonces no se llamaban así, sino por sus nombres, *Lecturas, Hola, Semana* y *Garbo*. Y era en *Garbo* en concreto donde salía la momia con la que empezábamos el capítulo.

Qué momia ni qué momia... ¡Era Marisol!

«¡Marisol operada de urgencia!», decían los titulares, y nosotros nos temíamos que se hubiera clavado en la espalda un muelle de la mítica cama de la calle Poeta Cabanyes de Joan Manuel Serrat, pero el subtítulo nos tranquilizaba: «Marisol se somete a una intervención de cirugía estética para corregir una ligera desviación nasal».

Sí, lectores, en aquellos años se extendió como una mancha de aceite la necesidad imperiosa de corregir los apéndices nasales de cuanta fémina se pusiera a tiro. Yo creo que se nos hacía formar ante una línea imaginaria y a la que le saliera un centímetro la nariz de esa línea, zas, a rebanarla. Pasaron por el bisturí actrices serias de teatro como Nuria Espert; modernas e intelectuales como Nuria Torray o Tere del Rio; folclóricas como Marujita Díaz o Concha Márquez Piquer; *vedettes* como Esperanza Roy, ¡y toda la familia Franco en pleno!

¿Cómo? ¿Renegar del elegante apéndice nasal que había dejado a su descendencia doña Carmen Polo? Sí, lectores, lectoras, el doctor Vilar Sancho empezó con Carmen madre, la ex Nenuca, y no se detuvo hasta el pequeño, Jaime Martínez-Bordiú. No sabemos qué hubiera sido de aquellas narices si se hubiera dejado a la naturaleza seguir su curso, porque no ha quedado ninguna superviviente para servir de testimonio. Ignoramos si hubieran crecido hasta alcanzar la altura del rascacielos Torre de Madrid, que se acababa de construir en la Plaza España y que tiene ciento cuarenta y dos metros, o incluso el Pico de Aneto o el Moncayo, con toda su carga histórica. Aunque Barbra Streisand presume de nariz grande, y también lo hacía la cantante de ópera María Callas, la verdad es que lo que se lleva es el tipo respingón o garbancito.

Lo que sí es cierto es que la nariz de los Franco se convirtió en un referente, y que las españolas nos acercábamos a nuestros cirujanos y les decíamos:

—Quiero una nariz como la de Carmencita.

Oh, córcholis, me he descubierto. Sí, yo también me coloqué en esa raya imaginaria y no daba la talla, mejor dicho, la daba en exceso... Adiós, nariz de papá, fue bonito mientras duró pero ahora tenemos que separarnos. Tú sigue tu camino que yo seguiré el mío, y no me pregunten cuál fue el camino que siguió mi nariz porque acabo de comer y no me quiero meter en cuestiones escatológicas.

Yo, ya ven, aquí, con mi nueva nariz, escribiendo.

Sí, bueno, está bien. Es decir, no noté ninguna diferencia, aunque yo, como todas, dije aquello de:

—No lo he hecho por estética, sino porque tenía problemas respiratorios.

Nada más salir del quirófano, Marisol contaba:

—No soy un bluf.

Dejándonos bastante desconcertados, todo hay que decirlo. Quizá se refería a las palabras con que Joan Manuel había dado por concluida su relación:

—La Pepa es tan frágil que da miedo tocarla para no romperla como si fuera de cristal.

En fin, sin comentarios. A estas alturas de mi vida puedo dar fe de varias maneras de romper una relación, desde el «eres tan buena que no te merezco» hasta el «me voy a Alaska a inaugurar un iglú y a la vuelta te llamo», pasando por «voy a ingresar en una institución mental», «tengo que volver al lado de mi mujer paralítica porque amenaza con quitarse la vida», «me he quedado impotente a consecuencia de unas paperas que he contraído en edad adulta, ¡un caso entre diez millones!» e incluso «¡he fallecido!» (llamó su hermano).

Pero lo de Joan Manuel, Juanito, según lo denominan sus amigos, no lo había visto nunca.

¡Pero a la Pepa le daba igual! Porque se había enamorado locamente del bailarín Antonio Gades:

—Quiero dejarlo todo, huir con él sin rumbo fijo, no puedo vivir sin Antonio.

El periodista, escéptico, le advierte:

—Más que enamorada pareces hipnotizada.

—Llámalo como quieras, está por encima de mi profesión y de mí misma.

El periodista aguafiestas prosigue:

—¿Y su fama de don Juan?

—No he encontrado a nadie con un espíritu menos donjuanesco que él.

Pero, claro, recordemos que Marisol estaba casada todavía con Carlos Goyanes... ¿Cómo todavía? ¡Si entonces era para siempre!, y por muy modernos que seamos, aquello no dejaba de ser un pecado como la copa de un pino, y además un delito, según los artículos 449 y 452 del Código Penal. «El adulterio será castigado con la pena de prisión menor. Comete adulterio la mujer casada que yace con varón que no sea su marido, y el que yace con ella, sabiendo que es casada...» El marido agraviado era el que imponía la pena a la mujer y podía perdonar, pero esta actitud le conllevaba el epíteto de:

—Cabrón.

También:

—Cornudo consentido.

El marido debía ir a declarar en el juzgado que conocía la conducta de su mujer y la consentía, pero aun así los jueces ponían todo su empeño en averiguar si esto era verdad, y en ocasiones fallaban en contra de la mujer con penas de cárcel y multas cuantiosas, ya que determinaban que el marido «vivía en el extranjero y desconocía la conducta impropia de su mujer a pesar de lo declarado» o también «no pudo saberlo ya que hace años que no mantenían contacto». En 1973, la policía sorprendió en un hostal a «A.L.N. y J.R.S.G. yaciendo completamente desnudos en la cama, con lo que se deduce que cohabitaron a fondo», y aunque los acusados declararon que la mujer estaba separada del marido, los jueces sentenciaron que «el vínculo matrimonial subsiste y los deberes éticos y de fidelidad permanecen».

Así pues, el periodista le espeta a Marisol con una mueca de reproche:

—Marisol, reconocerás que os habéis saltado ciertas normas...

Pero Marisol, imbuida del espíritu de los sesenta-setenta, soltaba:

—Cuando los sentimientos son auténticos, no deben ocultarse.

¿Y el código penal, querida Marisol? ¿Y los adúlteros y amancebados que debían exhibir sus conductas impropias en los juzgados, a la vista de todo el mundo, estigmatizados por su horrendo delito?

Marisol los despachaba con una frase:

—Cada persona es un mundo.

No solamente escribían en *Garbo* sobre Marisol, que, con su voz ronca y su físico espectacular, devino en referente erótico de aquellos años. Hasta Juan Luis Cebrián, entonces director de *Informaciones*, declaró con contundencia «¡soy marisolista!». Después expuso que «no me gusta ni cómo canta ni cómo actúa, me parece una actriz mediocre y no me une a ella ninguna referencia cultural». Juan Luis, Juan Luis, con lo bien que hubiera quedado usted callando y dejando las cosas en ese escueto «soy marisolista»... Pero, cuidado, que ahora viene lo bueno: «Marisol es una de las pocas mujeres-objeto a nivel europeo que podemos enseñar. Aquí las mujeres-objeto siempre son gordas y bajitas, y esperan al marido en casa para irse al cine de su barrio. Marisol, por lo menos, es un objeto de valor».

Podría decir muchas cosas, señor Cebrián, como advertirle por ejemplo que quizás ha confundido usted a la mujer-objeto con un botijo. Pero no lo diré, no, me limitaré a reflexionar en voz alta. Aquí, entre nosotros, y ahora que no nos oye nadie, ¡cuántas chorradas hemos escrito los que tenemos una carrera más o menos larga! ¿Por qué el fuego del infierno no devorará todas las hemerotecas e incluso los recortes que guardamos en casa y la memoria de los hombres? ¡No lo sé, no me lo explico!

No se preocupe usted, que esto de aquí no sale: ¡su opinión sobre Marisol y sobre las mujeres-objeto bajas y gordas morirá conmigo!

Yo ahora voy a traer aquí a cuatro mujeres que no se quedaban en casa —¡ni que les quebrasen las patas!, ¡ni que las matasen a botijo limpio!—, aunque quizá sí iban al cine de su barrio a ver aquellos tostonazos de Antonioni. Siempre salía Mónica Viti y hablaba (poco) en italiano, porque íbamos a las películas en V.O. a cines de Arte y Ensayo y también las de la llamada Escuela de Barcelona.

Me las tragué todas.

Después había un coloquio que era en plan a ver quién soltaba la parida más grande. Yo recuerdo haber ido al cine Publi, al estreno de *Noches de vino tinto*, de José María Nunes. En el debate posterior se levantó un chico con una botella de vino en la mano y dijo:

—Ésta es una auténtica noche de vino tino.

Se la bajó de un solo trago y se lo tuvo que llevar una ambulancia.

No se descarta que fuera una rudimentaria operación de *marketing*, aunque yo creo que al chico ni le pagaron. Total, para lo que costaba una botella del popular y siempre añorado El Baturrico…

Pero estábamos en que traíamos aquí a cuatro mujeres de bandera que se habían lanzado con frenesí por las vertiginosas pendientes de la libertad, que no libertinaje, ¿o quizá sí? En aquellos años, todo estaba por conquistar. Con las cuatro hablé y las cuatro me lo contaron.

La abogada feminista Lidia Falcón no sólo no se quedó en casa sino que estuvo en la cárcel, porque fue detenida junto a su hija Regina Bayo por repartir propaganda clandestina. Su hija tenía diecisiete años, los mismos que ella cuando se casó… ¡la noche de bodas fue terrible, pero no por los motivos que todas suponemos!

—Me levanté por la mañana después de haber dormido por primera vez con un hombre y cuando entré en el cuarto de baño me esperaba el horror, ¡la brocha llena de pelos, las toallas tiradas por el suelo! ¡Me di cuenta de lo sucios y desordenados que son los hombres!

Sí, hija, y aquí habla la autora, lo sé, pero comprende que no tenemos otro sexo opuesto a nuestra disposición y debemos aguantarnos con lo que hay.

Pero volvamos a Lidia. Como es natural, y después de este arranque, al cabo de tres años y dos hijos se separó, «bueno, lo que era separarse en aquella época; él no tenía obligación de pasarme nada y yo no tenía ni siquiera potestad legal sobre mis hijos».

—¿Y cómo te las arreglaste?

La abogada de grandes ojos verdes y melena pelirroja se parte el pecho suspirando:

—Trabajando como una bestia, porque tuve que cuidar sola a mis hijos. Estudié primero Arte Dramático y Periodismo y luego Derecho, y al mismo tiempo hacía de traductora, modelo, vendedora de libros, camarera y telefonista. Además escribía novelas de vaqueros y cuentos rosas. Y también estuve muchas horas dedicada a la militancia comunista primero y feminista después.

—¿Qué truco tenías?

—Fácil: suprimir las horas de sueño. No dormir. En los años sesenta y setenta creo que no dormí en absoluto.

Así cualquiera, querida Lidia, lo difícil es cumplir con todo el programa durmiendo como una marmota.

Otra. Cristina Almeida fue una de las primeras abogadas laboralistas de España, miembro del Partido Comunista.

—Mi primer cliente, frente al Tribunal de Orden Público, el temible TOP, que juzgaba delitos políticos, fue un trabajador de una empresa que se llamaba Gallinopolis. Era un chico muy joven, habían decretado huelga y dos esquiroles se negaron a secundarla. Pues el chico desconectó la electricidad de las máquinas y lo acusaron de coacción y sabotaje. La noche antes del juicio, que se celebraba en el Palacio de las Salesas, no pude dormir...

—Claro, los nervios de tu primer caso...

—No, no, no fue por eso. Estuve en vela toda la noche haciéndome una camisa blanca y le pedí a mi padre, que también era abogado, una corbata negra, porque en aquella época, hasta la Ley Orgánica, los abogados teníamos que ir con camisa blanca y corbata negra... Me la cosí yo porque, como todas las chicas de mi edad, fui educada para ser mujer de pobre: te enseñaban todo lo que hay que saber de una casa, desde limpiar, cocinar, coser un botón, subir el bajo de una falda, hacer economías...

No hace falta que nos lo cuentes, querida Cristina, que aquí ya hemos dado fe desde el primer capítulo.

La tercera. Maruja Torres, en primera fila del periodismo durante cincuenta años y lo que te rondaré, también nos lo contó:

—Yo era de familia pobre y a los catorce años me tuve que poner a trabajar de dependienta... A los veinte envié una carta a *La Prensa*, les hizo gracia y me dijeron que llevara la página femenina... Hacía una columna diaria y, como no había estudiado Periodismo, estaba muerta de miedo pensando siempre «se enterarán de que soy una intrusa y no he ido a la universidad, me despedirán...». Me sentía como una usurpadora, me despertaba sudando...

Y para terminar este repaso nada exhaustivo por la vida de algunas mujeres, en aquella época en que ya no éramos franquistas pero tampoco modernos, en aquella España de nadie en la que todas nos sentíamos usurpadoras porque hasta entonces eran los hombres los que llevaban la voz cantante, nos encontramos de nuevo con un espécimen que creíamos extinguido, ¡una rara! La empresaria Marimar Torres, una de los tres propietarios de las bodegas Torres, presidenta de la división norteamericana de la firma:

—En España no me sentía a gusto en mi propia piel, ¡era diferente de las otras chicas! Yo no quería casarme, ¡quería estudiar!, pero mis padres me arrancaban los libros de las manos porque decían que las niñas listas no se casaban. Yo quería trabajar en el negocio como mis hermanos, pero todos se reían de mí, era la niña de la casa. Mi padre me decía en broma, «tú te tienes que casar con el Marqués de Riscal por lo menos…». Hasta que llegué a Estados Unidos no me di cuenta de que había muchos raros como yo. ¡Allí me sentí como pez en el agua! ¡En una semana en San Francisco hice más amigos que en treinta años en España!

Claro que la mayoría de las mujeres continuaban preparándose alegremente para el matrimonio. Como Isabel Preysler, por ejemplo, que vino en el mítico año 68 a vivir a España, para, según me confesó sin ambages, «encontrar un marido, casarme, tener hijos… ¿Trabajar? No, no, lo que se esperaba en aquella época era que tu marido aportara el dinero de la familia…».

Su marido fue, como todo el mundo sabe, Julio Iglesias. ¡Anda que no ha explotado ni nada Julio Iglesias su amor y su desamor por Isabel! Sin ir más lejos:

> Hey, no vayas presumiendo por ahí,
> diciendo que no puedo estar sin ti.

Tú que sabes de mí.
Hey, ya sé que a ti te gusta presumir,
decir a los amigos que sin ti
ya no puedo vivir...

Le pregunté a Isabel si en aquellos años efervescentes le interesaba la política y abrió mucho los ojos:

—¿La política dices? No, no... Yo no era de derechas ni de izquierdas, ¡bastante tenía con mis tres hijos y Julio todo el día viajando! Me ocupaba de la casa, de que todo estuviera ordenado, era... No sé cómo explicarlo...

Con su dulce y tímida sonrisa, que he intentado imitar mil veces delante del espejo, sin lograrlo como es evidente, Isabel encontraba al fin la definición:

—Ya sabes, ¡lo que antes se llamaba ama de casa!

¡Y a mucha honra! Así me lo dice la mujer de Jordi Pujol, precisamente, el día en que le pregunté qué ponía en su carné de identidad:

—¿Cómo? Deje que lo mire.

La que fue primera dama de Cataluña durante veinte años se alejó el carnet todo lo que daba de sí el brazo —ay, los años no perdonan— y me dijo como sorprendida:

—Ah, pues pone «sus labores». Pues, oiga, yo muy contenta. Con mucho orgullo, me siento muy realizada ocupándome de mis hijos y de mi marido e intentando que salgan adelante, como Cataluña, *sempre amunt*. ¡Sus labores! ¡Lo más bonito del mundo!

Qué pillina, doña Marta, porque poco después abrió una floristería y se convirtió en una empresaria modelo.

Ah, no, que éste era otro.

La revista *Garbo* hemos dicho, ¿no? Precisamente *Garbo* era propiedad de una mujer, María Fernanda Gañán de Nadal, la Escarlata O'Hara de la prensa de Barcelona, según la llamaba Maruja Torres, que fue reportera de esta revista. Doña Fernanda era extremeña, se casó con el dueño del cine Maryland, tan católico que quiso que la primera película que se estrenara en su cine fuera *La canción de Bernardette*, y logró sacar adelante un pequeño imperio editorial. Con la «Ley Fraga» de 1966, que suprimió la censura previa, se propició que aparecieran revistas liberales como *Cuadernos para el diálogo*, *Triunfo* o el diario *Madrid*, pero cuando se vio que aquello se desmadraba, se volvió otra vez a la censura mediante consignas que debían ser obligatoriamente obedecidas, con lo que en realidad nos quedábamos como estábamos. De 1966 a 1975 se abrieron 1.275 expedientes, la mayoría por no respetar los Principios Fundamentales del Movimiento. Sí, todavía seguían vigentes.

Pero los de *Garbo* no se enteraban de estas turbulencias y continuaron publicando que «en Italia una viuda recibe cada quince días una carta de su difunto esposo», lo que hace sospechar a la revista que «a ver si este esposo en vez de difunto es un vivo que se ha afiliado a la Legión Extranjera»; eso, menudo planorro, ¡la Legión Extranjera! También salen unos artículos literarios de Luis Marsillach, «Diálogos con mi secretaria», en los que el ilustre periodista, padre del actor Adolfo Marsillach, le dice a su secretaria cosas como: «Prefiero que sepa usted preparar un buen café que dactilografía». Se da cuenta de la llegada a España del heredero del Sol Naciente, que expresa su alegría por estar en la tierra «de san Francisco Javier», sale un relato con el enigmático titulo de «Petróleo para cenicientas» y los consabidos ecos de sociedad: en Madrid se casan en los Jerónimos y en Barcelona en la catedral. Es decir, que los tiempos avanzan, pero no con la misma velocidad para todos.

Con cierta ingenuidad, y ganas de ponerse al día, a los de *Garbo* una semana se les ocurre publicar un reportaje fotográfico en el que el torero Luis Miguel Dominguín, ya separado de su mujer Lucía Bosé, retozaba en traje de baño al lado de la piscina con su sobrina Mariví, entonces una muchacha de diecisiete años. Mariví, con un escueto bikini de cuadritos «vichy» —un estampado que había popularizado Briggitte Bardot—, se sentaba en las rodillas de su tío, le hacía arrumacos, se burlaba de él, le echaba en la cara el humo de los cigarrillos... se les veía, en fin, perfectamente felices y amancebados, como decían los tribunales.

Doña Carmen Polo se escandalizó, no solamente por la inmoralidad de las imágenes, sino porque:

—¡Es su sobrina! ¡Da asco!

Y después le dijo a su marido:

—¡Espero que no se te ocurra invitarlo nunca más a las cacerías! ¡Tendrías que expulsarlo de España!

¿Dónde, vive Dios? ¿Al Congo, para que lo hicieran mondongo?

Recordemos que cuando Carmencita, o Nenuca, era pequeña, a España le llamaba la «finca de papá». No, si yo tampoco he creído nunca que Carmencita fuera tan imbécil, pero ahora venía bien ponerlo.

Y es que Dominguín acudía a todas las cacerías de Franco y era con el único invitado que se reía, porque, como me contó el mismo torero en su casa de verano en Marbella en las largas tardes que pasamos juntos tomando whisky y fumando —él— cigarrillos y otras cosas:

—Yo era el único que no le hacía la pelota... y le contaba chistes sobre su persona que le hacían mucha gracia. ¡Tenía un gran sentido del humor, así, a la gallega, un poco como tú!

Y Luis Miguel se ponía a mirarme fijamente y me decía:

—¡Franco me recuerda a ti!

¿Cómo he podido sobrevivir a esto, levantarme por las mañanas, comer, amar, rezar, tener incluso un hijo y pasear a mi perro? A ver, gran Dominguín, por piedad, en aquella época quizá el whisky y la proximidad de un tío que estaba tan bueno como tú me tenían la mente algo turbada, pero ¿lo pensabas de verdad? Vale que según dicen la mosca del vinagre y el ser humano coinciden en un 98 por ciento de su código genético, pero ¿Franco y yo? ¿Iguales? Estabas de coña, ¿no?

Lo que sí es cierto es que Luis Miguel arguyó que lo que le estaba haciendo su sobrina no era besarle, sino practicarle una limpieza de cutis porque estaba estudiando para esteticién. ¿No coló? ¡No coló! Los jueces no tragaron y cerraron la revista *Garbo* varios meses. Aun así, doña Fernanda siguió pagando los sueldos de los periodistas hasta que volvieron a abrirla, pero ya nada fue como antes.

Dominguín era un hombre tan singular que continuó yendo a las cacerías de Franco con Mariví. Me contaba el torero que la primera vez, después del expediente y de que tuviera que presentarse delante de los jueces, que terminaron por imponerle una fuerte multa, no las tenía todas consigo. Cuando el dictador lo vio y se dirigió hacia él, se puso incluso un poco nervioso. Franco avanzó la mano para saludarlos y después les preguntó, con su vocecita atiplada:

—¿Ya han ido ustedes a misa?

Luis Miguel y su sobrina se apresuraron a contestar:

—Sí, sí.

—¿A cuál?

Los dos contestaron al buen tuntún:

—A la de nueve.

Y Franco se retiró en silencio para matar unos cuantos centenares de perdices y algún ciervo de muchas puntas.

Hemos nombrado ya dos veces en este capítulo a Marujita Díaz. Pero ¿no estábamos en los sesenta y setenta? ¿Marujita no pertenece a la España que habíamos arrumbado al desván de los trastos inservibles, junto a todas las folklóricas que en el mundo han sido?

No, no, nadie ha dicho eso. Yo les hacía continuamente entrevistas. Paquita Rico, por ejemplo, cuando me veía, me señalaba con el dedo y me decía:

—Ah, sí, otra vez la periodista yeyé.

Marujita es caso aparte. Había estado casada con Antonio Gades, según me explicaba la misma interfecta, porque:

—¡Yo llevaba el primer visón auténtico que se vio por Madrid y Gades se impresionó!

Pero antes de casarse con Antonio Gades, Marujita había matrimoniado con el productor, *playboy*, financiero y preso Espartaco Santoni, quien en sus memorias relata las vertiginosas noches de locura y frenesí que había pasado con la sin par protagonista de *Pelusa*... Sí, esa película sin nada que ver quizá con el cine que se llevaba en esa época, *El Padrino*, aquellos rollazos de Ingmar Bergman o, sin movernos de España, *El espíritu de la colmena,* de Víctor Erice, pero en la que nuestra insigne estrella movía los ojos de una forma tan graciosa.

En su primera noche juntos, y aunque parezca imposible, Marujita era virgen. Pero, o quizá a consecuencia de eso, «tenía las membranas sedientas de sexo, así que mientras hacíamos el amor aún me decía, no, no, espera, aún no, no sé, espera un poquito». Pero parece que Espartaco no se detuvo y que el asunto prosperó, porque el venezolano explicó en su inigualable estilo otra noche posterior:

—Le pegué en la espalda con la fusta de mi caballo, Maruja relinchó como una jaca, se enderezó y arremetió contra mí, me clavó las uñas intentando sacarme los ojos. Cada nuevo fustazo la hacía gritar más y comenzó a insultarme con una vocabulario arrabalero... Comencé a sangrar, pero yo no dejaba de atizarle fuerte con la fusta en las espaldas; nos detuvimos para besarnos con mordiscos salvajes, ya fuera de control, rodamos por el suelo, rasgamos nuestros trajes, desnudos y frenéticos, manchados de sangre, vibrando como nunca.

Maruja aullaba:

—¡Es la pasión gitana!

¡Y todavía no había muerto Franco! Es más, el Caudillo está vivo y bien vivo porque ahora tiene que luchar no solamente con los enemigos habituales, rojos, masones «y esos miserables que airean sus querellas ante la prensa extranjera» —en alusión a los monárquicos partidarios de don Juan de Borbón—, sino que también tiene que combatir al enemigo en su propia casa. Su nieta Carmencita se vuelve revolucionaria, es decir, se escapa a la Costa Azul con un señor casado, Fernando de Baviera. Franco envía a buscarla a su yerno, el marqués de Villaverde, que se la trae cogida de la oreja mientras amenaza a Fernando de Baviera con una denuncia por rapto y adulterio. Al cabo de un año casan a Carmencita con Alfonso de Borbón para que no dé más guerra.

Alfonso de Borbón, quien me fue definido por Pilar Franco, la hermana del Caudillo, como:

—¡Un soso!

O sea que cuando íbamos al cirujano plástico aludido anteriormente, decíamos:

—Quiero una nariz como la de Carmencita, pero al soso no.

El soso queda claro que era su marido, que después de casarse fue beneficiado con el título de duque de Cádiz… Pobrecito, su mujer enseguida le puso cuernos.

Para combatir a los otros enemigos, los ancestrales, los de siempre, Franco dicta media docena de penas de muerte después del proceso de Burgos. «En defensa del bien común, no regatearemos cuanto sea necesario para combatir la pasión y la violencia de cualquiera que intente perturbar la pacífica convivencia de los españoles.» La protesta contra estas condenas es impresionante e incluso el papa Pablo VI intercede a favor de los sentenciados a muerte apelando a la fraternidad humana. Todos los presidentes del mundo occidental envían telegramas de protesta a El Pardo. Al fin, un Franco de aspecto decrépito decide conmutarlas, aunque subrayando que «no es debilidad, es la fuerza y magnanimidad del que tiene razón».

¿Le importa todo esto a Espartaco Santoni? ¡No! Diré más, ¡lo ignoraba! Él solito derribaba las barreras que mediante decretos, leyes, moral imperante y puritanismo la corte de El Pardo intentaba imponer entre sus ya no tan sumisos súbditos.

Su campo de actuación no conocía fronteras. Sí, amigos lectores, ¡también en el ascensor! He aquí el relato de ese momento simpar, en este caso con la actriz argentina Analía Gadé:

—Subíamos a casa de Analía y no habíamos pasado del primer piso cuando bajé sus finas bragas y comencé a besar su vientre y sus muslos hasta llegar a la entrepierna... El contacto de mi boca con su sexo le provocó un enloquecido orgasmo, y mientras la penetraba no dejaba de repetir: «Los vecinos, los vecinos...».

Quizá Analía también gozaba de la presencia y atenciones de dos porteras. Como las mías.

Espartaco extiende sus alas y se dedica también a las damas de la periferia: a la barcelonesa Tita Cervera, ex miss España, con la que llegó a casarse: «Tita se puso de rodillas delante de mí y lentamente se quitó la bata... Le besé todo el cuerpo y ella no pudo resistirse: "Metémela", me dijo».

Según Espartaco «era un animal en celo, jadeando, suspirando». Prueben ustedes y verán que es muy difícil hacer las dos cosas a la vez, lo que me lleva a sospechar que el venezolano se lo inventaba todo con el fin de vender más libros, pero eso no es obstáculo para mencionarlo aquí. No apruebo sus métodos ni su filosofía, pero quién soy yo para criticar, que incluso en una Feria del libro firmé al lado del ratón Geronimo Stilton.

Hay pruebas, fotos, si eso las pongo también.

Otra dama periférica, Teresa Gimpera, «hacía honor a la fama que tenían las mujeres de Cataluña de poseer una exquisitez sensual insuperable». ¿Ah, sí? ¡Marchando una de exquisitez sensual insuperable! ¡Hagamos patria! Las extranjeras también sucumbían a los encantos del seductor venezolano: por ejemplo, la actriz sueca Ewa Aulin:

—Mi cuerpo entero respiraba deseo. Me intentó cerrar la

puerta de su habitación en las narices pero me lancé sobre ella, forcejeamos, terminé rasgando sus ropas y haciendo jirones sus bragas; luego separé con fuerza sus piernas y le introduje mi sexo... Me arañó la espalda y me gritó:

—*Vaffanculo.*

No hace falta traducir. Aunque a mí me suena a italiano, y no a sueco. Pero reconozco que los idiomas no son lo mío.

Las profesionales del sexo no le gustan a Espartaco: «Fuimos a ver a Susana Estrada, que bailaba una especie de *striptease* en el escenario. En la cama fue una desilusión, ¡no hacía nada especial!». Vaya. Todo lo contrario de la actriz Helga Liné, «cada día encontraba algo nuevo para hacerme vibrar»; que se nos explique, por favor, en qué consisten estas cosas nuevas, el saber no ocupa lugar y ahora tengo un ratito.

Pero que se tranquilicen los hombres que lean este libro (mi hijo no, se lo he prohibido, miren la dedicatoria). El gran amante, el «príncipe de la noche», como lo llamaba Amilibia, también desfallecía de vez en cuando y tenía lo que comúnmente se llama «gatillazo». Incluso con una belleza como la actriz austríaca Marisa Mell: «Mi boca se deslizó por sus aterciopelados senos y enloqueció de deseo, con los labios acaricié su sexo, sus orgasmos eran interminables pero... me di cuenta de que tenía un problema... ¡no podía penetrarla! ¡Mi sexo no funcionaba!».

Sí, Espartaco, el problema tiene dimensiones cósmicas, lo comprendemos. Mejor dicho, tiene dimensiones liliputienses, pero sigamos escuchando con respeto y unción:

—¿Qué me estaba pasando? Con la mano intenté revivir mi sexo, pero fue inútil. Marisa intentó ayudarme, lo acarició, lo mordió, lo estrujó, le habló y nada...

Alto, ¿le habló? ¿Qué le dijo, Espartaco? ¿Le preguntó quizá por la salud, por la familia, o le comentó el tiempo que hacía, ese recurso tan socorrido? Entonces no me extraña, querido y difunto amigo, que la cosa no funcionara; es más, no comprendemos cómo el asunto no se estropeó para siempre. ¡Es difícil, por no decir casi imposible, recuperarse de un momento así!

Pero se puede. No, no temamos. A la mañana siguiente, después de «dormir como dos angelitos», un exultante Espartaco explica que «introduje mi sexo entre sus nalgas y sus orgasmos no tardaron en hacerse presentes dando los dos grandes alaridos».

Bien sé, lectores, que este lenguaje repugnará a los espíritus sensibles y que en estos momentos varias feministas estarán asaltando los establecimientos donde se despacha este libro que tienen ustedes entre las manos, ¡os comprendo, hermanas! ¡Yo, si no fuera la autora, haría lo mismo! También me he dado cuenta de que el señor Espartaco no destaca por el manejo del idioma, ni tampoco por sus dotes literarias. Lo admito, pero si lo traemos aquí no es porque escriba como Malcolm Lowry y Vargas Llosa a la vez, no es porque nos guste como persona humana, sino por sus cualidades amatorias, para ilustrar el hecho de que en aquella España pacata y rigurosa también se follaba bastante.

Ah, y por si a alguien le interesa, aquí doy el decálogo que este gran amante aconsejaba para conquistar a una mujer: no tener nunca prisa, dedicarle tiempo, tirar el dinero con ella, dar placer antes de sentirlo y no dejarla jamás insatisfecha. ¿No son diez puntos? ¡Que soy de letras, muchacho!

Un apunte. Ya ven que Espartaco habla mucho de pegar y dar

patadas, y alardea de un comportamiento que podríamos calificar hoy en día de violento. ¡Pues no se crean que era tan raro! Incluso en películas como *La otra alcoba*, inmortal film protagonizado por Patxi Andión y la ex miss universo Amparo Muñoz, los amantes se arañaban la espalda hasta hacerse sangre, aunque creo que en su caso se trataría de salsa de tomate más que del líquido viscoso y de color rojo que corre por nuestras venas. La de los nobles también es roja, la mítica «sangre azul» es un eufemismo. Ah, ¿que ya lo sabían? ¡Tampoco voy a tener apuntadas en la libretita todas las cosas que ustedes saben y las que no!

Lo de apalizar a la mujer se consideraba cosa natural. Así, el cantante de flamenco Manzanita podía declarar sin complejos que:

—A veces sueño que mi mujer habla con un hombre y me despierto y la pego, figúrate cómo la quiero.

Claro que la entrevista ya la había empezado Manzanita con una declaración de intenciones que me había dejado algo pasmada:

—Soy un machista, no me gusta que mi mujer hable con hombres ni que salga a la calle con sus amigas. Quiero que esté en casa siempre fregando los platos y cuidando a mis hijos.

Cuando yo trataba débilmente de llamarle la atención al entrevistado, éste proseguía impertérrito:

—Cuando la mujer se enamora de verdad, deja de lado las filosofías, el derecho y la medicina para parir, limpiar la casa... ¡y sois tan felices!, ¿o no?

Pero José Ortega Heredia, por otro nombre Manzanita, no me debía de ver mucho por la labor de limpiar la casa y parir, porque después de mirarme de arriba abajo decretaba:

—Menos mal que las intelectuales sois una excepción, porque si todas las mujeres fueran como tú habría para pegarse un tiro.

¿Mande? ¿Intelectual, yo?

Las opiniones de Manzanita, que hoy hubieran hecho correr ríos de tinta, entonces sólo merecieron una carta de repulsa de la directora de cine Pilar Miró: «Si él se avergüenza de la compañera que le está haciendo la entrevista, yo me avergüenzo de pertenecer al mismo género humano que él».

Pero abandonemos por un momento el ámbito local. El gran director de cine Elia Kazan, autor de películas como *Esplendor en la hierba* o *La ley del silencio*, vino a España a presentar un libro y yo le hice la consiguiente entrevista para la revista *Interviú*. Después de soltar varias generalidades del estilo:

—Me gustan mucho las mujeres, por eso me he casado tres veces... Gran país, Estados Unidos, no discriminan a nadie, allí todos son bien aceptados, irlandeses, judíos, puertorriqueños, negros... ¿El asesinato de Luther King? Un hecho aislado.

Pasaba a dar algunas opiniones extravagantes:

—No me gustan los homosexuales como Truman Capote... Montgomery Clifft también era homosexual... En realidad era impotente, tenía tantos problemas, tantos traumas infantiles que no podía acostarse ni con hombres ni con mujeres. Si estaba con una mujer y no funcionaba, trataba de convencerse de que sólo le gustaban los hombres, y al revés también.

Para al fin soltar con una sonrisa extasiada:

—Pegar es una cosa fantástica, a todas las mujeres les gusta ser pegadas...

La fotógrafa y yo nos miramos sin dar crédito a las palabras de Kazan, que continuaba contándonos tranquilamente que:

—Yo siempre he pegado a mis mujeres.

Sin pronunciar palabra, las dos pensamos lo mismo y nos levantamos para irnos. Al darse cuenta, Kazan empezó a gritarnos:

—Ay, ya veo, ustedes son como todas las mujeres. Ahora vayan y pónganse a llorar, se las dan de inteligentes pero cuando se les lleva la contraria, ñañaña... ¡se ponen a llorar!

Recogí en silencio el material, que en aquella época consistía básicamente en un bloc y un bolígrafo, y sí, tengo que confesar que hacía pucheros cuando el director aún me dijo, levantando el dedo medio delante de sus ojos, lo que lo obligó a ponerse bizco:

—*Don't fuck!*

Es decir, «¡a la mierda!».

No sé por qué me acuerdo ahora de Fernando Fernán Gómez, quien me concedió también unas controvertidas declaraciones en las que me contaba que su ideal de mujer era «una hembra de belleza impresionante y cerebro de mosquito. Ah, yo hubiera sido feliz viviendo cincuenta o cien años atrás, cuando todas las mujeres eran imbéciles».

Sí, en aquella época entrevistar consistía en irte a un bar a tomar unos whiskys, que el entrevistado te soltara cuatro banalidades sobre su vida y después entrara en materia en *petit comité*, y cuando digo entrar en materia puedo referirme a todo, y luego tú ibas y sólo escribías las memeces. Lo otro únicamente te servía para entretener a las amistades en esas bodas tan aburridas en las que te tocan como vecinos de mesa unos matrimonios que sólo te hablan de los niños y de los felices que somos todos, ellos casados y tú viuda y sola.

Pero en *Interviú* practicábamos un periodismo moderno y sacábamos las mayores burradas, que luego titulábamos con ganchos sugestivos: «El Pescaílla ya no mueve la cola», por ejemplo, se llamó una entrevista a Lola Flores en que la Faraona me confesaba que con su marido Antonio González, por otro nombre *El Pescaílla*, ya no hacía vida marital. Lógicamente, el propio Antonio González, muy ofendido en su masculinidad gitana, me concedió una entrevista poco después en la que me aclaraba: «Sí muevo la cola... ¡y mucho!».

También Lola Flores me dedicó varios cariñosos epítetos, a mí y a mi progenitor, en la televisión, que entonces era básicamente José María Iñigo.

Por cierto, que volviendo al gran Manzanita, a propósito de estas declaraciones de La Faraona me dijo: «Si mi mujer hiciera lo mismo que Lola Flores, la ahorcaría y luego con la misma cuerda me ahorcaría yo; si no lo hiciera, dejaría de ser artista, de ser tío, de ser persona, y me convertiría en una sombra, en una mierda, en una basura que lo único que merecería sería morirse como un perro».

Yo, que apuntaba a mano en un bloc, luego las pasaba canutas intentando descifrar los garabatos tomados a altas horas de la madrugada y quizá no en pleno estado de lucidez, y también debía huir de los agraviados en cuanto salía publicada la entrevista, lo que en aquel tiempo tenía mérito ya que la huida la emprendía a lomos de un Seat Panda.

En el Seat Panda llevaba a mi perro *Bakunin*, qué más de una vez hubo de defenderme de algún entrevistado no contento con el resultado final de la conversación que habíamos mantenido. Periodismo de riesgo, le llamaban. Inconsciencia, tienes nombre de mujer (joven).

Pero estábamos en Fernando Fernán Gómez. De pronto, con aire socarrón, el pelirrojo actor me preguntaba:

—Oye, ¿tú no conocerás a alguna mujer que se deje pegar? Pero pegar, pegar de verdad, ¿eh?

Yo, desconcertada, le respondí:

—Hombre, Fernando, así de repente...

—Es que verás, desde que era pequeñito descubrí que maltratar a un ser vivo me causaba mucho más placer que dolor. Que yo era un sádico, vamos. Y a las mujeres, a mis mujeres, yo les pego. Pero todas han tenido una resistencia muy limitada, es decir, al poco tiempo les duele, y así no hay quien llegue a ningún sitio. Y a mí, precisamente, lo que me gustaría sería alcanzar ese límite, no sé si me entiendes, para ver qué se siente.

¿Qué por qué me levanté con Elia Kazan y, sin embargo, con Fernando Fernán Gómez permanecí sentada delante de él, con una copa de whisky entre ambos como atestigua la foto que encontrarán en los pliegos que ilustran este libro?

Sólo tengo una respuesta: ¡no lo sé!

Era el festival de cine de San Sebastián. En la barra del bar del hotel Victoria Eugenia, su joven compañera, Emma Cohen, coqueteaba con treinta o cuarenta escritores argentinos. Tiempo atrás, Emma Cohen se llamaba Emma Beltrán Rahola y era una chica de familia bien de Barcelona que incluso había sido miss Derecho; sí, en las calles se hacía la revolución pero en el hotel Ritz se celebraba el paso del ecuador de la carrera de abogado, íbamos con traje largo, se elegía a miss Derecho y hasta cantaba la tuna aquello de:

Mocita dame el clavel
dame el clavel de tu boca,
que en esto no hay que tener
mucha vergüenza ni poca.
Yo te daré el cascabel, te lo prometo, mocita,
si tú me das esa miel que llevas en la boquita.

Un inciso: ¿en qué estaban pensando los censores, para no pasar el lápiz rojo sobre esta letra tan pecaminosa? ¡Aquí se habla de extraer directamente el clavel de la boca de la mocita, como si se tratara de la muela del juicio, y a cambio el tuno debe darle el cascabel! ¿A qué se refiere la copla con eso del cascabel? ¿No se tratara más bien de dos... cascabeles? ¡Ya saben, si ellos tienen ONU, nosotros tenemos dos! ¡Cascabeles!

No se comprende como la censura prohíbe poemas de Campoamor tachándolos de inmorales y de «materia deleznable»; también la novela *El Jugador,* de Fiódor Dostoyevski, porque aunque «no es lujuriosa, no tiene elevación, el jugador acaba jugando»; a Pío Baroja se le llama Impío Baroja, y se carga de un plumazo *El hijo del millonario*, de Ramón Gómez de la Serna, inventor como todos ustedes saben del surrealismo vanguardista y de la greguería, ya que el argumento «goza en barbaridades como atropellar y matar con el auto, en cortar una oreja a treinta y dos mujeres y guardarlas en un frasco, y el final es inmoral, aunque muera ajusticiado, pues muere como una bestia».... ¡y sin embargo, deja pasar lo de los clavelitos y los cascabeles! ¡Quién los entiende!

A Emma todas la envidiábamos bastante porque tenía una belleza tan extraordinaria que para conquistar a un hombre no necesitaba ni hablar. Doy fe. Un día cené con ella en la tasca Tripas y no abrió la boca en toda la comida, lo que no fue óbice para que se llevara al líder del grupo, que además se parecía a Tony Perkins, ¡qué descansada vida la de las guapas de nacimiento!

Antes hemos hablado de Espartaco Santoni, quien opinaba que el sexo movía el mundo. Pero no todos pensaban así. El cantante Raphael, por ejemplo, que le confesaba a esta periodista que «nunca he sido muy apasionado, la verdad, la pasión la reservo para el escenario». Y proseguía explicando que:

—Mis fans tampoco son de ese estilo, no me piden hijos... Como me ven así, rellenito tendiendo a gorditín...

Rellenito tendiendo a gorditín pero sus fans se organizan en el club más numeroso de España, presidido por la señorita Maribel, e incluso editan un boletín mensual. En la portada de la revista aparece Raphael vestido de payaso rodando una película y el pie de foto comenta: «¿Verdad que está gracioso y caracterizado?». Las chicas de la redacción contestan a la pregunta: «¿Qué prefieres de Raphael como persona?». He aquí algunas de las respuestas: «Señorita Mari Ángeles: su sonrisa. Señorita Mari: sus labios. Señorita Valentina: Todo». La señorita Puri es la más atrevida: «El lunar que tiene en la espalda».

Como Raphael, Manolo Escobar tampoco era apasionado. Ni le interesaban las prácticas sexuales, como le contaba a esta periodista frente a una casta limonada:

—A mí el sexo nunca me ha interesado mucho, prefiero una buena partida de dominó.

El ilustre cantante era un ídolo de aquellos años con canciones como *Dónde estará mi carro* y, sobre todo,

No me gusta que a los toros
te pongas la minifarda.
La gente mira *p*'arriba
porque quieren ver tu cara
y quieren ver tus rodillas.
Los niñatos tan *pesaos*
no dejan de contemplarte.
Me rebelo y me rebelo

y tengo que pelearme
y a los toros no los veo.

He aquí como Manolo justificaba su peregrina afirmación sobre el sexo:

—Aunque todos somos animales, que lo somos, unos más y otros menos, el sexo no es lo más importante para mí... Ahora me gustan otras cosas, como la partidita con los amigos, un buen cuadro, una jugada del Barça; otra cosa es cuando era pobre, que entonces como no podía tener todas estas cosas las debía suplir con el sexo... Pero ahora...

Bueno, vale, Manolo Escobar, el querido y admirado artista, relegaba el sexo a entretenimiento de las clases menesterosas, como el bingo, el periódico *El Caso* o la tele.

En la tele dan *El Fugitivo* y el periodista Yale llama a Estados Unidos y se entera de cómo acaba la serie, que era de mucho suspense porque iba de un médico que está buscando al asesino de su mujer, del que sólo sabe que es manco. Este desenlace lo publica en el diario *Pueblo*, dirigido por Emilio Romero. Ya saben lo que se cuenta de don Emilio, que tenía una luz roja encima de la puerta de su despacho y que cuando estaba encendida mejor no intentar entrar.

El día en que *Pueblo* publica el final de *El Fugitivo* agota la edición. Yale tiene una imaginación desbordante, porque también va a recibir a Raymond Burr, el intérprete de *Ironside*, un detective parapléjico que resuelve casos utilizando solamente su portentosa inteligencia y hasta liga algo con su secretaria, y va al aeropuerto sentado en una silla de ruedas.

Esos comentarios feos se los guarda usted para el futbol, por favor, que mis lectores se mueven a otros niveles.

Ahora ha llegado la hora de la verdad. Voy a contar en qué empleábamos casi todo nuestro tiempo las chicas. Sí, vale, además de la relación hombre-mujer habitual en estos casos estaba lo de las manifestaciones, las reuniones, las asambleas, las citas de seguridad, las temporaditas que teníamos que permanecer escondidas porque iban «a buscarnos» a casa, el trabajo de militante propiamente dicho, también el proselitismo, el aprobado general político, el opinar sobre qué es mejor, si tener buen tipo o ser guapa de cara, la lectura de las biografías de Trotsky y Stalin de Isaac Deutscher, que eran bastante gordas, los viajes a Perpiñán para ver cine, a París para ver las pintadas que habían dejado en las paredes los chicos del mayo del 68, las visitas a la librería del Drugstore para robar libros, sobre todo de los situacionistas alemanes, el cine de arte y ensayo, la Vespino, el coñac, el cuba-libre, la ginebra con azúcar y los porros.

Pero el resto del tiempo... ¿Qué hacíamos el resto del tiempo?

Plancharnos el pelo. Estaba de moda el pelo liso, lacio, larguísimo, con flequillo, y las españolas lo teníamos rizado a lo caracolillo. ¡Con más interés que Fleming descubriendo la fórmula de la penicilina, nos lanzamos a inventar métodos distintos para conseguir que nuestros tirabuzones se convirtieran en melenas lacias como las de Françoise Hardy o Cher, que luego resultó que era una peluca, ¡pero quién lo sabía entonces! Las había que dormían con medias en la cabeza para conseguir el pelo aplastado, las había que se ponían pinzas largas, una al lado de la otra, para conseguir un flequillo liso y las había que se planchaban la melena directamente sobre una tabla. Las más prudentes ponían un papel de seda entre el pelo y la plancha que podía incluso prenderse en llamas con una alegría que no se puede aguantar y grave peligro para la vida, pero lo primero es lo primero. Las más audaces se ponían directamente la plancha encima de la melena, que empezaba a chisporrotear hasta quedar convertida en un amasijo parecido a los cables del tendido eléctrico. En la peluquería inventaron líquidos con olor sulfuroso que te dejaban directamente calva, y después un cerebro ingenioso, un hombre de la talla de un Steve Jobs o un David Copperfield inventó la toga, que consistía sencillamente en enrollarse el pelo en el cráneo, aguantado por una red. En la coronilla se colocaba un rulo de plástico, pero si la melena era muy larga podía ponerse el cartón que iba dentro del papel higiénico.

Sí, por casa no íbamos muy monas, es cierto, y si se producía alguna visita inesperada el susto era morrocotudo.

Después, en Andorra, empezaron a vender las tenacillas Babyliss. En mi habitación hacíamos reuniones alrededor de la Babyliss y nos alisábamos el pelo por turnos, aunque mis padres, ya escarmentados de las reuniones de más de dos personas, pronto terminaron con aquello... ¡a saber si la Babyliss era la tapadera de algo más gordo!

Sí, queridos amigos del sexo masculino que leéis este libro, ¿creíais que las mujeres salíamos así de jóvenes y bellas a la calle directamente desde nuestros lechos? Hoy aquí habéis sufrido el bofetón cruel de la realidad, una dosis de vida auténtica. A estas alturas del libro sólo puedo deciros: hermanos, supongo que queda claro que ser mujer no es ningún chollo.

6

LA INTIMIDAD DE LAS ALCOBAS

Querida esposa:

Nos casamos hace un año, concretamente el 12 de abril de 1974. Fue una ceremonia emocionante, sobre todo cuando los escasos compañeros de facultad que no estaban en la cárcel o escondidos entonaron el *Indesinenter* de Raimon.

Nosaltres sabíem
d'un únic senyor
i vèiem com
esdevenia
gos.
Envilit pel ventre,
per l'afalac al ventre,
per la por,
s'ajup sota el fuet
amb foll oblit
de la raó
que té.

En unas hojitas traslúcidas y para nuestros parientes llegados de la meseta, iba la traducción, porque nosotros no somos catalanistas sino que estamos por la internacional proletaria que no conoce fronteras.

Nosotros sabíamos
de un único señor
y veíamos cómo
se volvía
can.
Envilecido por el vientre,
por el halago en el vientre,
por el miedo,
se agacha bajo el látigo
con loco olvido
de la razón
que tiene.

A ver. Tengo que confesar, querida mía, que si lo lees así, a palo seco, no se comprende muy bien lo qué quería expresar el gran poeta y mejor ayudante de notario Salvador Espriu con estos versos, pero yo desde aquí te aseguro que están en clave y aluden a la muerte del tirano. Confía en mí, que entiendo de estos temas.

¡Todo fue tan hermoso! Todavía corren por casa las invitaciones que hicimos imprimir en papel de embalaje, con el número de la cuenta corriente donde los invitados debían ingresar el dinero: ¡cinco mil pesetas fue la cantidad de media por cabeza, no olvides que soy economista! ¿Te acuerdas, amor, de la vergüenza que pasaron nuestros padres? ¡No entendían cómo habíamos prescindido de la lista de bodas de toda la vida para hacer una cosa tan ordinaria como ésa! Tampoco entendían que yo no llevara chaqué, y aunque el traje de hilo de Toni Miro me costó un testículo y parte del otro, hubo quien no entendió nuestro estilismo y opinó con bastante mala leche que mi traje se había hecho a partir de una bayeta de cocina y el tuyo con papel de váter porque era de bambula. Sí, tú me acostumbraste a todas esas cosas y tú me enseñaste que pueden ser maravillosas, sutil llegaste a mí como una tentación... Perdóname, cariño mío, sabes que tengo una vena algo cursi que me viene dada por mi educación pequeñoburguesa que no acabo de arrancarme a pesar de todas las enseñanzas del camarada Mao Tse Tung; claro que él también se las traía con su «que florezcan mil flores», lo cual no deja de ser una redundancia porque no van a florecer las rocas, digo yo, pero no quiero hacer crítica destructiva porque las paredes oyen.

¿Qué decir del banquete de bodas? Tuvo que ser en el Ritz, claro está, aunque ese aperitivo compuesto de lentejas con arroz no dejó de ser un guiño al potaje que comíamos en la cárcel; faltaba alguna piedra que otra, pero ya dijeron los papás que ellos no se jugaban la dentadura y que si nos empeñábamos, nos cortarían el grifo y el piso nos lo iba a pagar el propio Mao TseTung, por otro nombre el Gran Timonel. En fin, que tuvimos que pasar por el aro. Nuestro viaje de novios a Cuba también fue un éxito; pudimos comprender in situ los resultados de la revolución, aun cuando nos molestó un tanto ver que allí también había prostitutas, pero, como nos decía nuestro guía, eran restos de la Cuba de Batista, y qué iban a hacer, ¿matarlas?

Nada tengo que decir en contra de este año de nuestra vida en común, eres una militante ejemplar y estoy seguro de que cuando muera Franco nuestro partido será legalizado y podremos ocupar los puestos políticos que nos merecemos. Quizá yo pueda llegar a ser incluso ministro y tú, ¿por qué no?, subsecretaria en alguna comisión, tal vez algo que ver con los horarios de los taxis, ¡todos los puestos son igual de importantes y a cada cual se le dará según sus necesidades, y no según sus capacidades! En la nevera guardamos la botella de *champagne* francés que abriremos el día en el que Su Excelencia estire la pata y también una lata de berberechos chilenos, por aquello de honrar el recuerdo de Salvador Allende. No quiero dejar de nombrar en esta carta a nuestro hijo José Vladimiro: sólo tú y yo sabemos que no es sietemesino, sino que nació a los nueve meses de ser concebido en aquel viaje a París donde nos pasamos por la librería Masperó a comprar libros de Ruedo Ibérico y nos acostamos en una buhardilla donde se había alojado Jorge Semprún. Sí, cogimos ladillas, es cierto, fue divertido ver cómo flotaban en la bañera. Pero abandonemos estos temas jocosos, puesto que el motivo de mi carta es bastante serio. Déjame añadir únicamente que espero que José Vladimiro pueda disfrutar ya de la España en libertad que nosotros no hemos conocido nunca.

Bien, como dicen en las reuniones de partido, al grano. Quiero hacerte llegar mi protesta por cierto aspecto concreto de nuestra vida conyugal que paso a comentarte, de forma abrupta quizá, pero también muy meditada. Espero que tu respuesta esté a la altura de las condiciones objetivas que te marco.

Quiero hablarte de nuestra vida sexual. La lectura de Althusser ha influido en mi forma de ser y no puedo dejar de analizar todos los acontecimientos de nuestra existencia de una forma cartesiana. Aunque el sexo ocupa un lugar secundario en nuestras vidas, donde lo más importante es la lucha revolucionaria, tengo que informarte de que el último año he intentado hacer el amor contigo 365 veces y sólo lo he conseguido en 24 ocasiones. He aquí los motivos de mis fracasos, que he ido anotando minuciosamente en los escasos momentos libres que me dejaba mi militancia y mi trabajo en Hidrocarburos, donde me enchufó, sí, querida mía, no me duele reconocerlo, el cabrón de tu padre.

—José Vladimiro lloraba: 10 veces.

—Recordaste que habías dejado la leche en el fuego: 20 veces.

—Porque no tocaba: 22 veces.

—José Vladimiro necesitaba alimentarse: 20 veces.

—Había mosquitos: 15 veces.

—Te dolía la cabeza: 69 veces.

—Los vecinos escuchaban: 9 veces.

—Tenías la regla: 36 veces.

—Estabas triste: 23 veces.

—Se te había roto una uña: 7 veces.

—Te habías peleado con tu madre: 21 veces.

—Te dolían las cervicales: 16 veces.

—Tenías sueño: 52 veces.

—Llevabas los rulos puestos: 9 veces.

—Estabas agobiada: 6 veces.

—Estabas inconsciente: 6 veces.

De las veinticuatro veces que tuve éxito, tampoco todas fueron satisfactorias porque seis veces me dijiste que me diera prisa y terminara, once tuve que despertarte durante el acto, tres me dijiste que me acordara de pasar por la tintorería, dos me cortaste la inspiración al decirme que el techo necesitaba una capa de pintura y, finalmente, una vez me asusté muchísimo porque pensé que te estaba haciendo daño... ¡te movías!

Salud y república.

Los casados, entonces como ahora, como siempre, se aburrían, y esto es una realidad tan dolorosa como la depilación de las ingles, que por entonces se empezaba a practicar aunque sin mucho entusiasmo porque queda claro que lo que primaba era el matorral tipo María José Cantudo, que lo lucía en todo su esplendor en su imperecedero film *La trastienda*. Sí, también había una escena de sexo lésbico suave, eso decían, al menos, yo estaba muy ocupada viendo *El acorazado Potemkin* e *Iván el Terrible*, que además de terrible era muy larga, duraba varios días, creo; en fin, yo me dormía siempre y cuando despertaba, ya había pasado un año y Franco se había muerto.

El 1 de octubre de 1975, el Caudillo se empeñó en asomarse al balcón de la plaza de Oriente, llena otra vez con la tabarra de si ellos tienen ONU nosotros tenemos dos... Vaya eslogan más aprovechado, más todavía que el de la chispa de la vida o Veterano es cosa de hombres. También se gritó «No somos muchos pero somos machos», «ETA al paredón» y «No queremos apertura sino mano dura». Franco dio rienda suelta a su creciente paranoia soltando un discurso de cuatro minutos en el que volvió a alertar del peligro de una conspiración judeomasónica de la clase política en contubernio con la subversión terrorista y comunista internacional. Las lágrimas caían incontenibles por detrás de sus gafas oscuras cuando fue aclamado con el grito de «Franco, Franco, Franco» y le cantaron el *Cara al sol*. Nadie diría al ver a aquel hombre disminuido, con dificultades para respirar, la mano vendada, gafas negras y un uniforme militar que le sobraba por todos lados, que acababa de firmar el enterado de cinco penas de muerte, las últimas de su régimen. Y no porque Franco tuviera intenciones de regenerarse, sino porque esta vez fue la muerte la que vino a por él. Su edad, su constitución mermada por el Parkinson y el traidor vientecillo otoñal que bajaba del Guadarrama acabaron con el Caudillo, que aun así duró hasta el 20 de noviembre. Los españoles nos familiarizamos con términos médicos como heces en melena, ascitis, circulación colateral abdominal, venas mesentéricas, desvitalización del asa intestinal trombosada, desvitalizacion de la pared intestinal, tromboflebitis del sector femoralilíaco izquierdo, signos radiológicos fecales pulmonares, urea en sangre 2,80... En todo el tiempo que duró la enfermedad se redactaron sesenta y seis partes médicos firmados por el «equipo médico habitual» y noventa y tres comunicados.

Las visitas se sucedían en el hospital Primero de Octubre, adonde se le llevó después de unos días en el Pardo, ya que allí dormía en una tienda de campaña y cada vez que debía intervenírsele se tenían que apagar todas las luces del palacio para que el foco que alumbraba a los médicos tuviera fuerza suficiente. Una conmovida Cayetana Alba, que hoy presume de progresista, declaró a las puertas del hospital:

—Los españoles le debemos a Franco agradecimiento total por la paz y el desarrollo que ha dado a nuestra patria.

Cayetana había estado en Filipinas con los marqueses de Villaverde haciendo de las suyas y ahora eran uña y carne.

Dos habituales de aquellas visitas hospitalarias me contaron en directo sus experiencias. Uno fue mi buen amigo el teniente general Carlos Iniesta Cano; nótese el estilo de su lenguaje tipo años cuarenta, a pesar de que nuestros encuentros se daban en la lúbrica Marbella en presencia de un ama de llaves que luego me enteré que era su novia:

—Íbamos allí los incondicionales del Caudillo, todos éramos patriotas, como lo fue él; casi siempre coincidía con José Antonio Girón de Velasco, una persona dignísima, un español cabal.

Hablábamos de lo que iba a ocurrir en España cuando él faltase, otros días simplemente rezábamos...

José Solís, ex ministro de Trabajo, que fue llamado «la sonrisa del Régimen», también me contó que:

—Llorábamos y rezábamos mientras el Caudillo se moría... A veces, como suele suceder en estos casos, contábamos anécdotas y nos reíamos... Cuando coincidía con Pedrolo [el ministro de Marina, Pedro Nieto Antúnez] recordábamos nuestras jornadas de pesca... Una madrugada, en el *Azor*, nos avisaron los marineros de que se avistaban ballenas. Salimos a cubierta y estuvimos todo el día luchando con la mar para perseguirlas... Fue una jornada agotadora, en la que no comimos nada y acabamos en la cama, ¡muertos! Entonces entró el Caudillo en nuestro camarote con unos gruesos libros en la mano y las gafas en la punta de la nariz, encendió la luz y me dijo: «Solís, yo creo que lo que debemos hacer ahora es leer estos libros que tengo sobre la caza de la ballena para compararla con la experiencia que hemos tenido hoy».

Quizá se tratara de las treinta y seis ballenas arponeadas frente a las costas del País Vasco... Qué tiempos aquellos en los que no se nos había despertado la conciencia ecologista y todo estaba bien, desde tirar cabras por los campanarios hasta comer pescaditos del tamaño de un alfiler. Lo de «pezqueniñes no, gracias» fue más tarde; es curioso como la palabra más absurda puede convertirse en familiar a base de repetirla. En esta premisa basó Goebbels su labor de propaganda en el régimen nazi; ya sé que esto no pega, pero en algo se tiene que notar la educación clásica que nos dieron nuestros padres.

Finalmente, el 20 de noviembre de 1975, después de 48 horas sin que durmiese ni un solo periodista en Madrid, con el sonido de las ambulancias taladrando la noche, los periódicos hicieron tiradas especiales con el teletipo de la agencia Europa Press, que sólo por unos segundos se adelantó a Pyresa con la gloria de la exclusiva más esperada: «Franco ha muerto».

Sí, todo esto forma ya parte de los libros de historia. Pero lo que no ha salido nunca, y nunca hubiera visto la luz si yo no me hubiera decidido a escribir este libro, tarea que he llevado a cabo puramente por mi afán didáctico —y quizá también por unos emolumentos, no lo niego, aunque bastante más escasos de los que merezco—, lo que yo pongo al descubierto, digo, es la intimidad de las alcobas. Ahí está el magma que alimenta a los nuevos españoles. En miles de habitaciones amuebladas con desechos de la casa de los padres, sí, incluso en la cómoda panzuda con los cajones bloqueados en la que nos dejamos las espinillas todas las mañanas, sobre miles de colchas de *patchwork* que alguna tía soltera ha tejido trabajosamente en las largas noches de invierno, ante las paredes adornadas con máscaras tailandesas, un sombrero vietnamita y un polvoriento tapiz peruano que representa un niño tocando la flauta y una llama, miles de parejas jóvenes, cansadas, exhaustas, practican un sexo de mera supervivencia. ¡No sabíamos más!

Ya lo cantaba Serrat:

No en sabíem més,
teníem quinze anys...

Pero nosotros no teníamos quince años, sino veinte o treinta, y Franco había muerto pero nosotros seguíamos sin conocer que había todo un mundo más allá de la postura del misionero.

Del extranjero llegaban muchas cosas: vestiditos de Carnaby Street, relojes falsos de Nueva York, pósters del Che Guevara y de Camilo Cienfuegos de Cuba, las celebres *matrioskas* rusas y las cristalerías de característico color rojo orlado de oro de Checoslovaquia, por no hablar de los manteles con gallos bordados del Portugal todavía salazarista, de los collares de piedras de Mauritania y de las pipas de *kif* de Marruecos. Sí, los bongos también, y que levante el dedo el compañero aquel que solía aporrearlos sin piedad, sobre todo para ver si el mundo le ha dado su merecido y está trabajando de árbitro de futbol, que según dicen es la profesión más peligrosa del planeta. Aunque quizá el amigo de inmundo recuerdo está acompañando al *Boss* en sus giras mundiales y se beneficia a las seguidoras que el gran Bruce Springsteen no puede abarcar, dada su edad y la vigilancia soviética de su mujer, que para no perderlo de vista ha aprendido incluso a tocar la guitarra; esto sí que es hacer una apuesta de futuro, aunque el saber no ocupa lugar y este cura no es mi padre.

Momento de relax para soltar unas risas.

Todo podría ser porque la vida no tiene moraleja, y que se me explique por qué se ha colado Bruce Springsteen en esta crónica desenfadada sobre la mujer española porque servidora no acaba de entenderlo... Quizá es que cuando en el cielo me tocaba ponerme en la cola de la sabiduría, abrieron Carolina Herrera y lo primero es lo primero.

Estos americanos que se cuelan por todas partes, ¡el imperialismo yanqui!, como no nos cansábamos de repetir en aquellas épocas en las que el *Boss* ya reinaba, aunque lo mío eran Pink Floyd y Roxy Music, porque el cantante, Bryan Ferry, molaba.

Ahora se llama «globalización».

Estábamos en que los españoles no habíamos superado la etapa de primaria en nuestra educación sexual cuando se murió Franco. Pero hete aquí que en un momento dado, un amiguete, el más golfo, el que había sido expulsado del partido por fumar porros (luego hablaremos de ello), te decía:

—Me han traído unas pelis porno de Francia. A las nueve en mi casa, vosotros ponéis la priva.

Las mujeres nos estremecíamos y emitíamos ruiditos de desaprobación. Sí, amigos, estábamos dispuestas a hacer la revolución y a llevarnos por delante a algunos Guardias Civiles («picoletos», los llamábamos), a gobernadores e incluso a algún ministro, pero el porno, ah, el porno era otra cosa. Lo justificábamos diciendo que era «la explotación de la mujer en su sentido más bajo».

Pero nuestro amigo el golfo, que, sorprendentemente, era bastante leído, nos contaba que, según algunas teóricas feministas norteamericanas, «hay mujeres que junto con la explotación y la violencia degradantes, escogen libremente la opción de la prostitución y el cine porno». Años más tarde, Judith Butler, profesora de la Universidad de California, afirmó en *Mecanismos psíquicos de poder* que «la prostitución puede ser una vía válida para conseguir la independencia económica, que al fin y al cabo es el verdadero fin de la liberación de la mujer, ya que buscar la independencia y la felicidad también es el fin del feminismo».

Si mi amigo había ligado con la gran Butler y ésta le había chorizado sus ideas, caiga sobre la cabeza de la norteamericana el mayor de los castigos, pero no puedo afirmarlo con rotundidad. Mi enciclopedia Larousse, por ejemplo, de la que ya les he hablado anteriormente, no dice nada al respecto, ¡ni siquiera sale Judith Butler! ¡Aunque no por eso vamos a dudar de su existencia! Por cierto, ya que estamos, vendo la enciclopedia a precio de saldo, son cuarenta tomos en buen estado que no han sido abiertos desde que murió Franco. También añadiría al lote unas máscaras tailandesas que provocan pánico y, ahora que ha terminado el verano, un juego de palas con las que damos el coñazo a todo Dios en nuestras entrañables jornadas playeras. Una vez yo le acerté con la pelota en las partes medias al mismísimo Fraga Iribarne, que estaba inaugurando en Sitges un simposio sobre turismo. Fraga me miró y me dijo:

—Manda *carallo* con las catalanas.

Aunque quizá sí que doña Judith Butler existió, démosle a mi amigo un voto de confianza.

Claro que la admirable Lidia Falcón ha disentido siempre con las tesis de la profesora californiana: «La mayor parte del dinero recaudado por las prostitutas no va a parar a su bolsillo, sino al bolsillo de los chulos, macarras y proxenetas». Y concluía dirigiéndole esta andanada indirecta a nuestra nueva amiga y no menos admirable Judith Butler: «Si alguna mujer opina que la prostitución es un oficio más, que lo pruebe, que lo pruebe, que se sitúe en una esquina y empiece a atraer a los hombres, verá que lo primero que atraerá es a un chulo que la echará agresivamente de allí porque no pertenece a su cuadra».

A ver, Lidia, un inciso: no acabas de explicar cómo se hace para atraer a los hombres a una esquina, supongo que ventosa e incluso desapacible, sin comodidad ninguna, ni quiera esas entrañables sillitas plegables que se ven al lado de las carreteras comarcales, y que si hace calor van provistas de una alegres sombrilla de colores que también sirven como reclamo. La última vez que traté de atraer la atención de un hombre se limitó a cogerme del brazo para atravesar la calle; supongo que debía de creer que dada mi avanzada edad, o quizá incluso mis problemas oculares, era incapaz de hacerlo sola. Espera, perdona, en otra ocasión llegué a creer que uno se había acercado a mí con intenciones libidinosas, pero luego advertí que mi bolso había desaparecido y no tuve más que sumar dos y dos (son cuatro) para comprender adónde había ido a parar el citado bolso... Ves, llevaba ahí el manuscrito de un libro sobre el descubrimiento de un nuevo planeta, la ubicación exacta de Shangri-La y cómo convertir el material de desecho en oro y brillantes, así como la fuente de la eterna juventud, lástima y, sin embargo, el manuscrito de *La reina de la casa* no me lo roban ni dejándolo en un banco de la Castellana, justo ahí donde está la terraza del Café Gijón, donde Francisco Umbral solía pergeñar sus inmortales artículos, Ana María Matute y Ramón Eugenio de Goicoechea tomaban coñac y Camilo José Cela y Charo Conde comían churros al principio de este libro.

Bien, basta.

Los izquierdosos acudíamos libremente a la casa del compañero, nos tumbábamos entre risitas cómplices y miradas avergonzadas, y el golfo ya había colocado un rudimentario proyector sobre una pantalla blanca, donde los descarriados del partido nos tumbábamos sobre una alfombra marroquí provistos de un inmenso porro, que nos pasábamos unos a otros, y las risas cada vez crecían más y se hacían las consabidas bromas:

—¡Cámara! ¡Acción!

Las películas tenían mala calidad, no vamos a engañarnos. Ninguna de ellas podría optar a ninguna Concha de Plata en el festival de cine de San Sebastián —a donde siempre iba Orson

Welles con su puro y alguna actriz norteamericana en franca decadencia—, se interrumpían, tenían el color amarillento de los documentos de otras épocas y no nos recordaban a la película *Los otros* porque el gran Amenábar todavía estaba juntando la «m» con la «a» en el parvulario y tardaría aún algunos años en ponerse a dirigir. Argumento tampoco tenían; es decir, sí, pasaban cosas, pero más allá de los primeros diez minutos perdía interés, ya nos entendemos. ¿Alguien ha visto alguna vez, en alguna parte del mundo, el final de una peli porno? ¿Se casan quizá los protagonistas? ¡No lo sé! Yo sólo recuerdo el ruido monótono de la bobina ya sin cinta, cataclac cataclac, un foco luminoso proyectado hacia la pantalla y algunos bultos por el suelo moviéndose de forma espasmódica.

Ahora, eso sí, el marido con la mujer, el compañero con la compañera, que una cosa es la libertad y la otra el libertinaje. Si te rozaba el codo alguien que no fuera tu hombre, oías un sofocado:

—Ay, perdona, me he confundido.

Y tú contestabas:

—*Non ti preoccupare.*

Y podría ser que incluso continuaras en italiano para quitarle hierro al asunto, y también porque la militancia nunca hacía vacaciones:

Una mattina
mi son svegliato.
O bella ciao, bella ciao, bella ciao ciao ciao.
Una mattina
mi son svegliato
e ho trovato l'invasor.

El invasor se retiraba a sus cuarteles de invierno y tú podías continuar a lo tuyo con tu pareja... Ay, no, que esto de tu pareja se inventó más tarde y en realidad en un principio se limitaba al mundo gay.

Gays también había en aquella época, e incluso formaban parte de nuestros círculos. Pero no con la libertad de ahora, para qué vamos a engañarnos poniéndonos medallas. Les solía gustar mucho el teatro, escuchaban nuestras penas, eran muy cultos y pobres y se venían de vinos y manifestaciones, aunque a la hora de verdad se iban solos a casa y nunca les preguntábamos por qué.

También en este terreno queda claro que una cosa es la libertad y otra el libertinaje. Ahora ya no sé si eso lo dijo Marx o Pilar Primo de Rivera.

Pero estábamos en el tema del cine porno. Un sevillano, Emilio Márquez, ha desgranado los secretos más íntimos de las películas X, con nombres tan evocadores como *Golosas* (chicas jugueteando con chicas), *Me gusta tu semen* (chicas bebiendo lo que ya saben ustedes qué), *Polla dura* (monográfico), *Supertetas* (ídem) o *Abuelas XXX* (ancianas de treinta años practicando el coito). Me gusta porque Márquez se detiene especialmente en el papel de las mujeres en estas películas, por eso lo traigo aquí, y también porque copiar es bastante fácil; de nada, Emilio, sé que te causará satisfacción formar parte de este tratado sobre la mujer española y podrás contárselo a tus nietas si es que alguna vez se produce tal circunstancia (la de que seas abuelo, quiero decir).

Aviso para navegantes. Lo que sigue es bastante fuerte, las reclamaciones a Destino. No, el dinero del libro no van a devolvérselo, que quede claro, ya está ingresado en una cuenta cifrada en las islas Caimán y de allí no sale a menos que me lo reclame mediante auto judicial el abogado de Urdangarín, que todo podría ser.

Y no está de más recordar el número del capítulo que estoy escribiendo. Sí, vayan arriba, por favor, a la primera página. ¿Qué pone? Sexto. ¡Sexto! Aun para los que no han estudiado en escuelas religiosas creo que queda claro el mensaje. Sexto capítulo, sexto mandamiento. En mi época, este mandamiento se despachaba con un «no cometerás acciones impuras» pero en la actualidad veo en el *Catecismo básico* de Acipres que el sexto mandamiento de la ley de Dios prohíbe la masturbación, la fornicación, la pornografía, las prácticas homosexuales y el adulterio.

¡Oigan, es que se les ha de explicar todo! Un poquito de esfuerzo por su parte, por favor, que ya vamos por las doscientas páginas y yo creía que ya habíamos desarrollado cierta complicidad, ese colegueo que puede lograrse también compartiendo gintonics y farreando por esos mundos de Dios entonando *Asturias, patria querida*.

No, no, ésa no, que ahora es un himno tan oficial como *La Marsellesa* o el chundachundachundachunda etcétera; qué bonita letra.

Habla Emilio Márquez; he aquí sus sabias palabras/consejos, por si usted quiere redondear sus ingresos dedicándose a este noble arte del cine X, como se llamaba entonces, y que debía ocupar en los videoclubs un lugar discreto, fuera del alcance de las manos infantiles, y llevar una carátula en la que figurara otro título.

Un momento, me estoy acordando de una anécdota divertida.

Una pareja conocida de Barcelona fue a cenar a casa de unos amigos. Antes de irse les dijeron a sus cuatro hijos:

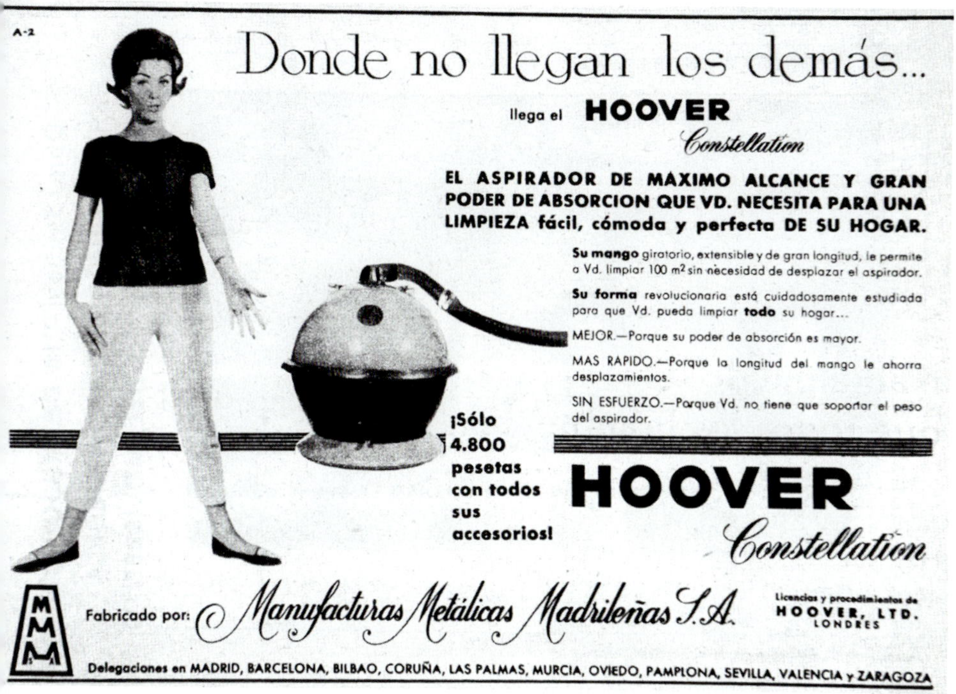

La revolución en el hogar: en los años sesenta llegaron al mercado nuevos aparatos electrodomésticos para hacer más fáciles las tareas del ama de casa.

Fotografía familiar de la familia Eyre Estrada para el carnet del servicio de asistencia médica de los Funcionarios del Movimiento.

La autora practicando *topless*, con su madre en la playa de San Sebastián de Sitges.

Carmen Sevilla,
hogareña en su rincón.

Quizá para algunos
tuviera voz de sereno,
pero de *El último cuplé*
se hicieron hasta
cancioneros
con el rostro de Sara
Montiel.

El imparable progreso llega al hogar español a lo largo de los años sesenta y setenta en forma de avances como las persianas regulables y el suelo de linóleo.

En los años sesenta, la industria automovilística, con el seiscientos en cabeza, y los ingresos de los doce millones de turistas al año hicieron subir el PIB hasta el 8 por ciento. Aquí, el coche nuevo de la familia Eyre Estrada.

Los nuevos aires de apertura llegan al tiempo de ocio. El matrimonio Eyre Estrada en una salida nocturna junto al aristócrata Jaime de Mora y Aragón y su mujer Margit.

La actriz argentina Analía Gadé, antes de gozar de las atenciones de Espartaco Santoni, en el póster para *Una muchachita de Valladolid* (1958), que protagonizó junto a Alberto Closas.

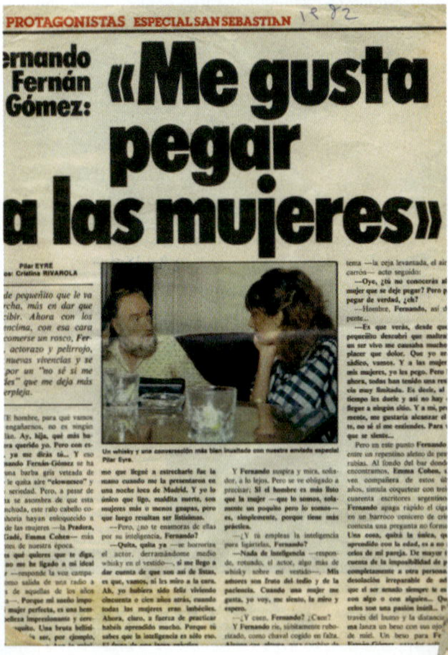

PROTAGONISTAS ESPECIAL SAN SEBASTIAN

…rnando Fernán Gómez: «Me gusta pegar a las mujeres»

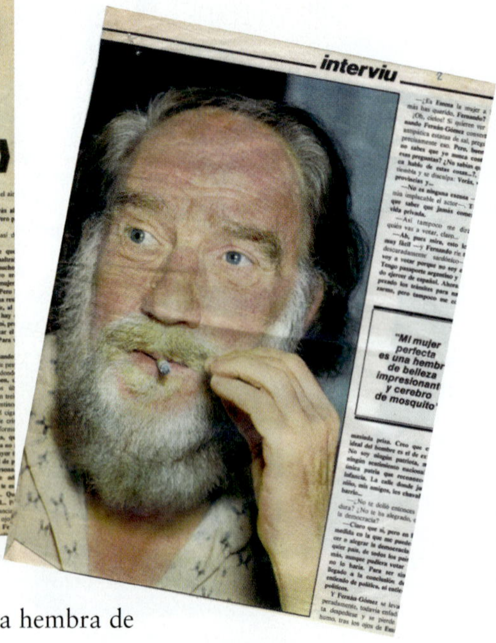

Fernán Gómez confesó sin rubor en *Interviú* que su ideal de mujer era «una hembra de belleza impresionante y cerebro de mosquito», y que hubiera sido «feliz viviendo cincuenta o cien años atrás, cuando todas las mujeres eran imbéciles».

de piscina, de cuidadosos estudios de marketing. "Qué va, qué va. Hoy es el primer día que he bajado a la piscina de todo el verano. Y si estoy moreno será de jugar al tenis en Madrid, aunque por desgracia ya no puedo hacerlo con Manolo Santana. ¡Es que este hombre viaja una barbaridad! Y de estudios de marketing es que, vamos, ni pensarlo, no podría soportar el hecho de que alguien intentara manipular mi imagen, me impusiera pautas de comportamiento que no me pertenecen".

—¿Se considera usted un hombre capaz de enamorar, señor Suárez?

—Pues vaya preguntita más incómoda que me hace usted, señorita. Es como preguntarme si me considero atractivo o no, ¿y qué puede uno responder a esto? No creo que mi

"Mi físico no despierta pasiones [desa]tadas, pero no deja indiferente"

"[...] vuelvo a la política es para luchar [c]ontra el desencanto y arrimar el [h]ombro para que esta democracia no se derrumbe"

Unas monjitas que están cerca, la oreja tendida, hacen ademán de aplaudir y todo.

—¿Le molesta la popularidad, señor Suárez?

—Si yo tuviera la popularidad de un Goya, de un Velázquez, de un Cervantes, de un artista importante, seguramente estaría encantado porque ésta es una fama agradable, que halaga. Pero la popularidad del político es sumamente molesta. Porque el político, las ideas del político resultan ingratas a mucha gente, despiertan apasionadas antipatías, como puede ser mi caso, y dan lugar a escenas violentas. Muchas veces mi familia o yo hemos tenido que sufrir agresiones gratuitas sin necesidad de hacer nada, por ser simplemente quienes somos. Y, a nivel cotidiano, la popularidad es un rollo, como dirían mis hijos. Yo hace años que no voy al cine, a un teatro, a un restaurante. Se ha de poner en movimiento tanta gente, las medidas de seguridad, la prensa, todo es un latazo y resulta sumamente incómodo para los que van conmigo, para los comensales, los espectadores inocentes que están allí y que no tienen ninguna culpa de que tú vayas. La popularidad modifica tu vida de una forma brutal. Yo apenas puedo salir, llevar una vida corriente, más por temor a las molestias que pueda causar a los demás que a las incomodidades que pueda sufrir yo. Pero —y Suárez, que habla con una voz grave, muy varonil, se encoge de

"Después de lo vivido el 23-F [...]"

interviu
especial verano

Pilar EYRE
Fotos: Pablo VAZQUEZ

Acaba de dar a luz su Centro Democrático Social. Adolfo Suárez se tomó un corto respiro en la Costa del Sol para estar con los suyos, para abrazar a su chaval roto por un accidente, reponer fuerzas posparto y adquirir la necesaria fuerza para las elecciones que se avecinan. Y en el marco relajado de las vacaciones, el duque de Suárez citó a INTERVIU.

Adolfo Suárez, un político-galán de vacaciones
«Más que guapo soy carismático»

ADOLFO Suárez n[...] los que toman el [...] lagarto. Tendido [...] estómago, con la [...] clavada en el cés[...] rodea la piscina de su hot[...] labios como musitando una [...] o pasando cuentas —nunc[...] be— tiene aspecto de todo m[...] tranquilo veraneante disfrut[...] sus vacaciones. **"Pero no p[...] rán hacerme fotos aquí..."**, [...] cordial, pero firme. Como [...] pero firme es toda la conv[...] que mantenemos dos horas m[...] en el umbrío por la pena, ca[...]

Poniendo en apuros a Adolfo Suárez, un «político-galán de vacaciones».

La portada de *Interviú* que dejó mudos a los españoles en septiembre de 1976. Con este número, la revista vendió por primera vez un millón de ejemplares.

—Niños, después de cenar ya os hemos dejado la película de Walt Disney en el vídeo puesta para que la veáis.

Cuando regresaron se encontraron a los cuatro niños con los párpados pegados a la frente viendo *Ardientes colegialas que comen de todo.*

Bien, vamos con Emilio. A ver, va todo así un poco a barullo, pero ustedes ya separarán el grano de la paja, y que conste que lo de paja no va con segundas intenciones.

Empecemos. En las pelis porno las mujeres llevan zapatos de tacón incluso en la cama. Los hombres nunca son impotentes ni tienen problemas para mantener una erección casi permanentemente. Tres segundos de cunnilingus son más que suficientes.

Más. Si un extraño descubre a una mujer masturbándose, ella no se pone a gritar, sino que insiste en tener sexo con él. Las mujeres sonríen con gracia cuando los hombres les llenan la cara de semen. También gimen de forma incontrolable cuando la chupan. A las mujeres les encanta practicar sexo con hombres feos y de mediana edad, y siempre se corren al mismo tiempo que los hombres. Una práctica muy común y muy satisfactoria para el hombre es coger su propio pene semierecto y restregárselo por el culo a una mujer. Los hombres siempre dicen «oh, sí» cuando se corren. La doble penetración siempre hace sonreír a las mujeres. Los hombres asiáticos no existen. Si encuentras a un chico y a su novia dándose el lote, él no te parte la cara cuando le metes el miembro en la boca a su novia. Los pacientes practican el cunnilingus a sus enfermeras. Los hombres siempre se corren fuera. Cuando tu chica te pilla follando con su mejor amiga, se enfada un poco pero acaba en la cama con los dos. Cuando se les hace una mamada de pie, los hombres siempre ponen una mano en la cabeza de la chica y la otra, orgullosamente, en la cadera. Las mujeres siempre parecen agradablemente sorprendidas cuando desabrochan los pantalones de un hombre y encuentran, oh, sorpresa, lo que ustedes ya saben.

Ah, y esos pechos son de verdad.

Oiga, menos protestar, ya les avisamos que esta lista era algo verdulona, pero yo no creo que este libro vaya a caer en manos de:

a) menores
b) familiares en primer grado
c) novias de familiares en primer grado y consuegras
d) miembros del clero
e) militares de alta graduación
f) afectados por licores de alta graduación
g) vecinos
e) socios de mi club
f) dependientas de grandes almacenes en general
i) personas normales.

Entonces, ¿quién demonios va a leer, y comprar, sobre todo comprar, este libro?, se debe de estar preguntando mi horrorizado editor. Pues muy fácil, el resto del mundo mundial, que debe sumergirse en estas páginas con el mismo espíritu con que yo me aventuré a escribirlas: curiosidad, algo de morbo, intriga, voluntad de servicio público, mucha caradura y, sobre todo, muchas ganas de divertirme.

«Franco ha muerto», lo dijo un lloroso Arias Navarro en televisión y entonces punto en boca, y una nueva España emerge con dolores de parto, aunque la verdad es que en los primeros tiempos no se distinguía mucho de la antigua porque el propio

Arias se puso al frente del Gobierno. Eso sí, los príncipes de España se convirtieron en reyes y sus hijos en herederos, pero todo esto lo contemplamos con sonrisa benévola porque les íbamos a dar unos días, unos meses quizá, de carrete, y después a la puta calle. Juan Carlos *El Breve,* le llamábamos con cachondeo, Santiago Carrillo hacía declaraciones incendiarias en el extranjero llamándole «títere» y «payaso», y nos reíamos de los peinados de doña Sofía y de los chistes machistas de Juan Carlos, y decíamos que la lista era ella.

Pero Juan Carlos se depiló el entrecejo, Carrillo se puso una peluca para entrar en España y nada volvió a ser lo mismo.

Después de ocho meses, el rey ya se sintió fuerte para decirle a Arias que fue bonito mientras duró pero que ahora sus caminos debían separarse y, para sorpresa de todos, nombró presidente del Gobierno a un político joven y ambicioso de Cebreros, Ávila, líder de un partido centrista que no conocía nadie, la UCD, y que se llamaba Adolfo Suárez.

Sí, lectores, yo lo conocí y lo entrevisté.

Sí, sí, ésta, la que escribe estas líneas.

Adolfo era moreno, delgado, muy guapo y atractivo. Se admiten apuestas: ¿se lo dije?, ¿no se lo dije? Ustedes a estas alturas me conocen ya... ¡Se lo dije! Le llamé guapo e incluso cosas más atrevidas que guardaré siempre en la intimidad de mi corazón, y he aquí lo que Adolfo me contestó, poniéndome en mi sitio —y si no me sacó los colores fue porque era verano y estaba bastante morena, como puede observarse en la foto que se incluye en los pliegos— he aquí lo que Adolfo me contestó:

—Vaya comentarios más incómodos me hace usted, señorita, no he venido yo preparado para esto... No creo que mi físico despierte pasiones desatadas, creo que más que guapo soy carismático, atractivo, como lo son, por otra parte, muchos políticos, como Felipe González o Fraga Iribarne, por ejemplo.

Pues no, señor Suárez. Nosotros le teníamos ley a Fraga, como queda demostrado en estas páginas, y nos hicieron mucha gracia los calzones con los que se bañó en Palomares y que se empeñara en decir a cada momento «La calle es mía» y también lo de «Manda *carallo* con las catalanas».

Pero atractivo, pues no. Aunque para gustos los colores, como suelen decir en televisión en esos programas de mucha enjundia y también en Twitter, y está claro que Fraga debía de tener sus balas en la recámara. Que se lo pregunten, si no, a Karina Falagan, una dama gallega propietaria del puticlub más conocido de Vigo, el Lady Hamilton. En el mismo parlamento gallego la llamaron «la puta de Fraga», aunque, como ella se apresuró a contarme en su nuevo *pub*, Jonathan, frente a las playas de Vigo:

—Yo y mis chicas, que no sé si eran putas porque fuera del *pub* hacían lo que querían, hicimos campaña por Fraga, con pasquines y panfletos, y por su partido Alianza Popular de forma desinteresada, y él no merece que explique lo que hubo entre nosotros.

Mientras me tomaba un copazo de whisky y degustaba unas estupendas nécoras le pregunté con severidad:

—Pero ¿qué hubo exactamente, Karina?

La impresionante mujer, que recordaba mucho en físico a la gran Carla Antonelli, dirigió una mirada soñadora a un tricornio de la Guardia Civil que tenía como adorno encima de su chimenea y me dijo:

—Fraga murió deudor conmigo, él era honrado y trabajador, ¡pero estaba rodeado de mierdas!

Y también:

—Que una mujer cachonda y nocturna haya apoyado a Fraga le ha dado votos, le ha venido de miedo. Y la etiqueta de puta de Fraga me ha perjudicado mucho. Mira, aquí han venido cuatro delincuentes perfectamente identificados, el Patata, el Gabardina, el Moco y el Catalán, a destrozarme el *pub* por encargo de no sé quién. Claro que también podría ser culpa de la puta droga.

Karina rememoraba, nostálgica:

—Esta moda de ahora de la droga blanda, la droga dura... ¡todas son una mierda!, ¡la dura, la blanda y la madre que las parió!

Yo, sintiéndome culpable por el porro que me había fumado viendo porno, como ya he contado en páginas anteriores, intenté halagarla de forma algo abyecta:

—Pero ahora hay menos prostitución, Karina.

—¿Menos, dices? —se alborotaba—. Hay más, mucho más, y si antes, en la época de Franco, se prostituían para comprarse un abrigo de pieles, para vivir mejor o para dar de comer a los hijos, ahora se prostituyen por la maldita droga, para poder pincharse y degradarse aún más.

Yo, comprendan ustedes, cada vez estaba más hundida porque creía que el viento de la historia siempre soplaba hacia delante, pero Karina me rompía los esquemas. Intenté protestar:

—Pero, mujer, ahora estamos mejor que antes, el machismo...

—¡Qué machismo ni qué hostias! Bueno, tú pon obleas xacobeas, que por algo estamos en año santo... ¡Qué machismo ni qué hostias! Las mujeres estamos más preparadas que los tíos, pero ellos están tan acomplejados que no quieren ceder, y las mujeres tenemos otros enemigos, como las propias mujeres. Para desacreditarnos, porque no se atreven a hacer lo mismo que tú haces, son capaces de decir de ti las mayores barbaridades, y cada día que pasa, por mucho progresismo y feminismo que tengamos, ves a más vejetes barrigones con jovencitas y a las mujeres mayores nos siguen poniendo a parir si vamos con hombres más jóvenes.

¡Sí, sí, Karina, ahí nos duele! Y ahí estamos todas contigo como un solo hombre, perdón, quiero decir, como una sola mujer mayor que va con hombres más jóvenes.

Empeñada en aclarar cuál es el papel de la mujer en la Nueva España, me detengo a mitad de camino entre Vigo y Barcelona, que, como saben ustedes, es donde resido. En Madrid. Y en Madrid está Massiel, La Tanqueta de Leganitos, que me confiesa con tristeza que «siempre he ido con hombres menos importantes que yo».

Massiel me recibió constipada y envuelta en una manta de vicuña en la casa de la Ciudad de los Periodistas donde vivía entonces: paredes blancas, sofás de cuero blanco, muebles blancos. Mientras nos atizábamos un coñac —«va bien para el resfriado»—, me informó con cierta melancolía de que:

—Siempre he tenido que hacer de Pigmalión, mis hombres han sido menos importantes que yo, pero han sabido despertar mi ternura, mi instinto maternal... Mis amigos me dicen: «Massiel, tendrías que enamorarte de alguien más importante que tú, que no tenga celos de tu popularidad, de tu fama, de tu fuerza...». ¡Es tan cansado siempre caer con los mismos! De vez en cuando me gustaría que me cuidaran, que me dieran ternura.

—Es que tú impones mucho, Massiel.

—Sí, les doy mucho miedo a los hombres porque no empleo ninguna argucia femenina para conquistarlos, voy de frente, trabajo como un hombre, lucho como un hombre, con honestidad.

¿Y encima estos alfeñiques, estos desgraciados que no te llegaban ni a la suela de los zapatos, estos minihombres tan poco importantes que ni nos acordamos de sus apellidos, y menos de ellos, te hacían sufrir, querida Massiel, e incluso quizá te dejaban para irse con otras mujeres? No te preocupes, amiga mía, que les vamos a enviar uno a uno un recadito por medio de los amigos de Karina Falagan, ya sabes, el Patata, el Gabardina, el Moco y el Catalán, para que les recuerden quién eres: ¡la ganadora de Eurovisión con el eximio *La La La*! ¡La Massielona! Sí, la que luego cantó a Bertold Brecht y aquello de:

> Yo soy la María, María en mi gracia,
> pero a mí me llaman María de los guardias.
> Yo soy la María, María,
> no ando con razones, razones.
> Llevo por mi cuenta y en mi cuenta
> cinco batallones.

En otro orden de cosas, también Lina Morgan por su parte opinó delante de mi magnetofón que «me es muy difícil enamorarme, ¡ya no quedan hombres!».

Bueno, sí, uno o dos. Pero reconozco que son poquitos.

Pero es cierto que el búnker franquista se resquebraja y al final salta por los aires, y aparecen las nuevas españolas que quizá no son tan nuevas, pero estaban ahí, esperando a que llegara su oportunidad de manifestarse. Como Blancanieves después de dormir cien años, emergen de su ataúd, se ponen en pie, se sacuden el polvo y echan a caminar en busca de la *boutique* más próxima... ¡Ha cambiado tanto la moda en este último siglo!

Y también se ponen a hablar.

Como en *La noche de los muertos vivientes*, una peli de terror que se convirtió en un inesperado éxito y que dio el pistoletazo de salida a los zombis y demás criaturas terroríficas. Íbamos a verla para reírnos pero pasábamos un miedo de cagarse. Creo. Porque yo es que la verdad en aquella época iba a menudo al cine, pero, por razones que no vienen al caso, no prestaba mucha atención a las películas.

La noche de los muertos vivientes trataba de unos hermanos que iban a poner unas flores en la tumba de su padre y se veían asaltados por unos hombres pálidos que resultaba que eran muertos que necesitaban comer carne humana para volver a la vida. El culpable de todo era un satélite que estaba realizando tareas de investigación en Venus. Al final no quedaba un solo humano sobre la tierra que no fuera zombi y empezaban a devorarse entre ellos con gran profusión de sangre, dientes y senos femeninos.

El abanico de las nuevas españolas es amplio. Por ejemplo, una Mónica Randall que afirma orgullosamente:

—¡No tengo instinto maternal y nunca me casaré, soy un culo de mal asiento y me pone a morir que alguien pulule por mi casa!

Y, atención, que aquí Mónica declara algo que nos suena:

—¡Que un hombre me desordene el cuarto de baño, por ahí no paso! ¡Que lo ensucie! ¡Qué horror!

Una pregunta, sin ánimo de ofender: si una mujer es desordenada, suele dejar las toallas por el suelo, embutir la ropa en los armarios y al final, por pura desesperación, empujar de una patada debajo de la cama esos objetos que no se sabe dónde colocar —la esterilla eléctrica, las gigantescas bolsas de pienso del perro y los rollos de papel de váter—, si una mujer hace eso, ¿es que no es la mujer-mujer de la que hablábamos en otros capítulos del libro? ¿Está condenada a juntarse únicamente con hombres de su misma condición para dejar la casa hecha una pocilga? Es una pregunta retórica, ¿eh?, que no se asusten mis posibles pretendientes, ¡espero haber ligado cuando se acabe este libro!

Ligar, ven ustedes, uno de los palabros que se pusieron de moda esos años, como «pasar de todo» y también «qué pasa contigo, tía». Asimismo «estoy alobado», «estoy atorado», «amigos con derecho a roce», «compañeros y, sin embargo, amigos» y «pegarse un morrazo». Ah, y el mundo del periodismo se dividía en dos: los que hablaban de «las dos Españas» y los que mencionaban «la España de Frascuelo y de María».

Enrollarse, «esto es una virguería», «me voy al curro» (hoy esta frase es un milagro, y no una moda), charnego, hortera, pijo, «estar al loro», porreta, «darse el lote», «me voy a cortar las venas en canal» o «coger un pedal», con la modalidad «pedalín» cuando se trataba de una borrachera menor, son palabras que han durado hasta nuestros días… Que no se diga que la Academia no cumple con su trabajo y que los académicos están siempre en las redes sociales soltando chorradas.

Se unieron las clases y podías oír en la cola de Up&Down, la *boîte* más elegante de Barcelona, a un figura señalando con el pulgar hacia atrás:

—Mi chocho no paga.

También «mi chorba», que era «un pibón» y que ese día «se había maqueado».

Entonces, en el mundo de las drogas, lo que triunfaba eran los porros y el LSD o «ácido», que daba mucha risa. En plan drogas legales, en la farmacia se podía comprar Dormidina, centramina, Rohipnol y varios jarabes para la tos a base de opio (Ipecopan) que también «colocaban» bastante.

La declaración de intenciones de Mónica Randall, sin embargo, no la exime de la sospecha de nepotismo, tan cara a la prensa que empieza a dar tímidos pasos en dirección a la libertad absoluta. Se la acusa de que su nuevo programa de televisión le ha sido proporcionado por su entonces novio José Luis Balbín, aunque ella se apresura a aclarar que «novia, novia tampoco... bueno, a ver, ¿tú qué entiendes por novia?».

Cuando le aclaro que enamorarse, vivir juntos, ella responde con una gran carcajada:

—Ah, pues no. Yo me moriré con el orgullo de decir que el único hombre que me ha mantenido en mi vida ha sido mi padre.

Pues un poco lo mismo de Corín Tellado, aunque en otro estilo. En su casa de Roces me confesó que hacía veinticuatro años que no se acostaba con un hombre:

—El matrimonio me salió mal, pero yo he seguido fiel al compromiso que firmé un día. Veinticuatro años hace que no me acuesto con ningún hombre. Ya no me interesa el género masculino.

Cuando le pregunté con toda la intransigencia de mis treinta años que cómo se las arreglaba, me contestó sencillamente:

—Pues castigándome, no necesito a nadie; con mis libros y mis hijos tengo suficiente.

Castigarse espero que Corín no lo entendiera en su vertiente conventual-religioso, ya saben, todo aquello de los cilicios y látigos de nueve puntas. Adminículos que habían abandonado, por cierto, la intimidad de las celdas de los monasterios para «doblar su función». Trabajar en otros ámbitos, vaya.

Sí, queridos lectores, tengo el orgullo de anunciar aquí que en 1978 y en Barcelona se abrió el primer sex shop de España. ¡Y fue fundado por una mujer! Adelina Aránega, que aún no tenía veintiún años y que había importado el negocio de Francia. Claro está que la primera mercancía que ofreció eran los condones de toda la vida y también los primeros vibradores en un solo tamaño. La preguntan que más contestaban los dependientes de la tienda de Adelina era:

—¿Qué diferencia hay entre un consolador y un vibrador?

Pues un vibrador es un consolador a pilas, como se explica en el prospecto adjunto. En dicho prospecto se detalla también que «el modelo Apolo sólo necesita tres pilas», y el cliente que se relaja porque creía que necesitaba veinte o treinta, lo cual hubiera sido más engorroso.

Un poco de tapadillo vendían lencería sexy con todo tipo de aberturas en lugares insospechados —para algunos—, botines de media caña de tacones afilados no sé por qué razón —o quizá sí— y una sección con vídeos didácticos: *Vida sexual de los llamas del Perú*, *Todos los secretos de un rodaje porno* (esto nosotros ya lo sabemos por los sabios consejos de Emilio Márquez) y *Diez sencillos ejercicios para que se convierta usted en una play mate* (éste es mi favorito).

Perdido ahí entre este material, encontramos con asombro un vídeo sobre los bomberos bajo el título *¡Nuestros héroes!* En la carátula se ve a un fornido bombero provisto únicamente de botas Doc Martens esgrimiendo una gigantesca manguera y expresión lasciva. Pues la próxima vez que se me incendie la cocina, que me envíen a éste, por favor, que no sé qué pasa que siempre me toca un veterano a punto de jubilarse... ¡Al verlo se cura una de la piromanía de golpe y porrazo, que además la casa de seguros enseguida empieza a hacer preguntas engorrosas!

Claro que no descarto que este libro lo lean caballeros que no pueden hacer el amor con una mujer si antes no la hinchan y después la deshinchan para meterla a continuación en una práctica bolsa transportable. Tenemos que reconocer que las primeras muñecas hinchables no eran muy atractivas, tenían el color de la mortadela, como la protagonista de la inolvidable *Tamaño natural* de Berlanga, con el fantástico Michel Piccoli de protagonista. ¿Quién no recuerda la escena en la que Piccoli mantiene relaciones sexuales con su muñeca? Según nos contaba el genial director, una vez terminado el rodaje se la agenció y la encerró en el desván de su casa, de donde sólo la sacaba para enseñársela a las visitas en fiestas señaladas. La mujer de Berlanga iría envejeciendo como es natural, mientras que la muñeca se mantenía muda y pimpante, el sueño al fin y al cabo de todos los hombres, por mucho que hayamos evolucionado desde la época de las cavernas hasta ahora.

Cabe la posibilidad de comprar la citada muñeca fragmentada: no hace falta comprar el cuerpo completo, sólo aquella parte que más interesa al usuario, «así la puede guardar con más discreción». Claro que hay partes que nadie solicita, la tibia, por ejemplo, y yo creo que debe haber algún almacén en alguna parte del mundo lleno de los trozos de muñecas que nadie quiere y que nadie va a reclamar jamás, como los míticos cementerios de elefantes o el Valle de las Sombras donde moran los egipcios muertos en combate, o incluso el infierno de Dante, adonde se llegaba únicamente en la barca de Caronte.

También ese bosque de Francia donde un grupo terrorista lleva a los enanos de jardín que hurtan de los domicilios particulares.

Y si traemos a Dante aquí, a este capítulo del libro dedicado al sexto mandamiento, es porque a cultas no nos gana nadie, y si me preguntan si he leído *La Divina Comedia*, les diré que hasta ahora no porque estos últimos años he tenido que dedicar mi atención a la familia real y a los programas del corazón, pero que estoy en ello.

Por cierto, que a la pobre Adelina Aránega, a pesar de que se había muerto Franco, también le aplicaron la Ley de Vagos y Maleantes y le cerraron el local, pero, como todas las grandes precursoras o pioneras, Adelina perseveró y abrió nuevas tiendas hasta que al fin reconocieron que era un negocio legal y la dejaron tranquila:

¿Se alegró Adelina? Pues no, porque como declaró a la revista *Tiempo*:

—Sigue habiendo mucho conservadurismo y tabúes... A las mujeres les sigue dando vergüenza cruzar el umbral de este tipo de negocios.

Y eso que ahora se han añadido los muñecos hinchables masculinos para atraer a las mujeres, con pelo injertado uno a uno, tacto real, de la estatura que usted quiera, gordos, delgados, musculosos, jóvenes de mediana edad... Mi modelo favorito es el intelectual de músculos flácidos, gafas y barriguita. Sí, es difícil encontrarlo, sólo me queda soñar.

¿Cómo? ¿Qué están apresurándose a clonar a Woody Allen?

A ver, espérense, por favor, que mis gustos han cambiado en estos últimos minutos y preferiría a Brad Pitt.

Si no es mucha molestia, desde luego.

Aunque debo manifestar una queja que se me ha hecho llegar vía mail anónimo: «Hago constar mi protesta por la forma de lograr una erección en el modelo masculino: mediante una pera de goma que se acciona manualmente».

Yo no sé, ¿eh? Lo ponía en el mail.

Voy a mirar el remitente. Johnny Sex, República Glanderiana.

Desde que cambiaron las fronteras con la caída de la Unión Soviética y la aparición de nuevos países en África, estoy bastante pez en geografía pero juraría que el nombre de mi informante es un seudónimo o *nick*, ¡qué bellaco!

Había muchas mujeres desengañadas de los hombres en aquella época, y no únicamente por el tema pera de goma. También la actriz María Asquerino, la musa del Café Gijón, donde ocupaba una mesa fija, la que sacó Umbral en su primera novela de éxito, *El Giocondo*, me confesaba que no quería volver a oír las palabras «te quiero», que estaba harta y aburrida de oír siempre lo mismo y de que la secuencia ritual fuera el previsible deslumbramiento, amor, desamor, sufrimiento...

—Y eso que yo soy una valiente, fui la primera mujer que se puso bikini en la playa, durante un festival de cine en San Sebastián, y venían los guardias detrás de mí con mantas llamándome «marrana, marrana».

Pero lo peor para María Asquerino era lo de su madre:

—Cada vez que le presento a un novio nuevo me dice: «Pero, Maruja, ¿otra vez? ¿Cuándo te cansarás de los hombres?».

Pobrecita. No, Mónica Randall no, ni Massiel, ni la infortunada Corín Tellado, veinticuatro años sin conocer varón, sino

La Chunga. La bailaora de los pies descalzos, catalana, se había casado con gran boato con un niño bien, un payo de Zaragoza, y los periodistas se habían hecho eco de aquella boda de ensueño: «La gitana y el payo», «la cenicienta y el príncipe». Pero el cuento de hadas terminó mal, y la desdichado Micaela Flores, con sus pies reventados de tanto baile, se tuvo que volver a emplear en los tablaos para sacar a sus hijos adelante. En El café de Chinitas, donde tenía dos pases aplaudidos por algunos japoneses cámara al cuello, se me quejaba amargamente: «Mi marido me ha dejado tirada sin un duro, se lo ha quedado todo, los muebles, la casa, todo lo había pagado yo durante estos años; las leyes no me amparan porque nos casamos con comunidad de bienes... Lo tuyo es mío y yo no tengo nada».

Y cuando yo le argüía que se trataba de un niño bien cargado de dinero, se reía amargamente:

—Yo también me casé engañada... Cuando lo conocí trabajaba en una *boutique* y nunca aportó ni un duro al matrimonio...

Claro que había otras folclóricas que sí triunfaban en la relación hombre-mujer. Como Rocío Jurado, que me confesaba orgullosa:

—Necesito hacer el amor cada día...

Y cuando tú ya creías que te estaba hablando de su vida conyugal y ya visionabas la revista *Interviú* con tu gran entrevista en portada, superando incluso los reportajes de investigación de Xavier Vinader y «La vuelta al mundo en ochenta camas» de Luis Cantero y Oriol Maspons, Rocío te pegaba un corte:

—... con mi público. Es que yo, cuando actúo, es como si me acostase con el público, mira, toca.

Yo tocaba.

—El vello de punta se me pone cuando hablo de estos temas... No puedo remediarlo, es un acto sexual con mi público, es agotador. Yo creo que soy médium o algo, lo mío no es normal, mi sensualidad, mi temperamento, lo apasionada que soy...

Yo me decía para mis adentros que, a lo mejor, tanto hacer el amor con el público, a su sufrido marido, el gran boxeador Pedro Carrasco, ya no le quedaba nada, pero Rocío parecía adivinar mis pensamientos porque añadía con un trémolo de voz:

—Pero con quien hago el amor de verdad todos los días desde hace cinco o seis años es con mi Pedro, ¡todos los días desde hace cinco años, o seis!

Aquí tiene que hablar Pepito Grillo. ¿Por qué no recuerdas, gran Rocío, si eran cinco o seis años? ¿Es que acaso hubo un año de tu vida que no sabías muy bien con quién estabas manteniendo relaciones? ¿Es que acaso Pedro te mentía y tenía distintas personalidades que elegía según fuera el día de la semana o el lugar en el que te encontrabas?

Bolas de parafina debajo de las mejillas y una nariz de goma ayudan bastante.

¡Quién sabe, singular y recordada cantante! Sé que este libro te gustará estés donde estés, que no puede ser otro sitio que el cielo porque tanto rezar a la Virgen de Regla seguro que ha dado sus frutos. ¡Con el marketing que le has hecho tú a la Virgen de Regla! Como para que ahora ella no se haya estirado en forma de bono de larga duración para el paraíso en una suite junior (hasta que Ortega no se reúna contigo, que espero tarde muchos años).

Perdón, el humor negro es mi favorito, aunque sé que puede herir sensibilidades y por eso lo ofrezco con cuentagotas.

Rocío remataba la faena con un racial:

—Ole.

Y también admitiendo con resignación:

—¡Es que yo soy mucho mujerío!

Mientras, un exhausto Pedro se escabullía de la habitación, no fuera que ese día no hubiera cumplido aún y la chipionera lo hiciera fichar allí mismo, delante de la fotógrafa y la periodista tomando notas y haciendo fotos.

Recuerdo que aquella entrevista terminó con Rocío Jurado tirándome un paquete de Tampax junior a la cabeza porque había osado preguntarle si estaba de nuevo embarazada... Ya ven ustedes que pasara lo que pasase esta periodista terminaba recibiendo, es lo que suele llamarse gajes del oficio.

Pedro Carrasco había llegado a ser campeón del mundo de los pesos ligeros, hazaña que sólo habían conseguido en España Sangchili, en peso gallo, y José Legrá, peso pluma, que era de color (negro). Pedro ganó su título frente al mexicano Mando Ramos, que, según decían los aficionados con rotundidad, «quedó hecho mierda», aunque en realidad no lo ganó por KO sino a los puntos.

Claro que el gran ídolo boxeístico de aquella España rural y moderna, bestia y ángel, era El Morrosko de Cestona, el hombre más fuerte del país, Juan Manuel Ibar, Urtain. Que empezó de *harrijasotzaile*, levantador de piedras, y terminó campeón de Europa de los pesos pesados. Con orgullo, Urtain me contaba que:

—A mí los golpes me han hecho inteligente, me han encendido todas las lámparas que tenía apagadas...Yo, antes de ser boxeador, sólo hablaba vasco y no sabía ni leer ni escribir. Hoy estoy escribiendo mis memorias y he llegado hasta a ligar en italiano.

Las mujeres. Las mujeres fuimos la perdición del pobre Urtain, «el rebaño de mujeres que venían detrás», decía el *morrosko* con ingenuidad desarmante. También me contó que:

—Por lo menos una semana antes de pelear no tocaba a una mujer. Y una vez me llegué a estar cuarenta y cinco días sin acostarme con ninguna. ¿Te figuras? Y esa cosa era como si estuviera viva, que tenía que abofeteármela por las noches porque reclamaba lo suyo y ducharme con agua fría, y a pesar de todo, por las mañanas, meaba esperma.

¡Corín Tellado llevaba veinticuatro años sin yacer con un hombre y no hacía tanto aspaviento!

Bien, Urtain, bien, lectores, sé que este libro está tomando una deriva peligrosa que no sé yo si lo dejara pasar la Conferencia Episcopal y la Facua de mi buen amigo Rubén Sánchez, ya saben, esa asociación de consumidores que protestan por todo, porque en los programas de televisión sueltan tacos o que las hostias benditas no se hacen con harina reciclada… Un abrazo, Rubén, no tengas en cuenta estos chascarrillos, de algo hay que reírse y tú vives lejos.

Era una España que empezaba a desperezarse, y los héroes no eran unos seres vigorosos y llenos de músculos, de barbilla partida y ojos de acero, porque aquí no existía este tipo de hombre, ¡ni muchísimo menos! Nuestro héroe ya no era aquel faraón ibérico del que hablaban los manuales de los años cuarenta, no era un cruce entre el Cid Campeador y santa Teresa de Jesús. No. El español que emergió después de la muerte de Franco era un superviviente delgado, menudito, nacido en Chamberí, un hombre corriente «cosido a tarjetas de racionamiento», que trabajaba de auxiliar en un banco y se ponía a hacer películas sobre hombres corrientes como él. O sea José Luis Garci.

Cuando en 1976 estrenó *Asignatura pendiente*, que se convirtió en el emblema de una generación, le pregunté a Garci por qué se había hecho director de cine, y él me dio esta sencilla explicación:

—Estaba harto de que el cine español fuera una comparsa de damas y caballeros disfrazados de cortesanos donde siempre entra un lacayo que dice: «En Coimbra os espera vuestro padre, majestad».

Garci me llamaba «tía» en la entrevista, me confesaba que se había criado en los cines de sesión doble comiéndose las uñas y viendo treinta y cinco veces *Casablanca* y veinticinco *Lo que el viento se llevó*, y me enseñaba un Rolex de oro explicándome que:

—Me lo regaló mi productor, Frade, cuando recaudé cien millones de pesetas por mi *Asignatura pendiente*. La máxima cantidad recaudada por una película española en treinta y seis años.

Cuando le pregunté qué iba a hacer con el Rolex, que costaba entonces seiscientas mil pesetas, me dijo:

—Cuando mi hija sea mayor de edad, se lo regalaré.

Hija de Garci, ¿te lo ha regalado, niña? ¿Luces ya en tu muñeca el *peluco* de papá? Si no es así, reclámaselo, y cualquier obsequio de agradecimiento hacia mi persona será bienvenido, razón aquí. Mis bolsos favoritos son los de Hermés; sí, ellos ya saben mi dirección, no te lo digo por nada.

Porque entonces, a raíz de las películas de Garci, empezó a hablarse de la Transición. El símbolo de la Transición fue precisamente el actor protagonista de *Asignatura pendiente*, José Sacristán, «un cachondo triste», según se definía él mismo, que con su físico de posguerra arrasaba entre las mujeres y que llegó a convertirse en un *sex symbol*, aunque a él esta circunstancia no le causaba sorpresa:

—Porque ser de Chinchón curte mucho.

Este comunista con carnet del PC «pero vago como militante a morir, no entiendo cómo me aguantan» estaba también, como no podía ser de otra manera, por la igualdad entre el hombre y la mujer: «Soy un pardillo que sólo me como un rosco apelando al instinto maternal». Pero a la hora de pronunciarse te soltaba perlas como ésta:

—Las mujeres me gustan vuelta y vuelta, poco hechas.

Y también:

—Sólo me gustan las mujeres guapas, yo nunca podría ir con una fea por un principio de valoración estética.

Pues, mira, lo que todos.

Tanto luchar para encontrarnos con esto.

Y si no era José Sacristán el que nos leía la cartilla y nos demostraba que tanto tanto tampoco habían cambiado los tiempos para nosotras, si no era él, repito, era el Cabrero, un cantaor andaluz, símbolo del hombre hecho a sí mismo, que continuaba cuidando cabras a pesar de tener una voz prodigiosa, el que me espetaba en medio de su campo, con la zamarra al hombro, sus botos camperos, la cantimplora y el sombrero de pastor encasquetado sobre sus increíbles ojos azules:

—A mi mujer siempre la tengo preñada... No se puede mantener un animal sin hacerlo trabajar.

La cosa tenía delito porque encima su mujer era Elena, una licenciada en Filosofía y Letras que había sido alto cargo en la Lockheed Corporation y apoderada de la banca de Nueva York y que lo había dejado todo para seguir a su hombre. Cuando los entrevisté, aunque Elena había tenido infinidad de abortos, había parido tres hijos: el mayor se llamaba José, como el padre; la segunda Amanda, como la canción de Víctor Jara, y el tercero Emiliano. Yo pregunté con ingenuidad:

—Éste como el jugador de baloncesto.

Y la pareja me miró con un dulce reproche en los ojos:

—No, no, como Emiliano Zapata.

Demos voz a Elena, esta mujer enamorada más allá de la razón y los convencionalismos:

—Yo vivía en Ginebra, soy emigrante gallega de segunda generación. Estaba casada con un italiano, un alto funcionario de las Naciones Unidas, y teníamos un niño. Llevábamos un nivel de vida de clase alta porque ganábamos mucho dinero. Conocí a José en un recital que hizo La Cuadra, un grupo teatral andaluz al que se había incorporado como cantaor. ¡Verle y volverme loca por él fue todo uno!

Se había muerto Franco, pero las mujeres continuábamos viendo un par de pantalones y volviéndonos locas.

—Al principio él se dejaba querer, le hacía gracia que una mujer tan puesta como yo estuviera por sus huesos. Me separé de mi marido y José y yo cogimos un apartamento en el centro de Ginebra.

Atraída por esta historia singular, atravesé España para encontrarme en Aznalcóllar, provincia de Sevilla, con la pareja y preguntarle a Elena qué le había atraído de su hombre, como ella le llamaba:

—Primero su aspecto, porque José es guapísimo, en Ginebra iba así como va aquí y me llamaba la atención... Y luego su inteligencia natural, me hizo comprender que mi vida no era vida, que tenía que volver a sentirme mujer, a formar parte de la naturaleza, que era mejor trabajar para mi hombre, mis hijos y mi tierra que para un patrón que fuera a enriquecerse con mi trabajo.

El Cabrero iba a buscarla a su oficina, se sentaba en las escaleras del banco, se impacientaba y se ponía a silbar para que Elena saliera pronto.

—Un día tiró todos mis papeles por la ventana, cogió una caja de cartón, se la echó a la espalda y se fue a la estación para volverse a España... y yo detrás... Sólo me llevé la cubertería de plata, que había sido un regalo de bodas... Y aquí, ya ves...

«Aquí, ya ves» era dormir en el corral, sobre la tierra, no tenían ni para comer... ¡pero se morían de risa cuando cogían los cuatro garbanzos diarios con una cuchara de plata! Al final, Elena no tuvo más remedio que venderse la cubertería y el primer día decidió hacerle una *fondue* de carne a su marido como regalo:

—Compré el mejor solomillo que encontré en el pueblo y estuve todo el día preparando cuatro clases diferentes de salsa. Cuando José llegó del campo, me dijo: «Sí, está bonito, pero a mí hazme huevos fritos con papas».

Mientras Elena vertía estas confidencias en mi oído, ciento cincuenta cabras obedecían, como un ejército bien entrenado, los gritos del El Cabrero:

—Are are ueueuehiiiiii.

El hombre se acercó a mí y pude percibir su olor a sudor macho. ¡Han pasado más de treinta años y aún no lo he olvidado! Me enseñó su cinturón:

—Mira, me lo regaló uno que estaba en mi celda por violador.

Porque aún muerto Franco, se continuaba metiendo en la cárcel a la gente por blasfemar, por ejemplo. El Cabrero, en un recital en Alcolea de Córdoba, antes de entonar su canción más famosa:

Sé la hora por el sol
y si hay lluvia por el viento.
Vivo en la sierra contento
sin nadie a mí alrededor
solo con mis pensamientos.

En el primer verso le falló la voz y los graciosos de turno empezaron a gritarle al pastor de cabras y no al cantaor:

—Beeeeee... beeeeee

Con lágrimas de rabia, con la voz rota, José Domínguez gritó:

—¡Me cago en Dios!

Palabras mayores. Silencio impresionante.

El comandante del puesto de la Guardia Civil cursó una denuncia, que se saldó dos años después con tres meses de cárcel.

¡Y Franco ya había muerto!

Tres meses de cárcel en los que Elena estuvo esperando y cuidando ella las cabras. Eso a pesar de que en un último minuto, y a solas, El Cabrero me confesó que:

—Yo voy con otras mujeres, pero si Elena hiciera lo mismo la mataría.

A ver, compañeras, ¿no produce un inmenso cansancio oír siempre lo mismo, desde el Pleistoceno hasta ahora?

¿Tanto esperar a que el tirano se fuera a reunir con san Pedro, las botellas de *champagne*, la biblia en verso, para que los hombres sigan empeñados en matarnos? Vale, vale, algunos, una minoría, lo sé.

Pero, por pocos que sean... ¿Que sigan?

Bueno, vale. Ya.

Estamos todos de acuerdo.

Are arehueehiiihiii

Así, no es raro que un año después de la muerte de Franco empezara a hablarse de la Transición, sí, pero también del desencanto. Habíamos esperado la libertad con tanta ansia que todo parecía poco. ¡Pero si hasta el rey seguía en el poder y los españoles nos resignábamos, decíamos que iba en moto y ligaba un montón sin quitarse ni el casco! El país se estremecía con los movimientos telúricos propios de un alumbramiento conflictivo, huelgas, manifestaciones, atentados de uno y otro signo, pero la vida íntima de las españolas seguía siendo la misma. Fue entonces cuando empezó a circular el chiste: «¿Qué hay detrás de un hombre importante? ¡Una mujer desencantada!», y hasta la misma Elena Arnedo contestó al periodista que le preguntaba cómo se sentía siendo la mujer de un político de primera fila como Miguel Boyer:

—Nada especial, aparte de que te quedas sin marido.

La palabra se acuñó a partir de la película de Jaime Chavarri *El desencanto*, que empezaba con un homenaje póstumo que se le rendía al poeta franquista Leopoldo Panero en su pueblo, Astorga. Los tres hijos, Juan Luis, Michi y Leopoldo María, se mordían las uñas, bostezaban, se quedaban semidormidos junto a su madre, Felicidad Blanc, que intentaba guardar la compostura. Y a partir de ahí seguía un largo vómito donde los tres hermanos reprochaban a su madre todas las crueldades que ella y su padre les habían propinado de por vida, y que les habían convertido en hombres emocionalmente mutilados y psíquicamente enfermos.

La película se convierte en el símbolo de una familia y de una época, y deviene film de culto para toda una generación. Además tiene el dudoso honor de ser la última película castigada por la censura, que cortó las alusiones a las experiencias homosexuales de uno de los hermanos mientras estaba en la cárcel.

La escena que se me ha quedado grabada es el episodio de los gatitos. Michi le decía a su madre:

—Los llevaste al río para que se ahogaran, pero les hiciste unos agujeros en la caja para que no se asfixiaran por el camino.

La madre confesaba avergonzada:

—Es verdad, lo hice.

Michi, despectivo, decretaba:

—Nunca lo he olvidado y aquello me marcó para siempre.

¿Que si la escena no era exactamente así y que puede ser que Jaime Chávarri presente reclamaciones y pleitos sin fin? ¡Señores, cito de memoria y no se puede ser tan picajoso, no vamos a traer un notario cada vez que hago una afirmación para que verifique la veracidad de lo que explico!

Como el lagarto que se desprende de la piel antes de que llegue la primavera, así las españolas nos despojamos de nuestros miedos y vergüenzas, que fuimos dejando tirados en la cuneta de la historia.

Y no solamente en sentido figurado.

Los kioscos se llenan de revistas con mujeres en pelotas, *LIB* y *Penthouse,* por ejemplo, donde una ex prostituta y ex madame holandesa llamada Xaviera Hollander responde a cuestiones tan acuciantes como «¿el semen engorda?», «mi marido quiere experimentar un trío en la cama conmigo y con mi hermana, ¿qué puedo hacer?», y también «mi marido no sabe dónde está mi clítoris». Igualmente se escriben sesudos mamotretos con temas como «El fraude del punto G» (ostras, recién descubierto el punto G y ya se hablaba de fraude, ¿o debemos llamarlo también desencanto? ¡Qué poco dura la alegría en la casa del pobre!), «Cómo afrontar la menopausia» y «Alternativas interesantes al sexo a partir de los cuarenta años», lo que nos hace sospechar que para este último libro, firmado por el doctor Martin Schomer, se utilizó como negro a un muchacho adolescente.

Hablando de negros. Los kioscos se llenan de publicaciones para gays. Masculinos. ¿Para lesbianas también?

Buena pregunta. Observo que con la revista *LIB* regalan unos vídeos. Eróticos. Sale la palabra «lesbiana». ¿A ver? Lesbianas chupadoras, lesbianas al ataque, la colegiala lesbiana, la enfermera lesbiana, lesbianas y ninfómanas, esposas y lesbianas, cuñadas y lesbianas, vecinas y lesbianas, y, ya sin rodeos, ¡tortilleras! ¡Tortilleras!

Porque me da a mí, sin ser experta en el tema, que estos vídeos no son para mujeres.

Vamos, y repito, sin ser experta en el tema.

En el mes de septiembre de 1976, los españoles nos quedamos mudos. Desde la portada de *Interviú*, que salía los miércoles, Marisol nos mira con serenidad y placidez. Bonitos ojos, bonito pelo, la postura muy elegante. Pero no es eso lo que nos llama la atención, sino el hecho de que Marisol esté completamente desnuda, ¡descalza de la cabeza a los pies! ¡Tremendamente desnuda por arriba y por abajo!

La niña prodigio del cine español, la novia de todos nosotros, posa para la cámara de César Lucas, con su cuerpo voluptuoso y sensual que contrasta con un rostro inocente y puro. Con este número, la revista *Interviú* alcanza por primera vez el millón de ejemplares y convierte en el editor más importante de España a su añorado propietario, Antonio Asensio.

Marisol vive retirada en Altea con Antonio Gades y ha tenido dos hijas, después vendrá una tercera. Se han convertido en los rojos mas rojos del país, leen a Gorki y a Marx, su casa se llena de pintadas, «¡Os mataremos!», «¡A Rusia, cerdos!», aunque es la época más feliz en la vida de Pepa. Pero curiosamente, con la muerte de Franco las españolas empezamos a rompernos y la vida de Pepa Flores también.

Antonio Gades se aburre en Altea, España está en ebullición, en pleno cambio, y él quiere estar ahí, haciendo arte con su baile para sacar adelante el barco de la modernidad a golpe de taconeo. Lo conseguirá con su espectacular *Bodas de sangre*, que paseó por todo el mundo.

Su matrimonio se encamina, paso a paso pero inexorablemente, hacia su fin. De las cenizas surgirá una nueva Pepa Flores, despojada de sus antiguos miedos. Como las españolas que van tirando sus harapos a los caminos para emerger más desnudas, más libres y más fuertes. Detrás van quedando en confuso montón juicios, tabúes, vergüenzas, represiones, sacrificios, inmolaciones, sumisiones y dependencias. Lo dice el poema de Agustín García Calvo y lo canta Amancio Prada:

Libre te quiero
como arroyo que brinca
de peña en peña,
pero no mía.

Grande te quiero
como monte preñado
de primavera,
pero no mía.

Buena te quiero
como pan que no sabe
su masa buena,
pero no mía.

Alta te quiero
como chopo que en el cielo
se despereza,
se despereza,
pero no mía.

Blanca te quiero
como flor de azahares
sobre la tierra,
pero no mía.

Pero no mía
ni de Dios ni de nadie
ni tuya siquiera.

¿O no?

7

CUATRO HISTORIAS DE AMOR Y DE SEXO

Y aquí calla la autora y entra la voz propia de cuatro protagonistas de nuestra historia con letra pequeña, la misma que he pretendido reflejar en mi libro. Cuatro biografías extraídas de la realidad actual pero que hunden sus raíces en aquellos años y que me fueron contadas por ellos mismos bajo la condición de absoluta confidencialidad. Yo he respetado sus revelaciones, cambiando únicamente circunstancias secundarias que podían llevar a reconocer a sus autores, para evitar su identificación como ellos me pidieron, ya que se trata de personas con una fuerte implicación social. Espero no haber traicionado su confianza, que desde aquí agradezco.

Advertirán mis lectores que he abandonado el tono jocoso que ha planeado a lo largo de todo el libro para adoptar el lenguaje de mis entrevistados, con vidas tan complicadas y turbulentas como las de cualquiera de nosotros. Potentes, sinceras y emblemáticas, reflejan el devenir de un país que ha cambiado con tanta rapidez que ha arrasado y triturado biografías haciéndolas irreconocibles. Son dos historias de hombres y dos de mujeres, dos «reinas de la casa» y dos «reyes del mundo», Memé, Pepa, Carlos y Marcos, fruto y consecuencia de todo lo que he tratado de relatar en las páginas anteriores. Cada uno de mis interlocutores, que se vaciaron durante largas horas frente a mi grabadora con brutal desgarro, pero también con humor, compasión y ternura, se han enfrentado a los cambios abismales que han azotado España con un alto coste personal. Delante de mí han llorado, han reído y han temblado, porque los cuatro, equivocándose o acertando, han tenido que inventarse una nueva forma de relacionarse con el sexo opuesto. Sufriendo o gozando, asumiendo errores, pero animados a pesar de todo por esa poderosa voluntad de enamorarse y sobrevivir que anida en el corazón y el cerebro de todo ser humano. Hasta ahora ustedes, lectores, quizá no han apeado la sonrisa mientras repasaban estas páginas sobre nuestra historia reciente. Prepárense a estremecerse y a reflexionar, porque así es la vida.

Memé

Tengo sesenta y dos años y soy agente inmobiliario. Es decir, vendo y compro pisos, aunque no en plan profesional. Yo creo sinceramente que la vida nos ha estafado, a las mujeres. Tanta liberación de la mujer y tanto feminismo no han servido de nada. Somos más libres pero estamos más jodidas, y desgraciadamente no en el sentido literal.

Me he casado tres veces. La primera con el novio que tenía desde los quince años, el del grupo de veraneo. A los dieciocho años nos planteamos fríamente acostarnos: él escribió en un bloc los pros y los contras, y como de todas formas íbamos a casarnos, decidimos hacerlo «para no tener que ir de putas». Un amigo de él, que vivía solo, nos dejó el piso; me dio mucha vergüenza encontrármelo en la cocina, yo iba con la camisa de mi novio tratando de que me llegara hasta el suelo como una bata. La cama ni fu ni fa, pero fue suficiente para que me quedara embarazada.

El traje de novia me lo hizo Pertegaz, que me contó que en estos casos dejaba la cinturilla abierta hasta el último día, para adaptarla a la evolución del embarazo. La boda la hicimos en el pueblo donde veraneábamos y la última noche la pasé con una amiga del colegio que durmió en mi habitación. Yo ya no me acuerdo, pero ella aún ahora explica que estuve llorando toda la noche diciéndole que no estaba enamorada, que no sentía nada por mi novio y que me horrorizaba pensar que iba a vivir cuarenta, cincuenta años con él. Claro está que no me atreví a decir nada a mi familia: todo el mundo decía que hacíamos muy buena pareja.

Sí, bueno, primero estaba contenta con mi piso, jugando a las casitas, organizando cenas para mis suegros y mis padres, enseñándoles a mis amigas el ajuar, luego con el niño... Pero a los veinticuatro años tenía dos hijos, estaba amargada y harta de mi matrimonio. Nadie me entendía. Me decían que mi marido era estupendo, que tenía una vida de ensueño... Él trabajaba en una multinacional y viajaba mucho, yo me quedaba sola con los niños y una criada que me pagaban mis padres... Me aburría a morir... Iba al parque con mis hijos y escuchaba las conversaciones de las otras madres, la peluquería, las criadas, las suegras, las cuñadas, organizar fines de semana esquiando... Al final, para entretenerme, por pura desesperación, me matriculé en Derecho. Era la época más follonera de la universidad, y aunque yo no tenía ideas políticas llegué a esconder a amigos buscados por la policía en mi casa con gran escándalo de mi marido y de mis padres, y no digamos mi suegro, que había sido gobernador civil y alto mando del Régimen. Hice amistad con un grupo de feministas organizadas en una plataforma que daban charlas en los centros parroquiales en los que había curas «progres» y en consultas particulares de médicos de izquierdas. Por las noches nos íbamos de vinos y ellas me estudiaban casi con afán científico. ¿Que mi marido no hacía nada de la casa? Yo argüía débilmente que trabajaba todo el día, pero ellas me adoctrinaban... ¡Cuando llegara del curro tenía que poner lavadoras como yo y ocuparse de los niños! ¡Cómo iba a enseñar a otras mujeres algo que no practicaba! Yo luego llegaba a casa con la cabeza como un bombo por tanto vino y tanta palabrería, y le montaba a mi marido unos pollos impresionantes. Había días en que me negaba a limpiar la casa o a cambiar a mis hijos pensando que al final mi marido terminaría por cooperar, pero él lo solucionó de una forma muy fácil: por una parte empezó a pensar que yo estaba loca y por otra buscó una chica de servicio filipina a tiempo completo.

La noche en que les confesé a mis nuevas amigas que nunca había tenido un orgasmo se horrorizaron. Me organizaron una cita a ciegas con un compañero que me gustó mucho, y me acosté con él... ¡Cuando sentí por primera vez un orgasmo, creí que me moría, me puse a llorar! Esa noche llegué a casa y le dije a mi marido que quería separarme. Se puso a reír, me dijo que eso era una chiquillada, que la gente sólo se divorciaba en Hollywood y que me acordara de ir al día siguiente a la tintorería a recoger sus corbatas.

Franco todavía no se había muerto.

Me fui con lo puesto. De todas formas, decidí no volver a ponerme jamás un traje chaqueta o un collar de perlas. Mis amigos de la facultad me acogieron en un piso en el que ya vivían diez personas, con colchones de gomaespuma por el suelo. Tuve que dejar a mis hijos con su padre. Rompí relaciones con toda mi familia; la tata que nos había criado era la única que me daba noticias de mis hijos, que era lo que más me importaba.

En el piso donde vivíamos se hacían cursillos sobre anticonceptivos y sobre la liberación de la mujer. Yo me hice amiga de una médica e iba con ella por los barrios obreros a hablar del control de natalidad y el aborto, enseñaba cómo utilizar tampones y cómo hacerse autoexámenes ginecológicos. ¡No era nadie yo manejando el espéculo y recomendando soluciones caseras para curarse la vaginitis! Los maridos nos corrían a gorrazos porque, según decían, las mujeres volvían a casa con ideas de puta y les revolucionaban la estructura familiar. Como aquello no daba dinero, me puse a hacer artesanía, aprendí a hacer pulseras y collares que luego vendíamos en mercadillos. Era otro ambiente, más *hippy*. Con este grupo nuevo nos «bajamos al moro» varias veces, es decir, íbamos a Marruecos a comprar chocolate que luego distribuíamos entre amigos. Esto me fue alejando de los compañeros de la facultad y el feminismo, que odiaban el mundo de la droga porque alienaba al personal y distraía de la lucha revolucionaria. Un día me tomé un ácido, pero lo pasé muy mal porque estuve todo el rato hablando de mis hijos y pensando en ellos. La verdad es que era tremendo no poder verlos, pero yo estaba como anestesiada y prefería no pensar. ¿La facultad? No volví a pisarla y malvivía con lo que trapicheábamos. Establecimos la paridad más absoluta: todo lo hacíamos entre todos, sin distinción de hombres o mujeres. Mejor dicho, allí nadie hacía nada, ni hombres ni mujeres. Se practicaba el amor libre, incluso había una chica que vivía con dos chicos, aunque yo me di cuenta de que uno le gustaba de verdad y que al otro lo aguantaba para darle morbo a la relación y para hacerse la moderna. Uno de los jefes del grupo me mantuvo bajo su protección: durante el día éramos sólo amigos pero por la noche yo me refugiaba en sus brazos fumando un *joint* y me sentía fuerte y segura. Nos convertimos en vegetarianos y al final me fui con él a vivir a Menorca, donde organizábamos todo el tiempo las fiestas de la luna llena. ¿Que no todas las noches hay luna llena? Yo llevaba un globo tan impresionante que me parecía que sí.

Allí conocí a mi segundo marido, y de una forma natural pasé de un hombre a otro hombre. Era *hippy*, aunque de familia de dinero. Vivíamos en una comuna, pero cuando se murió su padre, tuvo que ponerse al frente de la fábrica familiar. Sí, me fui con él. Como ya se había muerto Franco, mi primer marido me dio el divorcio y nos casamos por lo civil. Mi familia se puso muy contenta porque creyeron que al final había sentado la cabeza. Aunque en la boda montamos el número: quemamos incienso, los invitados fumaban canutos, llevábamos túnicas indias y flores en el pelo... Pero los tiempos habían cambiado tanto que hasta mi madre, para armonizar con el ambiente, se puso una casaca de brocado pseudooriental, comprada, eso sí, en Santa Eulalia, y mi padre se quitó la corbata. La única nota discordante fueron mis hijos: con sus uniformes del colegio, eran unos desconocidos que me miraban con severidad y desconcierto.

Mi marido tenía grandes propósitos para la fábrica: hacer una cooperativa, entregar el poder a los trabajadores, consultarlo todo en asamblea, ponerles autocares para ir a trabajar y guarderías para los hijos... Pero al final se convirtió en un empresario corriente, aunque con mala conciencia, que intentaba paliar su malestar íntimo entregando dinero a causas absurdas, como enviar a África mosquiteros que las chicas convertían en velos de novia o máquinas de escribir a escuelas de Tanzania, el país con el índice más alto de analfabetismo del mundo. Yo me ocupaba de estas donaciones y de la parte artística de la pareja, organizaba exposiciones de amigos sin ningún talento, *happenings* carísimos y me burlaba finamente de la sociedad en la que estaba inmersa hasta las trancas. Éramos una pareja sofisticada. ¿El trabajo de casa, dices? Como a ninguno de los dos nos gustaba y además teníamos ocupaciones más importantes, contratamos a un matrimonio de sudamericanos que lo hacían todo, pero a los que insistimos en que nos trataran de tú.

El final de nuestro matrimonio fue muy tópico: él se lió con su secretaria. No tenía ninguna intención de confesármelo, pero le encontré una carta de «la otra» en el bolsillo de la americana y lo descubrí todo. Estoy segura de que fue ella quien la puso allí para que yo la viera. Él me juró que era un simple «amor contingente» como el que había inventado Sartre para ponerle los cuernos a Simone de Beauvoir, y que por tanto no tenía ninguna importancia, que sólo me quería a mí. Le contesté que podía admitir que se hubiera acostado con otra —sí, hija, sí, hasta en eso me había mentalizado—, pero que no podía consentir que me mintiera y que tampoco podía perdonarlo. Ya sabes, aquello que se decía entonces, fidelidad no, lealtad sí... Aquí, entre nosotras, ¡menuda estupidez!, ¡hemos comulgado con ruedas de molino!

Cogí la maleta y volví a irme.

Mi marido, que no tenía la conciencia muy limpia, me cedió un piso, un coche y una cantidad al mes. Me sentí bastante mal porque ya no era una niña, y no es lo mismo empezar de cero a los veinticuatro que a los cuarenta y siete años. Al separarme me di cuenta de que había perdido estatus, y los amigos que ayer tenía dejaron de llamarme. Aun así pensé que tenía muchas ventajas: era independiente, no era fea, tenía mundo y las ideas muy claras... Ya no esperaba ningún príncipe azul, pero pensaba que tenía muchas cosas que ofrecer. Después de una época bastante negra, en la que tuve incluso una depresión por la que tuvieron que ingresarme, empecé a salir. Había efervescencia, muchas ganas de hacer cosas, pero me di cuenta de que ya no coincidía con el reloj de la modernidad: ¡metida en mis historias particulares había perdido el tren de la historia general! Con el dinero de mi ex marido y algunos avales monté una galería de arte, pero mis socios me tomaron el pelo y me dejaron sin un duro. Intenté pintar, escribir y, sin embargo, me sentía insegura, mayor; no había estudiado ninguna carrera y no tenía talento artístico. Puse una tienda de ropa que tampoco funcionó, no me sentía parte de ningún grupo, para unos era demasiado mayor, para otros demasiado joven, para unos demasiado rica, para otros no tenía suficiente dinero; según unos era una pija renegada, según otros una feminista de pega... Me sentía una intrusa en todas partes y no sabía muy bien lo que iba a ser de mi vida.

Una noche me reencontré con el hermano pequeño de un antiguo compañero de facultad, y supongo que por falta de cariño, para probar, por no tener nada mejor a mano, porque yo necesito estar con un hombre y dormir abrazada a él todas las noches, nos fuimos a vivir juntos. El primer día me dijo medio en serio medio en broma «mi madre no se sentaba nunca mientras nos servía la comida» y tuve un *shock* importante. Después empezó la cofradía del Santo Reproche, según la canción de Sabina. Todo lo encontraba mal: que no supiera cocinar, que leyese por las noches, que no supiera mandar al servicio, que hablara con mis amigas por teléfono... Me llamaba gorda, vieja, saldo, inútil, menopáusica... Como él no trabajaba, me tuve que poner a currar yo en la tienda de decoración de un amigo; llegaba muy cansada a casa, y aun así tenía que atender a sus colegas, preparar comida para un regimiento... Sospechaba que me engañaba, y mi vida se convirtió en un círculo vicioso y agotador: trabajaba todo el día, llegaba a casa, tenía que arreglarme, irme de marcha para ser más joven que nadie, y caía tan cansada en la cama que me quedaba instantáneamente dormida. Y al día siguiente vuelta a empezar.

Cambié la tienda de decoración por una inmobiliaria; enseñaba pisos, vendía, compraba, me di cuenta de que no lo hacía mal del todo y empecé a ganar dinero. Él se burlaba de mis habilidades y me llamaba «tendera», y decía que, a pesar de todo, había heredado el espíritu mercachifle de mis antepasados, que eran comerciantes de lanas y especias. También se reía de mi aspecto: tenía que ir con traje chaqueta y decía que ya no se podía acostar conmigo porque le parecía que estaba con una funcionaria de prisiones. ¡Hasta rescaté el collar de perlas de mi juventud para dar una imagen más profesional!

Llegué al punto de que me cambiaba en el ascensor antes de entrar en casa para que no me viera con mi «uniforme» de trabajo. Hacía lo mismo que cuando era jovencita y me quitaba la minifalda y la pintura en el ascensor para que mis padres no repararan en mi aspecto descocado.

Me angustié con mi aspecto y, aunque no llegué a operarme, empecé a comprarme cremas carísimas, que tenía que esconder para que él no me las viera. Como tengo tendencia a engordar, hacía dietas imposibles para mantenerme delgada, simplemente no comía, y más de una vez me desmayé mientras estaba con un cliente. Los años iban pasando, me iban atropellando, mejor dicho, me laminaban como una apisonadora. Un día, mi primer marido me invitó a comer. Tenía el pelo blanco y los ojos dulces. Me conmoví y me reproché no haber continuado junto a él, mi vida habría sido más fácil, hubiera visto crecer a mis hijos y disfrutado de mis nietos, a los que apenas conozco... Él también me miraba con un cariño que nadie me había dedicado jamás. Cuando ya iba a decírselo, me puso su índice en mis labios y me contó que tenía un cáncer, que le quedaba muy poco tiempo de vida y que yo era la única mujer a la que había querido.

Me sentí como una mierda. Desde que lo dejé, no he hecho más que mendigar un amor que nadie ha estado dispuesto a ofrecerme... ¡Si no hubiera escapado de la casilla de salida me habría ahorrado tantos sinsabores! Soy libre, ¡pero no me sirve de nada! Me habría gustado envejecer al lado de un compañero que me quisiera y que me aceptara como soy, en lugar de estar sola y sentir el aliento en la nuca de todas las mujeres jóvenes que al fin y al cabo están buscando lo mismo que yo, aunque ellas con cuerpos turgentes y encima con título universitario. Cuando estoy en mi habitación, miro el techo y siento compasión por todas esas mujeres, mis hermanas, que no quieren renunciar a nada y que se esfuerzan contra viento y marea por tenerlo todo: un marido, un trabajo, unos hijos, una libertad que antes no teníamos... Y es que a pesar del largo camino recorrido, quieren lo mismo que todas las mujeres de todos los tiempos, desde las cuevas de Altamira: afecto, pasión, protección, entrega... Eso no ha cambiado desde Adán y Eva, y no cambiará nunca... Siento ternura hasta por la chica que se está tirando mi marido y que me mira como una rival, cuando en realidad estoy mucho más cerca de ella de lo que estará su amante nunca. Y me da pena en lugar de rabia; claro que yo soy muy rara.

PEPA

Tengo cincuenta y seis años y soy la única propietaria de una agencia de publicidad. Nací en un pueblo muy pequeño de la Castilla profunda, donde la liberación de la mujer y la democracia llegaron más tarde que al resto de España. A los dieciséis años conocí al hombre de mi vida, un artista famoso que se alojó casualmente en la pensión que tenían mis padres. Me vio en un pasillo con un montón de toallas, me cogió, me besó ¡y yo creí que iba a quedarme embarazada! Me dijo «tú vas a ser para mí», se fue a hablar con mis padres y al cabo de tres meses nos casamos. Se entiende que él fue el primer hombre con el que me acosté, ¡cuando vi aquello tan grande, creí que me iba a romper! Él me diseño para él, me hizo a su medida... Yo no había visto nunca el mar, me lo enseñó todo, porque yo no sabía nada... Pero yo era lista, una esponja, sin apenas saber leer ni escribir al año me había sacado el carnet de conducir y llevaba las minifaldas más cortas que nadie. Me convertí en persona, pero siempre supeditada a él. Mi marido era mi Dios y mi guía. Cuando las mujeres de los otros artistas se reían de mí y me decían que espabilase, que los tiempos habían cambiado y que las mujeres y los hombres eran iguales, yo me reía y les contestaba que sí, que todos los hombres y las mujeres eran iguales... menos él.

Mi vida durante siete años fue maravillosa. Viajamos por todo el mundo, conocí a mucha gente importante, él tuvo mucho éxito... Aunque tengo que decir, dejando de lado falsas modestias, que yo lo ayudé mucho. Me ocupaba de la logística, aprendí a tratar con los mánagers, a negociar con empresarios, porque él era un bohemio que se dedicaba a la suyo y no sabía hacer nada más. Tuvimos dos hijos. Fueron unos años frenéticos que me convirtieron en una mujer fuerte y emprendedora, siempre fiel a mi marido, del que estaba locamente enamorada.

Un día, él me propuso vender el piso en el que vivíamos para irnos a un chalet, donde llevaríamos una vida de cine. Como siempre, yo me ocupé de la parte práctica: buscar compradores para el que había sido nuestro hogar, con el sueño de hacer que nuestra vida todavía fuera más completa. Al final elegí la mejor opción y firmé ante notario. Era el primer día de nuestra nueva vida, estaba tan contenta que no podía esperar hasta la noche para comentárselo a mi marido. La ilusión puso alas a mis pies, y fui al restaurante donde él solía comer, al lado de su despacho. Recuerdo ese día perfectamente, se acababa de morir Franco, hacía viento y lloviznaba, llevaba un paraguas que se volvía del revés y se me empapó el cuello de la chaqueta de visón que mi marido me había traído de una gira por Rusia. Entré sacudiéndome como un perro mojado; un camarero quiso detenerme y lo aparté a un lado sin entenderlo. Vi a mi marido en su mesa de siempre... y no estaba solo. Había una mujer todavía más joven que yo, muy mona, sentada a su lado. Bien, pensé, debe de ser una secretaria nueva, una fan, alguien de la productora... Me acerqué y le dije: «Cariño, vengo a comunicarte que ya hemos vendido la casa por el doble de lo que pedíamos, ¡todo nos sale bien!, ¡los astros están de nuestro lado!». Y me volví hacia el camarero para pedirle una botella de *champagne*. Pero mi marido me miró con gravedad y me pidió que me sentara. La chica me miraba también fijamente, creo yo que con una punta de ironía. Sin darme cuenta de lo que hacía, cogí una silla, colgué mi bolso en el respaldo, me senté, me puse de codos sobre la mesa, miré a uno y a otra... Mi marido me cogió suavemente del brazo, aunque me soltó después de dirigir una fugaz mirada a la chica, y me dijo: «En realidad el dinero de la casa no es para comprarnos un chalet tú y yo, sino para repartirnos el dinero y yo con el mío crear un nuevo hogar con esta mujer, de la que me he enamorado y con la que te engaño desde hace un año». Creí que había oído mal y seguí sonriendo como una imbécil, como esas cabezas que, cercenadas por la guillotina, según dicen continúan viviendo aún separadas del cuerpo. La miré a ella, lo miré a él. Dos pares de ojos expectantes, fríos, de asesino. Porque ese día mataron algo en mí que nunca he recuperado.

Él se fue a vivir con ella y yo me convertí en una muerta en vida. Al cabo de dos meses sonó el teléfono; era mi marido, quería hablar conmigo. Yo me llené de esperanza, quizá se había cansado de la otra, quería volver a casa arrepentido conmigo y con sus hijos... Me arreglé por primera vez en mucho tiempo, y cuando lo vi el corazón me dio un vuelco... Estaba delgado, macilento, tenía muy mal aspecto. Temí que estuviera enfermo, ¡lo quería tanto! Me hizo sentar, me tomó las manos, estaba tiritando. Me dijo que no podía vivir sin mí, que me necesitaba. Cuando yo ya estaba a punto de decirle que le perdonaba, que sin él no era nada, que volviera a casa lo antes posible, me soltó el pistoletazo de mi vida: a mí me quería, pero de la otra estaba enamorado y tampoco podía vivir sin ella. Yo me puse a tartamudear, no entendía nada... Me lo explicó a su manera, a lo artista: a mí me quería y de la otra estaba enamorado, y que como le gustaría tener las dos cosas en la misma mujer, me propuso compartir media semana con cada una, para poder asegurarse de elegir con certeza y definitivamente. Que a la otra ya se lo había propuesto y que había aceptado.

Así empezó mi potro de torturas, en el que estuve amarrada durante dos años. Tenía a mi marido de viernes a lunes, sabiendo que el lunes por la noche se iría con la otra, dormiría con la otra, le susurraría las mismas guarradas que me decía a mí cuando hacíamos el amor... Fue una relación muy extraña y difícil de comprender, sólo lo sabían mis suegros, que me decían que era una barbaridad, que entendían que luchara por nuestro amor pero que este arreglo les parecía una monstruosidad... Nuestros hijos tampoco sabían nada porque eran demasiado pequeños; cuando su padre se iba, les decíamos que estaba de viaje, y tampoco quisimos contárselo a ningún amigo porque suponíamos que nadie iba a entenderlo... Al final, la otra y yo no tuvimos más remedio que ponernos en contacto, si él estaba enfermo, me avisaba del tipo de pastillas que tomaba, nos comentábamos temas de su trabajo, de los viajes que teníamos que hacer con él, cómo nos los íbamos a repartir... ¿Amigas? No, nunca lo fuimos, porque las dos competíamos en ganarnos su amor definitivo, sabíamos que una de las dos ganaría y la otra fracasaría; yo pensaba que se quedaría conmigo, aunque fuera por nuestros hijos, y ella creía que la elegida sería ella porque el enamoramiento es más fuerte que nada, ¡más fuerte que los hijos! Las dos luchábamos para conseguirlo, aunque al final creo que el que más sufría era él, porque tenía que elegir y por tanto renunciar a una de las dos. Con asombro, empecé a darme cuenta de que mi marido era como todos los hombres, ¡un cobarde!, y que lo mejor para él habría sido que la situación se eternizase, pero ni la otra ni yo lo hubiéramos consentido. Yo no hubiera podido soportarlo mucho tiempo. A veces pensaba que él estaba deseando que una de las dos se muriese y el asunto se arreglase por sí solo.

Aún ahora, cuando te lo explico, no entiendo cómo pude aguantarlo. ¡Me parece que es otra persona la que hacía aquellas cosas, una niña pequeña inexperta e ingenua que no sé dónde diablos se ha metido! ¡Una estúpida, vamos! ¡Ha hecho bien en largarse de mi vida la idiota aquella!

Un día, él, mi tormento, me comunicó su decisión: al final había conseguido querer y estar enamorado de la misma mujer... pero no era yo. Ganó la otra. Mi amargura fue inmensa, porque después de dos años de sufrimiento, de vivir con la esperanza de que volviéramos, al final todo mi mundo se derrumbó.

Mi marido me mató el alma, los sentimientos y la capacidad de amar. Por todo lo que me pasó con él, he llegado a la conclusión de que el amor no existe y que los seres humanos nos mentimos los unos a los otros para sobrevivir en este valle de lágrimas. Sólo tengo una cosa que agradecerle al que fue mi Dios: el sufrimiento que me causó me convirtió en una mujer fuerte. Después de que me cogiera el corazón, me lo arrancase y lo arrojara a los cerdos, todos los demás acontecimientos de mi vida me han parecido agua bendita. También es cierto que los años que pasé a su lado me formaron más que una carrera universitaria y, utilizando los contactos que fui haciendo mientras le ayudaba en su profesión, me he convertido en una empresaria de éxito, mientras que la carrera de él se ha ido hundiendo. Hoy, su mujer, él y el hijo que han tenido viven de la ayuda económica que yo les presto, porque al fin y al cabo es el padre de mis hijos.

Ya no soy aquella niña de dieciséis años enamorada que lo entregaba todo al hombre de su vida. Me he hecho un *lifting*, tetas nuevas, me he puesto carillas, llevo extensiones y mis marcas de ropa favoritas son Versace y Cavalli. He tenido decenas, quizá centenares de relaciones desde que me separé de mi marido, y me he dado cuenta de que él tampoco era tan bueno en la cama como yo creía… ¡Hay tantas cosas que él no me hizo nunca y que he ido aprendiendo con mis distintos compañeros! Utilizo a los hombres de la misma manera que ellos nos utilizan, con una excepción: yo no les miento nunca, cosa que ellos sí hacen. Desde el primer momento les digo que quiero divertirme, pasar el rato, disfrutar de un buen sexo ¡y que dure lo que dure! ¡Y cada uno en su casa! Son tan simples, tan básicos, tan primitivos que se conforman con lo que les doy. Nunca, en estos años, ningún hombre se ha atrevido a decirme que se ha enamorado de mí; si se han enamorado, no me lo han dicho y se han limitado a esperar a que les llegase su turno. Me encanta ir a clubs de sadomasoquismo para castigar a los hombres como mi marido me castigó a mí. Me siento a gusto con una fusta en la mano y siendo dominante.

En estos años ha habido de todo, aunque ninguna relación me ha durado más de quince días, excepto un lío que tengo con un hombre casado; ¡es el menos tonto de todos! pero yo ya le he dicho que si se separara, lo dejaría. Salgo siempre sola por la noche: si tengo ganas de follar, busco un tío en el bingo, por ejemplo, utilizando las armas más básicas, porque tampoco hace falta romperse la cabeza para conquistar a un hombre que sólo tiene una cosa en la cabeza, que brilla como los anuncios luminosos de Las Vegas: ¡sexo!, ¡sexo! Cruzo las piernas, les invito a una copa como hacen los hombres, cojo un cigarrillo y les pido fuego; y entre cartón y cartón iniciamos una conversación intrascendente porque lo único que queremos es largarnos a la cama. Si no encuentro ningún tío que me guste, tiro de mi agenda y con una simple llamada quedo para tomar la última copa y luego nos vamos a un hotel o a casa de ellos; nunca los llevo a la mía, aunque vivo sola, porque no quiero despertarme con un hombre a mi lado. Si me voy a un viaje de trabajo de un par de días y me apetece, me llevo a algún amante; nadie me dice que no, por supuesto, ¡todos los hombres están dispuestos a pegar un polvo, y si es sin compromiso, mejor! Soy una triunfadora, gano dinero a montones, tengo personalidad; yo llego a un local, le doy las llaves de mi Mercedes al portero y empiezo a repartir propinas como hacen los magnates. Y ellos sienten que yo soy poderosa. Algunos se acomplejan y otros, la mayoría, se dejan seducir. En el fondo detesto a los hombres, los desprecio. Si les das sexo, babean y se conforman, es lo único que necesitan. ¡Algunas veces incluso he tenido que hacerme la tonta para meterme en la cama con un tío que me apetecía! ¡Son tan inseguros que si se dan cuenta de que soy más inteligente que ellos, se acojonan y no se les levanta! ¡Pero cuando terminamos me burlo de ellos, de su forma de hablar y de su torpeza!

Me he despojado de todos mis sentimientos personales. ¡Nadie, ningún hombre, me hará sufrir nunca más! Ha sido un aprendizaje duro, pero ha valido la pena porque ahora me considero una mujer totalmente libre, no estoy sujeta a los vaivenes del amor ni al capricho de ningún hombre. A mí no me eligen, yo elijo. Me satisface saber que puedo utilizar el cuerpo de un hombre, y nunca más he vuelto a decir te quiero. Lo único que le pido es que follen bien.

¿Que si he tenido que pagar para tener sexo? Claro que no, que idea tan absurda... Si vas a cualquier local en el que hay cien tíos, te puedes ligar a los cien; si vas uno por uno preguntando si quieren irse a la cama contigo, todos te van a decir que sí, los casados, los solteros, todos, sin excepciones, los jóvenes, viejos, feos, guapos, gordos... Todos... Es el instinto básico que tienen los hombres, necesitan desahogarse y ahí está nuestra fuerza...

Yo salgo y me enfrento a la noche como si fuera a la guerra. En un lado estoy yo, enfrente todos los hombres. Porque guerra es al fin y al cabo lo que hay entre los hombres y las mujeres. Ésta es una batalla en la que me siento muy sola. Todas mis amigas, las pocas que tengo, me dicen que me admiran pero ninguna actúa como yo; no se atreven a sobrepasar ninguna barrera, ellas aún creen en cuentos de hadas y aun buscan enamorarse. Pero luego, cuando un tío se la juega, vienen a llorarme en el hombro y tienen envidia de lo fuerte que soy. Incluso mi hija, a la que he intentado educar a mi manera, y que se ha casado según dice ella «enamorada», viene a contarme los cuernos que le pone su marido, y yo le digo que se divorcie, que ningún hombre merece que se derrame una lágrima por él. Que su marido no es ni mejor ni peor, ¡es como todos! El sexo masculino es un género defectuoso, tarado, la única putada es que no tenemos otro a nuestra disposición... ¡Me hubiera gustado tanto ser lesbiana!

Yo me enamoré y lo di todo, me entregué totalmente, y ése fue el gran y único fracaso de mi vida. Gracias, Dios, por haberme dado esta bofetada, porque no volveré a sufrir como una bestia nunca más. ¡Gracias, Dios mío! Ahora soy feliz. A mi manera, pero soy feliz.

Es una pena que no nos demos cuenta de que con poder, éxito y atractivo cualquier mujer se puede comer el mundo y, como mínimo, ser como los hombres, cosa que a mí me parece una meta muy mediocre, pero es que yo soy así de rara.

CARLOS

Tengo cincuenta y nueve años, soy abogado especializado en temas mercantiles y fiscales. Fui a un colegio de curas y estudié la carrera en la Universidad del Opus Dei en Pamplona, donde me permití una única licencia: ser de la tuna. La especialidad la cursé en Inglaterra. Era la época de los Beatles y de Carnaby Street. Allí establecí relaciones muy libres en las que no había ningún tabú, aunque, por supuesto, sabía que aquí en España todo era diferente. Durante mi juventud tuve dos personalidades: en Londres salía mucho, me metía en varias historias a la vez... ¡En realidad tenía *overbooking*! Ahora incluso recuerdo con asombro que a veces tenía que decir que no, incluso iba vestido diferente. La ropa que llevaba en Londres se quedaba allí y aquí volvía a mis Fred Perry, zapatos Sebago, jerséis de rombos y pantalones de pinzas. En España iba a misa todos los domingos con mis padres, me dedicaba a estudiar y prácticamente no salía; tuve un par de novias formales, con las que me carteaba y que incluso vinieron a verme a Londres. Las llevaba al Big Ben y al Museo de Cera, lejos de los sitios que frecuentaba habitualmente. Claro que me acostaba con ellas, pero ni por asomo actuaba como con mis «chicas» inglesas, un poco para no asustarlas y otro poco por pereza.

Al final me casé, a los veintisiete años, cuando mi última novia terminó la carrera de Medicina y yo abrí despacho. Habíamos viajado mucho y pasábamos los fines de semana juntos. Para nosotros el sexo nunca fue una prioridad, éramos unos buenos compañeros y nos sentíamos cómodos el uno con el otro. Como nuestros padres estaban encantados con nuestro noviazgo, tuvimos una gran boda, bendición papal y viaje de novios a Filipinas, de donde eran los abuelos de ella. En la actualidad continuamos casados, somos una de las escasas parejas de nuestra generación que siguen juntas, lo que despierta el asombro y no sé si la envidia o la compasión de todos nuestros amigos. Ella es una mujer muy brillante, dirige la unidad coronaria de un hospital público, y hemos tenido dos hijos que ya están casados.

Nuestros primeros tiempos de matrimonio no sé si fueron felices o no; en realidad, creo que la palabra «felicidad» está sobrevalorada, es una palabra que se han inventado los poetas y los gilipollas para hacer caja. Estábamos muy ocupados, apenas nos veíamos, los fines de semana muchas veces mi mujer tenía guardia y yo me quedaba con los niños. Por la noche estábamos agotados y caíamos rendidos en la cama. Lo normal era tener relaciones los sábados por la noche, pero muchas veces nos lo saltábamos, pues ella leía hasta tarde libros relacionados con su profesión y yo me dedicaba al BOE para mantenerme al día de la práctica del Derecho. El domingo nunca mencionábamos que la noche anterior no habíamos tenido sexo, y al final nuestra vida íntima se volvió casi inexistente. Tengo que decir que mi mujer es tan enérgica y tiene tanto carácter que a veces me da miedo. Además ha sido educada en la moral calvinista de trabajo, trabajo y trabajo, no se permite ninguna debilidad, no se depila y piensa que maquillarse o ponerse tacones es cosa de putas o travestís.

Mi vida era anodina, cada fin de semana íbamos con mis padres o mis suegros a comer, comprábamos el periódico y un pastel para llevar de postre, íbamos al cine, al teatro, museos; en nuestro grupo de amigos eran iguales a nosotros. Nos compramos una casa en el campo para los fines de semana, pero allí repetíamos el mismo modo de vida que teníamos en la ciudad, con los mismos amigos, y al final dejamos de ir y acabamos vendiéndola.

Mi mujer y yo nunca estábamos solos, y ello fue así hasta que nuestros hijos se hicieron mayores y empezaron a ir a la universidad. Nos mirábamos y creo que los dos nos dábamos cuenta de la pobreza de nuestra vida en común, pero tampoco sabíamos cómo cambiarla. Yo llegaba a casa por las noches y era como si el pajarraco del tedio y la tristeza se posara con sus enormes patas sobre mis hombros. Pero era incapaz de articular mis sentimientos, era medio autista, no sabía expresarme, y menos con mi mujer. Tampoco estaba muy seguro de lo que quería.

Todavía no entiendo cómo me has convencido para que te contase mi vida. Supongo que lo hago porque me has prometido absoluto anonimato y porque me gusta recrearme en aquel tiempo en el que creí que mi vida podría ser diferente.

Lo inesperado ocurrió un día cualquiera de invierno. Asistí a uno de mis clientes y conocí a una empleada del departamento financiero de su empresa. Era una chica muy joven, muy delgada, muy femenina, con rasgos exóticos y muy atractiva. Como no sé explicarlo con otras palabras —¡tendrían que inventarse expresiones nuevas para contar lo que sentí!—, diré sencillamente que caí desesperadamente enamorado. ¡Me di cuenta de lo que quería decir la palabra «amor»! Saqué el valor de no sé dónde para pedirle una cita, porque nunca había hecho nada a espaldas de mi mujer. Fuimos a comer juntos y ahí descubrimos que estábamos hechos el uno para el otro. Era tan inexperto que ni siquiera me saqué el anillo de casado.

Fue muy duro. Por mis sentimientos religiosos y también por una cuestión ética y, si se quiere, de costumbre también. Me negaba a serle infiel a mi mujer, me asusté muchísimo al ver lo que me estaba pasando; me planteé si era un capricho, si después de estos fuegos artificiales que sentía en un lugar físico y preciso de mi cuerpo, en la parte baja del estómago, seguiría un gran vacío... Me sentía desgraciado y al mismo tiempo muy feliz. A veces pensaba, ojalá no la hubiera conocido nunca, y al minuto siguiente me decía, pero ¿cómo he podido vivir sin ella? Si mi vida hasta ahora ha sido un asco... Yo estaba en mi casa, me acostaba al lado de mi mujer como un bulto, me levantaba de la cama, me iba al sofá y me quedaba toda la noche pensando en ella y añorándola... Soñando con su cuerpo, anticipando las cosas que nos haríamos el uno al otro... Al final pasó lo inevitable.

Ella era soltera. Fue un viernes. Hacía jornada intensiva y yo no tenía que dar cuentas a nadie porque tenía despacho propio. Nos fuimos a comer a las afueras y después de un buen vino no vi razón para continuar sacrificándome y sufriendo, cuando los dos estábamos deseando acostarnos juntos. Cogí una habitación de hotel y estuvimos toda la tarde. Totalmente embobados, nos acariciábamos, hacíamos el amor, nos mirábamos a los ojos, nos besábamos, hice cosas con ella que pensé que nunca sería capaz de hacer, descubrí partes de mi cuerpo que ni siquiera conocía. ¡Su olor me volvía loco y aún ahora querría morir con ese olor en mi olfato como último recuerdo de esta vida! En una tarde conocí su cuerpo mucho mejor que el de mi mujer, con la que llevaba veinte años. Mi esposa y mi amante parecían pertenecer a dos especies, a dos géneros distintos.

Cuando nos separamos, los dos nos pusimos a llorar. En un rapto que no puedo explicarme le supliqué que me dejara sus bragas y estuve toda la noche sin dormir, besándolas. Porque mi mujer, que es matemática en eso de acostarse, ya estaba en la cama y pude quedarme impunemente en el sofá, sin ducharme, reviviendo una y otra vez nuestros momentos de pasión. Por primera vez en mi vida estaba enamorado.

Duró cuatro años. Cuatro años en los que hice una locura detrás de otra. Íbamos por la calle, cerca de mi casa o del despacho, cogidos de la mano como dos adolescentes sin importarme que me viera todo el mundo. Comíamos en los mismos restaurantes a los que iba con mi mujer, le compraba joyas en la misma joyería donde compraba los regalos de ella, íbamos a las mismas tiendas de ropa... En los hoteles utilizaba mi nombre auténtico, que es bastante conocido porque me he ocupado de casos con gran trascendencia mediática, viajábamos con billetes a nombre de los dos... Me refería a ella siempre como «mi mujer». Nos veíamos a diario, buscábamos cualquier hora, cualquier momento para tocarnos, mirarnos... Yo quería gritar a los cuatro vientos que estaba enamorado, era como si en el fondo quisiera que nos descubriesen, como si quisiera que las circunstancias hicieran lo que yo no tenía el valor de hacer... ¡Quería que mi mujer se enterara para que fuese ella la que tomara la decisión definitiva! Supongo que en el fondo era un cobarde.

Mis hijos lo sospechaban y mis hermanos también. Mi familia es muy tradicional y una separación habría sido un drama tremendo. Incluso un sacerdote amigo insistió en hablar conmigo, pero yo me zafé con múltiples excusas. Continué yendo a misa pero dejé de comulgar. Me sentía sucio y un pecador y, sin embargo, al mismo tiempo casi oía la sangre correr por mis venas por primera vez en mi vida... ¡Estaba vivo!

La amaba, quería vivir con ella, estar siempre con ella, el resto de mi vida con ella. Mi mujer en principio no sospechaba nada porque le parecía imposible que yo la engañara. Pero me volví ligero e irresponsable, lo que nunca había sido, y ahí sí que ya tuvo que darse cuenta de que me pasaba algo. No iba a cenar a casa, llegaba tarde por la noche, no contestaba a sus llamadas de teléfono, los fines de semana me veía obligado a hacer vida normal, pero me sentía profundamente desgraciado, tanto que a veces mascullaba que me marchaba al despacho para irme simplemente al cine con mi amante y cogernos las manos. Evitaba acostarme con mi mujer quedándome en el sofá, aunque como nuestra vida sexual nunca había sido muy rica ella tampoco protestaba. Desatendí mi trabajo, mi familia, mis hijos, mis amistades, todo; sólo conocía mi situación un amigo mío, el único amigo golfo que tengo. Encadenaba una mentira tras otra, mi vida se convirtió en un infierno. Un infierno que duró cuatro años.

Durante mucho tiempo, mi amante evitó ponerme entre la espada y la pared. No me pedía nada, me recibía siempre con una sonrisa en los labios, no se me negaba jamás, nunca me preguntaba nada sobre mi familia o mi situación, se limitaba a aceptarme tal como era y a darme mucho amor y cariño. Era muy dulce y consiguió sacar de mí una parte que yo no conocía: yo, que era seco y casi huraño, estaba todo el día besándola, acariciándola, escribiéndole poemas en servilletas de bar, regalándole flores, diciéndole cosas bonitas en el oído… ¡Era otra persona!

Pero poco a poco fue sucediendo lo ineludible. Ella era joven, estaba soltera, quería formar una familia y como estábamos enamorados y nos queríamos locamente, no podíamos estar más de un día el uno sin el otro. ¿Por qué no me separaba? Yo empecé a preguntármelo también. Mi mujer intuía lo que me estaba ocurriendo, pero prefirió no darse por enterada para no forzarme a tomar una determinación.

Me volví loco, estaba en un mar de dudas del que no sabía cómo salir. Le dije a mi mujer que tenía una crisis de identidad y problemas en el despacho, y ella fingió creerme. Me fui una semana con la intención de madurar mi decisión y decidir lo que iba a ser de mi vida. En esa semana, que pasé encerrado en un hotel, no quise ver ni a mi amante ni a mi mujer, pero ese confinamiento no me sirvió de nada y volví a mi casa y a mi doble vida; eso sí, con diez kilos menos. ¡La gente se creía que había cogido el sida de lo desmejorado que estaba! Entonces recurrí al mejor psiquiatra, dos veces por semana me sentaba con él y trataba de aclarar mis ideas. Al mismo tiempo hablaba interminablemente con el único amigo que conocía mi situación; a veces estábamos diez horas al teléfono, era mi segundo psiquíatra. Son las únicas personas que hoy pueden dar fe de las tormentas que estaban azotando mi alma. Yo busqué la ayuda de mi amigo con la esperanza de que al ser él un crápula y estar separado me aconsejara, «va, tío, sepárate y envía todo a tomar por culo», pero fue al contrario: me dijo que no dejara a mi mujer, no solamente porque mi familia era católica y antidivorcio y todos me hubieran dado la espalda, sino porque me advirtió que la vida que yo tenía con mi amante era de ciencia ficción, y que yo estaba interpretando el papel de hombre apasionado y cariñoso cuando en realidad mi personalidad no era así, porque soy arisco e introvertido. Me dijo que si me decidía a vivir con ella, mi auténtico ser saldría a flote, que se rompería la magia y los dos nos arrepentiríamos de haber dado este paso.

Yo también empecé a dudar de mi amante. No tenía la seguridad de que fuera capaz de enfrentarse a la situación que estábamos a punto de provocar; mis dos hijos eran veinteañeros ya, sólo un poco más jóvenes que ella. Ella me había conocido siempre en una buena posición, pero la división del patrimonio provocaría lógicamente una merma en nuestro tren de vida... Se lo planteé y en lugar de encontrarme la respuesta que esperaba, la de una mujer madura dispuesta a apoyarme y lista para afrontar todos los problemas que se me iban a venir encima, me encontré con una niña que quería formar una familia y un hogar, algo que yo ya tenía y que iba a perder por su culpa... El día D fue cuando ella se compró un piso y me dijo que quería que me divorciara de mi mujer, me casara con ella y tuviéramos un hijo. Llegó el gran momento de decidirme... Y aún estando inseguro dije que no. Fue la decisión más difícil de mi vida, porque seguía estando muy enamorado de ella. Decidí no verla más, ¡no hubiera podido soportarlo sin echarme a sus pies y pedirle que volviera conmigo! Para ello llegué hasta el punto de perder a su jefe como cliente para no encontrármela. Ella, para olvidarse de mí, conoció a un chico y en seis meses estaba casada. Ahora tiene dos hijos.

Me reintegré a mi hogar, pero ya no he vuelto a ser el mismo. Estuve hundido mucho tiempo, después empecé a salir y a irme de putas porque necesitaba el sexo que había tenido con ella; lo busqué en decenas de mujeres pero no lo encontré en ninguna. Mi amigo me llevaba a locales de moda para que ligara sin pagar, y aprendí el truco de todos los casados: sacarse el anillo antes de entrar y ponerlo en el llavero del coche para no olvidarlo al llegar a casa. En la actualidad tengo una amante casada, con los mismos problemas y horarios que yo, y hemos establecido una relación confortable basada en el sexo y la ausencia de compromiso. Nos vemos cada quince días los viernes, pues ella también tiene jornada intensiva ese día, y echamos un polvo en hoteles distintos.

Mi mujer en la actualidad es feliz y aún siendo inteligente ha querido vivir siempre en la ignorancia de los tormentos que agitaron mi ser. Sigo teniendo una vida tradicional, soy un buen padre de familia, un abuelo ejemplar, volcado en los míos y en mi trabajo. Tengo la pequeña ilusión de que cada quince días voy a verme con mi amante, sin preguntas y sin reproches. Con mi mujer tengo relaciones esporádicas, antes era cada sábado y ahora es cada tres sábados.

Sigo yendo a misa pero, por supuesto, no he vuelto a comulgar. Tengo demasiado respeto a mi iglesia para intentar engañarla. Aunque nadie lo sepa, yo soy un adúltero y esto me convierte en un pecador, a menos que me confiese y prometa no pecar más. ¡Algún día, cuando se me pasen las ganas de estar con mujeres que no sean la mía, lo haré! ¡Casi espero ese momento con impaciencia!

Aun ahora le pregunto día si día también a mi amigo si hice bien en no separarme para irme con el gran amor de mi vida. Muchos hombres en mi situación lo habrían hecho, pero en mí la familia, mi sentido de la responsabilidad y la educación que he tenido han pesado demasiado. En el fondo me han mutilado y he tenido que aprender a vivir con muñones que sólo yo veo en el lugar de los miembros completos. Soy un hombre truncado y sé que seguiré enamorado de ella hasta mi último aliento. Sin embargo, no voy a hacer nada para recuperarla, aunque podría, pero es que yo soy así de raro.

Marcos

Tengo cincuenta y tres años, soy empresario y estoy divorciado desde hace veintisiete años. Yo creo que ser hombre es un castigo de Dios. Cuando Dios nos creó, nos dio a los hombres una sexualidad tan primaria y arcaica que en treinta segundos hemos consumido todo el placer que nos corresponde, y además nos dotó de un instrumento que sólo sirve para ponernos en evidencia y delatarnos. La mujer puede fingir, el hombre jamás. Por eso pienso que la mujer es muy superior al hombre. ¡Si oyerais las conversaciones entre hombres, sufriríais una desilusión descomunal! ¡Hasta los hombres más sensibles, los casados, los enamorados, sólo hablan de tetas, culos y si tal tía folla bien o mal! Por ejemplo, aunque os parezca mentira, todos los casados, y digo todos y todos, van de putas. ¿Por qué si no hay tantos puticlubs por metro cuadrado? Los jóvenes no van, y los solteros tampoco porque ahora tienen todas las mujeres que quieren. Los casados no tienen tiempo de enrollarse con una tía y allí pueden decir que se llaman Pepe Pérez y se llevan a una mujer a la cama sin más contemplaciones. Y luego, como es natural, lo explican a los amigos… ¡Es su único tema de conversación! Ah, bueno, y también hablan de fútbol.

Descubrí a los cuatro años lo que era una mujer mirando a las amigas de mi hermana. Sentí por primera vez placer sexual deslizándome por un tobogán. Desde entonces no he hecho otra cosa que intentar unir ambos conceptos. Cuando tenía trece años, me «sedujo» la hermana de la novieta con la que salía entonces, una niña del cole. La hermana tenía dieciocho años y estaba buenísima, y desde entonces me han gustado las mujeres mayores que yo, porque tenían más ternura, eran más relajadas y podían enseñarme cosas que yo no sabía.

Claro que al poco tiempo también me acosté con la pequeña, que tenía trece años, como yo. Y con la madre de otra… ¡Cuando la hija no estaba, me recibía con camisón transparente! Y con mis amigas. A base de mentirles, lo reconozco. ¡Cuánto mentíamos en aquella época! Yo no quería enamorarme ni ir en serio con ninguna, lo que pretendía únicamente era pegar un polvo puro y duro con cuantas más mujeres mejor, y la única forma de llevarte a una chica a la cama era mentir a lo bestia. Sí, lo confieso: ¡engañarla! ¡Cómo me gustas, nunca me había enamorado así!, ¡eres especial!, ¡me vuelves loco!, ¡no puedo dormir pensando en ti!, ¿quieres ser mi novia?, ¿quieres casarte conmigo? Éstas eran las trolas más habituales. Se trataba de mentir, mentir y mentir. ¿Si ellas se lo creían? ¡Todas, ni una dejaba de creérselo!! ¡Las pobres habían sufrido doscientos mil desengaños y continuaban creyéndote! Es que si no lo hacías, no follabas.

¿Me preguntas que qué habría pasado si te hubieras acercado libremente a una chica y le hubieses dicho «mira, prescindamos de engaños, me gustas y sólo quiero irme a la cama contigo sin más compromiso»? ¡Pero qué dices! ¡Eso era imposible! Tenías que adornarlo, llevártelas de paseo cogidas de la mano, mirar la luna, cantar si sabías y si no sabías también, soltar cosas románticas, regalarles chorradas, invitarlas a un cubatilla... Las llevabas a la discoteca, que entonces abrían a las seis de la tarde, para bailar. Bee Gees, Simon y Garfunkel, Cat Stevens... ¡todos lentos, claro! Ellas empezaban poniendo los codos, las palmas contra el pecho, empujándote, lo intentaban todo, pero tú les echabas mano a la cintura, les susurrabas en su oído, les besabas en el cuello, les cantabas, les decías cosas bonitas, les vendías la moto en una palabra y cuando llegabas a morrearlas, entonces ya te decías por dentro «date por jodida y violada» porque ya tenías un 99,99 por ciento de posibilidades de follártelas... En aquella época lo que las detenía no era el hecho de no llegar vírgenes al matrimonio, sino el temor a quedarse preñadas... El miedo al padre, «¡mi padre me matará!», era lo más frecuente... No, de la madre no decían nada. Contra los embarazos sólo existían el preservativo y la marcha atrás, pero predominando la marcha atrás porque no te atrevías a ir a la farmacia a comprar condones. Algún amigo espabilado alguna vez te pasaba uno, pero no te fiabas que estuviera en buen estado y al final no te lo ponías.

¿Que si era difícil romper con tanta trola por el medio? ¡Pues le echabas mucha cara! Cuando te cansabas, porque el hombre es cazador y cuando la presa está cogida ya deja de interesarte, no dabas explicaciones, dejabas de quedar con ella con mil excusas primero y después ya ni te molestabas; si te llamaban por teléfono, ya no te ponías y si te la encontrabas algún día y te decía furiosa «tú lo que pretendías era sólo pegar un polvo», contestabas «pues sí, la verdad». Claro que tampoco querías quedar muy mal con ellas, para que no se lo contaran a sus amigas, aunque para algunas más «frescas» el que fueras un golfo era un aliciente. Había grupos de amigas que llegaron a romperse por culpa de estas cosas. ¿Problemas? Claro que te encontrabas con algunos. Una vez el hermano de una chica a la que le había dicho que quería casarme con ella casi me pega una paliza porque ella se lo había creído y lo había contado en su casa. También la Guardia Civil me sorprendió alguna vez en el coche con un rollete, en pelotas... El coche era nuestro hábitat natural para estas cosas, el Seat 600 y, los que eran ricos, un 850. Bueno, y también nuestras casas cuando los padres se iban de fin de semana.

A mí, como a todos, nos habían enseñado que el sexo era pecado, que la sexualidad era algo sucio y que nos iríamos todos al infierno. Yo era monaguillo y lo tenía todo muy interiorizado... En mi casa era un tema tabú; nunca oí a mis padres hablar de eso, aunque mi padre guardaba revistas guarras extranjeras encima de un armario. Se las cogía y luego tenía que ir con mucho cuidado poniéndolas igual para que no se diera cuenta. Pero entonces se murió Franco y me di cuenta de que todo era mentira, porque en los kioscos empezaron a aparecer revistas de tías en pelotas, el *LIB*, el *Penthouse* y el *Interviú*. ¡Y no pasaba nada! ¿Cómo puede ser que ayer estuviera prohibido, que me dijeran que la pornografía era una cosa sucia, que tenías que reservar el sexo para el matrimonio... y que de repente todo el mundo estuviera de acuerdo en que eso no tenía importancia? El *shock* fue brutal, nos costó asimilarlo.

Mis amigos empezaron a echarse novia formal y yo conocí a una chica que me gustó mucho y también nos hicimos novios. Ella era virgen pero nos acostamos la primera noche, aunque yo seguí yendo con otras. Dejaba a mi novia en casa y luego me iba de fiesta.

Me fui a la mili y ella empezó a buscar piso. Me montaron la boda entre su madre, mi madre y ella. Una compraba el piso, la otra los muebles, yo encima ya trabajaba y ganaba un sueldo, dieciséis mil pesetas... ¡Me casé a los veintidós años por inconsciencia, por inercia, porque mis amigos se casaban también! El día de la boda, en medio de la música impresionante del órgano, y cuando mi novia avanzaba por el pasillo del brazo de su padre, me volví para mirarla pero en vez de verla a ella vi a mis amigos, que estaban todos ahí, en el lado izquierdo de la iglesia, observándome, y pensé «macho, en vaya lío te has metido, porque yo no tengo claro qué coño hago aquí en este altar». La verdad es que yo nunca me sentí enamorado de aquella chica, aunque le tenía cariño, pero, claro, era «o la envío a la mierda, me caso mayor y la corro todo lo que quiera, o sigo», y no tenías el valor de dejarla... Al cabo de cuatro años, y cuando mi hijo tenía once meses, me separé por otra mujer. Aquello tampoco funcionó y a partir de ahí he llevado la vida libre de un hombre soltero: he estado viviendo en pareja en algunas ocasiones, pero lo más habitual ha sido conocer chicas de una, dos o, cuando me gustaban mucho, tres noches... Uf, para sacármelas de encima, para que no se apalancaran en casa porque no vivo con nadie y es muy difícil justificar que me quiera quedar solo, me he inventado un truco que me han copiado todos mis amigos... Voy al teléfono fijo de casa y marco el numero del móvil que tengo encima de la mesa de noche; entonces la chica me avisa de que tengo una llamada, me pongo y finjo hablar con mi hijo, y cuando «cuelgo» le digo como con pena «te tienes que ir porque mi hijo va a llegar enseguida con su novia; no, lo siento, no puedo acompañarte porque tengo que ducharme y arreglar la casa...». Cuando ella se va, me quedo feliz, durmiendo hasta el mediodía con toda la cama para mí solo...

No, nunca protestan, al contrario: me dicen, sí, sí, ya me voy, no te preocupes, ya me llamarás.

¡Ya me llamarás! ¡Como soy muy cariñoso siempre se hacen ilusiones!

¡Las va a llamar su p... madre!

En el fondo creo que lo que he buscado toda mi vida ha sido una mujer completa para enamorarme de verdad, y como no la he encontrado la he ido buscando fragmentariamente en todas las mujeres que he podido, no sé, cuatrocientas o quinientas, yo que sé, de algunas no recuerdo ni el nombre ni la cara.

Hubo una época en que apuntaba a las chicas con las que me acostaba en una libretita, las identificaba no por el nombre, sino por señas particulares: «la de la peca en la espalda», «la rusa», «la que gritaba», «la que conocí en Ibiza», pero después me cansé y me pareció una tontería. Como no encontraba a la mujer completa que yo quería, me contentaba con lo que me daba cada una: en una veía una cosa que me gustaba, en otras encontraba un rasgo interesante, a veces pensaba «a ver si esta es...», aunque pronto me desilusionaba. Pero confieso que con la mayoría iba simplemente por morbo y sexo.

La mujer española ha evolucionado, incluso en el físico... ¡Aún recuerdo la primera vez que toqué unas tetas operadas! Me di cuenta de que aquello no correspondía al cuerpo de cierta edad, una mujer con el pecho de una chica de quince años. Hay un truco para reconocerlas, ¿sabes? El tacto, claro, son duras, como suelas de zapato, pero además una me enseñó que si pones una luz a oscuras cerca del pecho ves la prótesis con una aureola fosforescente. También he vivido todas las etapas de la depilación y de la ropa interior; aún recuerdo que la primera vez que tuve que desabrochar un sostén no supe cómo hacerlo y lo tuve que sacar por arriba, como un jersey. Y no digamos la forma de comportarse. La píldora anticonceptiva ha cambiado el carácter de las mujeres, las ha liberado. Aun así, he tenido que pagar dos abortos.

No sé si por los divorcios, porque las mujeres ya no quieren quedarse en casa, porque ya no hay un límite de edad para salir o qué, pero ahora hay decenas de mujeres por cada hombre... ¡Sales y hay manadas enteras! Los hombres salen solos o con un amigo, las mujeres salen de cinco en cinco. Y lo que antes te costaba dos noches de esfuerzo, ahora te cuesta una sola noche, ¡qué digo una noche!, en una hora las consigues... Jóvenes, mayores, blancas, negras, solteras, viudas, divorciadas, todas, y si alguna se resiste, pues vas a por otra, sin problemas ¿Que si tengo que mentirles? No, ya no es necesario, ¡ahora te mienten ellas! Bueno, siempre habrá alguna pava a la que tienes que ir soltándole alguna bola. En el fondo, las mujeres seguís creyendo en los cuentos de hadas y en el príncipe azul, y como los hombres lo sabemos, nos aprovechamos... Pero ahora también han descubierto que les gusta follar lo mismo que a los tíos y pueden estar también una noche con uno y si te he visto no me acuerdo...

El mundo está cimentado sobre una gran mentira: que los hombres somos superiores a las mujeres. Eso sí que es una mentira de verdad, no las tonterías que soltamos los tíos. La Gran Mentira es que nosotros somos mejores que vosotras, os lo hemos hecho creer durante siglos para que os mantengáis tranquilas porque os tenemos miedo... ¡Dar a luz, parir, es lo más importante del mundo, es un don que os dado Dios sólo a las mujeres! ¿Y por qué será? ¿Os lo habéis preguntado alguna vez? Y sois mucho más inteligentes, no entiendo cómo todavía no os habéis dado cuenta. Todos los hombres sabemos perfectamente que el mundo está en vuestras manos y que el mundo en algún momento cambiará porque un día mandaréis, únicamente tenéis que querer hacerlo... Sólo tenéis que educar a vuestras hijas y a vuestros hijos con esta certeza, pero no sé por qué no acabáis de dar este paso y las situaciones se perpetúan por los siglos de los siglos... ¡Mejor para nosotros!

Si las mujeres os pudierais disfrazar de hombre y entraseis en nuestro mundo, os daríais cuenta de lo poca cosa que somos... Sólo tenemos una habilidad extra: la fuerza bruta, es decir, podemos levantar pesos, servimos para ser descargadores de muelle. No veo en ello ningún motivo de orgullo, claro que yo soy muy raro.